MEIJIE PIPING

媒介批评

第十辑

蒋原伦 张 柠 主 编

柳 珊 魏宝涛 副主编

GUANGXI NORMAL UNIVERSITY PRESS

广西师范大学出版社

· 桂林 ·

图书在版编目（CIP）数据

媒介批评. 第十辑 / 蒋原伦，张柠主编. --桂林：广西师范大学出版社，2020.11
ISBN 978-7-5598-3338-9

Ⅰ. ①媒… Ⅱ. ①蒋…②张… Ⅲ. ①传播媒介一批评一文集 Ⅳ. ①G206.2-53

中国版本图书馆 CIP 数据核字（2020）第 203264 号

广西师范大学出版社出版发行
（广西桂林市五里店路 9 号　邮政编码：541004
网址：http://www.bbtpress.com）
出版人：黄轩庄
全国新华书店经销
桂林日报印刷厂印刷
（广西桂林市八桂路 1 号　邮政编码：541001）
开本：720 mm × 970 mm　1/16
印张：19.75　　字数：295 千
2020 年 11 月第 1 版　　2020 年 11 月第 1 次印刷
定价：60.00 元

目　录

以“流动空间生产”为特征的城市形象构建与传播

——以“上海城市空间艺术季”为例①

李凌燕

摘要：当下，中国一线城市空间形象的构建与传播，是建立在城市土地余量接近于零的城市更新窘迫现实与媒介社会深刻影响的交叠语境之中的。与以往城市形象研究中软硬实力单方面线性构建、忽略实体性空间及其实践的传统路径不同，当下城市空间形象的构建与传播过程，事实上成为在以标志性空间为基本要素和节点，通过与其空间内社会、传播实践紧密关联，共同构建根植于城市生活的多元流动的传播网络，进行“流动空间生产”的动态过程。本文以“上海城市空间艺术季”为对象，对城市更新语境下城市形象构建与传播模式及转向进行初步探讨。

关键词：城市更新流动空间；标志性；城市形象；构建与传播

① 本文系国家社科基金青年项目“新媒体环境下以‘标志性建筑’为对象的中国国家形象传播研究”［项目编号：16CXW020.（2016—2019）］的阶段性成果。

一、空间的更新与流动：城市形象建构与传播的双重语境

城市形象的构建与传播模式变化和城市自身发展阶段、社会语境的重大结构转型特征均休戚相关。当下，中国一线城市空间形象的构建是建立在城市土地余量接近于零的城市更新窘迫现实与媒介社会时代来临的交叠语境之中。一方面，北京、上海、广州、深圳等一线城市土地可开发余量均触碰底线[①]，同时土地利用结构不合理、用地比例不协调、人口基数过大等问题的日益凸显，支撑经济与功能转型的城市可新增土地与空间接近极限，与城市经济发展需求形成逆向对峙格局，成为我国一线城市当下的普遍发展之殇。这也意味着，今后很长一段时间内，中国城市将着力在存量空间上实现空间生产的模式转换，以空间的经济、社会、生态和文化的集约与智慧化升级为要求，以“提质增效”为核心，实现城市内涵式发展，以“城市更新”为主要发展模式的中国“存量时代”正式开启。在城市物理结构上，体现为超大、特大城市逐渐停止空间扩张，存量空间的更新实践成为常态。城市以物理空间和土地要素完全主导的扩展，转型为城市与空间符号与信息的内爆式扩张所共同激发的城市信息内在密度的提升与内涵转换。其特征正如著名传播学者博德利亚认为的：不再盲目追求外在可见的城市自身的空间扩张式的“外爆”(explosion)，而转向既有空间意义的“内爆”(implosion)[②]，即消除真实与虚构之间界限，意义内爆在媒体之中，媒体和社会内爆在大众之中，城市实体向城市符号系统转化升级。如何在土地资源紧缺的情况下，既要限制严控新增建设用地的总量，又能盘活存量，实现存量用地的转型和改造优化布局，集约高效地发挥政府存量土地储备对于城市经济、人文、生态等多方面发展的重要作用，实现空间的内在需求、意义与活力，是一线城市新时期在空间与形象构建上“双破局”的关键。

---

① 以上海为例，截至 2014 年底，上海全市建成区面积 3124 平方千米，超过市域陆地面积的 45％，原安排到 2020 年的用地规划（上海极限用地指标）只剩余 150 余平方千米，即将触碰土地底线。

② “内爆”概念起源于麦克卢汉，传播学家博德利亚延展这一概念，指明“内爆”具有社会学意义。在他看来，现代媒介所具有的虚拟化特质，很大程度将人的感知能力局限在了对“媒介真实”的感知层面上，人无法对世界的真实状况进行具体感知和准确判断，人类只有通过现代媒介手段，才能获得对现代世界进行“感知”的极大丰富性。这样，在虚拟世界与现实世界之间，便产生了意义的“内爆”。

这种内在融合的需要逼迫我们改变原有将对于物理空间的单项关注惯习，逐步将相关的社会交往与传播纳入其中，形成更为广泛的综合性视野，并为其提供崭新的实践维度。

另一方面，随着数字信息技术与新媒体的广泛影响，“网络社会”①与“媒介城市”特性日益凸显，“在更深的层次上，社会、空间与时间的物质基础正在转化，并环绕着流动空间和无时间之时间组织起来”②，空间逻辑发生本质改变。城市物理空间，特别是城市标志性空间的媒介性日益增强，并“作为散播的场地和关键因素，作为感觉的介质和社交性的磨具”与“象征传递和流通手段的集合”③，以一种组织关系与不可或缺的媒介形态融入交流传播系统的实践与运作。城市空间从特定的地理、历史与文化指代中解脱出来，体现出经由资本流、信息流、技术流共同重组的“流动空间”新特质。这种“网络化的逻辑的扩散实质地改变了生产、经验、权利与文化过程中的操作和结果”④，也极大地改变着人们感知空间及其形象的方式，“流变建构了存在，时间驯服了空间”⑤。由此，当下城市更新语境下的城市空间形象的构建与传播过程，事实上成为在空间意义与活力驱使下，城市更新实践与其空间内社会、传播实践紧密关联，共同构建根植于城市生活的多元流动的传播网络，进行“流动空间生产”的动态过程。

这些本质的变化，促使我们必须检视以往在城市形象研究中软硬实力单方面线性构建、忽略实体性空间及其实践的传统路径，以新的城市与空间运行逻辑及理解维度思考城市更新语境下、与更新实践过程相融合、以“流动空间生产”为特征的城市形象构建与传播新模式的可能，实现城市形象综合构建新路径，“对外树立形象，对内凝聚人心”⑥。

近年来，上海作为城市更新实践的前沿，在着力于黄浦江两岸这一城市最

---

① [美]曼纽尔·卡斯特著，夏铸九、王志弘等译:《网络社会的崛起》，社会科学文献出版社 2006 年。

② [美]曼纽尔·卡斯特著，夏铸九、王志弘等译:《网络社会的崛起》，社会科学文献出版社 2006 年。

③ [法]雷吉斯·德布雷著，陈卫星、王杨译:《普通媒介学教程》，清华大学出版社 2014 年，第 4 页。

④ [美]曼纽尔·卡斯特著，夏铸九、王志弘等译:《网络社会的崛起》，社会科学文献出版社 2006 年。

⑤ [美]曼纽尔·卡斯特著，夏铸九、王志弘等译:《网络社会的崛起》，社会科学文献出版社 2006 年。

⑥ 2016 年中央城市工作会议指出，要结合自己的历史传承、区域文化、时代要求，打造自己的城市精神，对外树立形象，对内凝聚人心。

重要的标志性空间，开展由生产性岸线向生活性岸线转换的更新实践过程中，以徐汇滨江西岸文化走廊带及传媒港打造、浦江两岸公共空间贯通工程、民生码头改造等一系列重要城市实体空间更新项目实践为载体，创新出以“上海城市空间艺术季”（英文简称“SUSAS”，以下简称“空间艺术季”）为代表的崭新机制[①]。“空间艺术季”以促进上海的转型发展、推动城市有机更新、提升城市公共空间品质、打造上海城市魅力的名片、增强上海成为卓越的全球城市的文化竞争力为综合性初衷，近年来在上海最重要的公共空间——黄浦江两岸的城市更新实践与形象构建及传播中，发挥了重要的综合性作用，创新性实践了标志性城市空间更新实践与城市形象建设的紧密互动机制，同时也为我们研究以“流动空间生产”为特征的城市更新与传播模式提供了很好的案例支撑。

二、宏观机制：缔造一种新型传播关系网络

西班牙裔的著名社会学家曼纽尔·卡斯特（Manuel Castells）在其《21世纪的都市社会学》一文中认为：空间不是反映（reflect）社会，空间是表达（express）社会，它是社会的基本维度之一，无法从社会组织及社会变迁的整体过程中被分离出来。[②] 卡斯特认为城市一直都是多元的交流系统，是整合所有传播形态的整体性网络。其中“任何一个网络的组成部分（包括‘中心’）都是一个节点，它的作用和意义取决于对网络的程序和它在网络中和其他节点间的互动”[③]。即城市作为交流网络，其意义的凸显是产生于网络内各个要素节点的“互动”过程，是具有“流动”特质的动态过程与体系。同时，社会的结构性变化逻辑也会作用与引发空间体系的制约与重构，网络的“节点”的互动关系与方式不同，其交流网络的作用和意义也不同。由此从宏观机制上观察“空间艺术季”对于城市的作用，事实上它作为一种综合性媒介载体，激活与重塑了

---

① “空间艺术季”，由上海市规划与国土资源管理局结合上海新一轮城市总体规划编制和城市更新需要，联合上海市文化广播影视管理局、主展所在区人民政府2015年开始共同提出举办，每两年一次，至今已成功举办三届。本文作者为首届上海城市空间艺术季策展团队成员。

② 参见[美]曼纽尔·卡斯特著，刘益诚译《21世纪的都市社会学》，《国外城市规划》2006年第5期，第93—100页。

③ Manuel Castells. *Communication Power*. Oxford University Press，2009，p.19.

以城市标志性更新区域为节点、以“流动空间”生产为过程和特征的崭新传播网络体系。这个网络在不同层面触发了上海重要标志性实体空间更新实践、空间体验与社会实践之间的关联，在相遇、共建、分享中构建起一种新的传播关系网络。

“空间艺术季”充分认识到品牌文化事件对于探索城市更新区域发展前沿问题、扩大城市标志空间与区域品牌的国际影响力、激活空间活力、鼓励公众参与和共享、形成传播热点的复合型作用。通过大规模聚集艺术家、建筑师、策展人等，并与市民活动结合，打造城市尺度的、具有“国际性、公众性、实践性”的城市空间艺术品牌活动与更新实践平台，采用“艺术植入空间”“展览与实践相结合”“公众参与与共享”等方式，聚焦当下城市最关心的城市发展命题与敏感标志性区域更新实践，使得艺术事件充分在城市空间中集结发酵，成为深入探讨城市发展问题的软性触角。

“空间艺术季”将原来活跃于不同网络层级的诸多元素，如城市标志性更新区域、城市发展前沿问题、重大城市文化与空间形象品牌事件、持续性公众参与、标志性空间区域的信息集结和理念传递进行了网络性重构，形成了一种全新的综合性媒介形式与传播关系网络。以此触发了城市标志性区域之间的主题性联动、实体空间与虚拟空间、主观意向的交融；通过人们的交往与空间更新实践的重合，人们的空间体验行为与城市公共空间、历史记忆的相遇，重新定义了城市空间形象的构建、传播所依托的载体。实现活动每举办一届，文化热点就传播一次，国内外大师作品就留下一批，城市公共空间就美化一片的目的，打造“永不落幕的世博会”。实现区域更新实践、城市标志性与公共性塑造、影响力传播的交融、叠加，成为一种应对信息媒体技术与城市更新发展模式双重城市发展语境下城市形象建构与传播的崭新宏观机制。

三、标志性空间：流动空间生产网络中的节点

卡斯特认为网络社会中“流动空间作为信息社会中支配性过程与功能之支持的物质形式”，“是通过流动而运作的共享时间之社会实践的物质组织……在社会的经济、政治与象征结构中，社会行动者所占有的物理上分离的

位置之间那些……重复的、可程式化的交换与互动序列”而实现生产过程的。这一过程可以理解为城市中原有地点、物理空间，依赖于“以信息系统技术为基础、经由组织与传播的扩散”进行重构的过程。[①] “空间艺术季”所塑造的传播网络中，不同层级、地域的标志性空间，打破了自身的物理定位，成为流动空间生产中的核心要素和节点，与其内动态的社会实践相关联，形成个人空间体验与公共形象塑造的多重发生界面。

“空间艺术季”每次主题的选择，都对接世界城市发展最前沿的问题，策展团队架构采用中外团队联合策展方式，将对上海典型类型空间的讨论放置于与纽约、伦敦、巴黎、东京等主题相关的全球城市网络中，进行资源链接与话语碰撞，实现世界与上海不同空间与文化的相遇，由此从城市、建筑到人文、艺术、传播等切入点构筑起对上海与世界标志性空间意义缔结与互动的全新网络。2015 年“城市更新——首届上海城市空间艺术季”主展场选在上海市中心最大的城市更新区域——徐汇西岸。以“城市更新”为主题，聚焦“存量时代”这一当下全球性城市发展问题，对接当下上海城市发展新阶段，探讨物质与社会、空间与传媒、传承与更新、经验与愿景、都市与乡村、艺术与公众、全球与上海的界限、关涉与融合等上海面临的相关问题。2017 年，“第二届上海城市空间艺术季”主展览选择亚洲曾经最大的粮仓——浦东民生码头 8 万吨粮仓旧址作为主展场，聚焦黄浦江两岸贯通。以“连接：共享未来的公共空间”为主题，连接涵盖美国、英国、德国、法国、意大利、荷兰、瑞士、西班牙等十几个国家和地区的 200 多个机构和个人，探讨空间中身体的连接、空间中时间的连接、空间中物理的连接、空间的社会连接、空间的文化连接，以及这些“连接”所产生之后对“空间”重新形成的令人期待与惊喜的“未来空间形态”等问题。并以此提升民生码头及滨江公共空间环境品质，激活该区域的活力，打造“文化＋生活”集聚区，形成新的文化热点。2019 年“空间艺术季”的主题为“相遇”(Encounter)，聚焦世界滨水工业区域更新的前沿话题，主展场设立于世界最大最聚集的滨水工业区——杨浦滨江，是上海进入城市更新阶段后最重要的转型发展区域之一。其中以原上海船厂旧址地区（包括船坞和毛麻仓库）作为

---

① [美]曼纽尔·卡斯特著，夏铸九、王志弘等译：《网络社会的崛起》，社会科学文献出版社 2006 年。

主展场和展馆，以杨浦区滨江南段 5.5 公里滨水公共空间（从秦皇岛路至定海路）作为户外公共艺术作品的延伸展场。

同时，“空间艺术季”采用“主展＋实践案例展”相互支撑方式，将实际案例展与更为多样、与百姓生活密切相关的典型更新区域作空间延伸，如传统街区、工业遗产、市政设施、绿化广场、社区空间、大地艺术等，实现在同一主题下不同区域、不同层次标志性空间的关联联动。2015 年的首届上海城市空间艺术季，实践案例展涉及浦东新场古镇、虹口区音乐谷、愚园路历史文化风貌区、朱家角、尚都里、浦东老白渡码头、闸北区苏河湾、普陀区曹杨新村等多个上海重要的城市更新区域的艺术实践与探讨；2017 年上海城市空间艺术季，10 个实践案例展以浦东新区为核心，向外辐射徐汇、黄浦、虹口、静安、长宁、杨浦、金山等 7 个区的社区、历史风貌区、滨水地区等城市公共空间改造项目，向内与东岸空间贯通工程、陆家嘴金融中心建设等浦东重大城市更新项目结合，深入浦东塘桥、花木、洋泾、潍坊和陆家嘴等 5 个社区。这实现了城市标志性空间与文化品牌事件的全面融合。2019 年上海城市空间艺术季在“滨水空间”主题下，将浦东新区东岸 22 座望江驿、徐汇区西岸、闵行区浦江第一湾公园、普陀区苏州河 M50、长宁区苏州河景观带长宁路段、静安区彭越河岸、嘉定区环城河步道、青浦区环城水系公园等上海重要的滨水空间作为相同空间特征被公众认知与传播，形成形象的重新构建与加载。

可以说“空间艺术季”打破原有城市特定空间的认知，以主题将同质而不同层次的标志性空间、区域从原有的固定地点中拔脱，形成“空间艺术季”这一综合性媒介与传播关系网络中新的“流动空间网络节点”。经由这种节点，多元主体在共同营造一种体验方式、设计一种空间形式，使得空间、文化、信息以社会实践的方式进行反复重组和链接，形成具有共享性与象征性的标志性空间形象认知。

四、与社会实践的链接：空间关系的仪式化生产

“城市更新”意味着要在既有的城市存量空间中实现品质提升与活力激活、产业转型等，涉及现有使用功能重新调整和定位、现有居民环境的改变，甚

至触碰大量的既有利益。除政府部门的顶层推进之外，还要与资本方、专家、民众进行有效沟通，获取多方的理解和支持，并构建有效的社会实践与参与机制。能否获取所在空间日常运转、情感认同及更新需求，成为空间更新实践成功与否的关键。这是任何具体的"城市更新"空间实践中共同面临的核心环节。而这样的空间更新实践诉求，事实上也是空间通过仪式化生产，重新构建空间社会性内涵与流动性特质的过程而进行深入的。

"空间艺术季"在以城市标志性区域形成"流动空间"节点与网络的同时，远距离、大规模地将与城市地点关联的社会实践链接和组织起来。"空间艺术季"强调多元的分散主体达成多边互动的合作网络。作为一个综合的媒介平台，无论在事件框架、公众参与还是资源搭接上都希望能充分发挥"多方参与、共建共享"的强大凝聚力。"空间艺术季"将城市的管理者、使用者、策展人、艺术家、传播学家与社会学家，甚至是企业聚集在一起，实现对于空间更新的多角度激活与意义赋予。采用"主展场＋实践案例展""实地呈现＋在地性公众活动"等多种联动方式，实现同城不同尺度、性质的更新空间的主题链接，城市更新相关理念在政府、专家与公众之间交流与搭接。同时，"空间艺术季"也提供了"节点"中经济、政治、文化象征等相交的多种公共界面：既是其内的文化事件、更新实践、公众活动、传播实践发生、反馈的关联载体，同时又以地点的特殊空间属性触发其内在公共艺术和公众体验，推进空间城市更新实践，由此实现实体物质空间与文化品牌事件的融合与共赢。艺术季通过不同类型与层次的文化资源和活动的搭接，如世界城市日、上海国际艺术节、市民文化节、上海旅游节等，来推动市民对城市空间中文化艺术元素的关注和思考，探讨处于城市更新语境下的上海，其城市空间转型过程中的深层问题。以"空间艺术季"的展场为载体，推出丰富多彩的市民美育活动，形成联动效应。此外，"空间艺术季"还充分发挥线上线下联动的方式，推出 SUSAS 学院、"上海城市空间艺术季"微信公众号等媒介平台，出版上海城市空间艺术地图，制作艺术季市民手册，举办大师讲堂、系列论坛、讲座和文艺演出、"百万市民看上海"等公众活动，以"空间艺术季"的主题和空间为载体，为专业人士提供交流平台，为市民参与艺术季的创作提供契机。仅以 2017 年"空间艺术季"为例，除了四大主题展、12 个特展共 200 多个展项作品，还有近 200 多个国家和地区机构和个人、200多位规划师、建筑师、艺术家共同参与创作。除主展区外,全市范围内还有8个实践案例展和6个联合展,展期内举办了100多场SUSAS学院活动和公众活动。通过精英与草根化并存的一系列仪式化的生产,将空间与公众卷入一场普遍而深入的仪式化活动,在空间关系“流动性生产”中获得标志性空间意义的共塑与重构。

“空间艺术季”所构筑的“流动空间”属性的传播网络中,空间更新实践与社会实践共同作用,作为空间激活的触角与公众需求捡拾器作用,参与到物理空间更新实践的环节中,并勾联起各种线上线下的共同传播与活动,建立起空间化、多尺度、上下联动的城市更新沟通与传播体系,为激发城市空间与沟通活力提供了多主体、动态、流动的空间形象培育与认同的公共场域,开辟了共享共筹的公众协商型空间形象构筑新路径。无论是自上而下的城市宏观尺度,还是以社区、街道的细胞型微观尺度,“空间艺术季”均通过社会组织和社区及个人自发的相融性过程,实现城市传播层次的重组,城市更新实践过程的重塑、意义与标志性的生产,以构建新的传播网络层级与路径,实现为城市更新实践与空间的活力与意义赋能。城市形象也在与城市空间更新实践、日常生活紧密结合的过程中,在线上线下的互动中,争取到媒体、虚拟空间的主动权,也就在无形中扩大了城市形象在其社会空间中的构建与认同,并最终呈现为区域性文化所培育的标志性空间样式。

五、总结

一个城市与区域的形象构建,是一个长期、动态的漫长过程。“全口径、全城市、全社会”的城市更新阶段,与数字信息技术共同构筑的以“流动空间”为特征的崭新语境,给重新发掘城市标志性空间形象建构与传播模式提供了契机。“空间艺术季”作为上海在城市更新实践前沿的创新机制,使城市形象的构建与传播成为与实体空间与信息流动、社会实践等多维度内容紧密联结的场景式、动态性、沉入式的过程,也使城市形象建构沉入社区与生活,真正从城市中生长开来,具有了可触摸的确实认知。随着更加关注空间重构和功能复合、更加关注历史传承和特色塑造、更加关注生活方式和空间品质、更加强调

"低影响"和"微治理"、更加关注城市安全和空间活力、更加关注公众参与和社会共治的空间治理策略的有机更新策略导向，对于城市形象的构建，亦逐步实现从"时间驱动型"向"事件驱动型"转变，从"结果型"规划向"过程型"控制转变，正在逐步摆脱多条线孤立行进的路径，注重以长远的战略眼光和统一布局实现多维度、资源之间的互动与联合，进入内外兼修的深度整合阶段，实现城市形象塑造的内向性、生长性。

（李凌燕，女，同济大学艺术与传媒学院副教授，博士）

Construction and Dissemination of City Image Characterized by "Flowing Space Production"
—Taking "Shanghai Urban Space Art Season" as an Example

Li Lingyan

Abstract: At present, the construction and dissemination of the spatial image of China's first-tier cities is based on the overlapping context of the embarrassing reality of urban renewal that the remaining urban land is close to zero and the profound influence of the media society. Different from the traditional way of city image construction which pays much attention to the unilateral linear construction of soft and hard power, but ignores the substantial space and its practice, the construction and dissemination process of city spatial image in fact has become a dynamic process. It takes the iconic space as the basic element and node and closely links with the social and communication practice in the space to jointly build a multi-flowing communication network rooted in urban life to carry out "flowing space production". Based on the "Shanghai Urban Space Art Season", this paper makes a preliminary discussion on the construction, communication mode and direction of city image in the context of urban renewal.

Keywords: Urban Renewal; Flowing Space; Iconic; City Image; Construction and Dissemination

城市作为一种“媒介”

——基于媒体图像与真实体验的批判性思考

李麟学　丁凡

摘要：针对现代城市公共空间中媒体图像化的现象，本文展开对消费社会影响下公共空间沦为一种商品的批判，并对如何理解城市空间作为一种“媒介”展开深入的思考，试图挖掘城市公共空间的真实性内涵。

关键词：城市公共空间；“媒介”；媒体图像；真实性内涵

城市作为一种“媒介”，这并不是一个新的议题。将城市视作“媒介”，首先应该理解“媒介”的内涵。在古典拉丁文中，“媒介”意味着一种“中间的”实体或状态。12 世纪演变为“使得现实世界中的诸多现象相互关联；将现实世界与可能性世界相互关联”。17 世纪中叶开始“媒介”的现代意义基本定型，“作为一种艺术的形式并作为大众传播的渠道”。20 世纪 60 年代，“媒介”指“实现跨时空社会交往的不同技术与机构”①。1964 年加拿大原创媒介理论家、思想家

① 孙玮：《城市传播的研究进路及理论创新》，《现代传播（中国传媒大学学报）》2018 年第 12 期，第 29—40 页。

马歇尔·麦克卢汉在其著作《理解媒介：论人的延伸》（*Understanding Media：The Extensions of Man*）中提出，“媒介是人体的延伸”“媒介即讯息”等创新性的观点引起了学术界的热议①。

传统意义上，我们往往将“媒介”定义为报纸、广播、电视、网络等专业的大众媒介，所起到的基本作用是公共信息的交流。这些媒介往往是伴随着现代城市技术的发展而产生的，却又与城市的真实空间呈现出脱离的状态。也就是说大众“媒介”并不完全依附于空间而存在从而达到信息交换的目的。这或许就是伴随着技术发展使得现代城市区别于传统的城市的一个重要特征。

在本文中，这些普遍意义上存在的大众媒介并不在讨论的范畴中，文章将讨论的重点聚焦在依附于城市公共空间而存在的、依托技术表现的媒体空间上，并提出对于仅仅依靠灯光秀来勾勒空间属性的当代媒体城市现象的批判性思考，并试图挖掘城市空间的真实性内涵。

一、图像城市

20 世纪 80 年代期间，电视屏幕开始出现在各种公共空间中。20 世纪 90 年代以来，光线、新媒体、建筑与公共空间之间的相互作用已成为越来越受关注的主题。从而衍生出的“光线建筑”（Riley，1995）、“媒体建筑”（维利里奥），不仅仅创造出了一种新型的城市景观，更是创造出了公共空间演绎的新模式。随着电气技术的发展以及城市内城空间的衰落，在 20 世纪 90 年代甚至将大屏幕作为复兴公共空间的一种手段，以吸引人们重返内城。

当今，媒体设备已变为塑造当代城市公共空间的普遍元素，他们被嵌于都市公共设施之中，位置多种多样，形式千变万化，包括信息亭、大型公共屏幕、数码监控摄像机和电脑化的交通系统。全球超大城市纽约、东京、伦敦、上海，电子屏嵌入城市景观已经成为其城市最明显、最有影响的趋势。这种媒体与公共空间的互嵌改变着城市社会结构与文化。建筑师柯布西耶认为电灯将建筑变成了鲜活的、会说话的存在，这样一种景象与作为“响应式建筑”的当代图式之先驱的新城市景观形成了不可思议的共鸣。

---

① McLuhan，M.，& Gordon，W. T. *Understanding Media：The Extensions of Man*. Gingko Press，2003.

公共照明自其19世纪出现之日起，就一直被认为是一种管控公共空间的重要技术。席维尔布施讨论了16世纪欧洲的公共照明计划与专制主义国家对百姓日常生活方式的控制的延伸之间的联系。在19世纪的巴黎，打碎灯罩是反叛国家权威的普遍之举。1879年的伦敦博览会的一大特点，是以爱迪生的新白炽灯作为主要的吸引亮点。第一块闪耀着E-D-I-S-O-N的招牌在伦敦博览会上展出。此后，电光标志、闪烁信号灯、探照灯、照明灯、泛光灯最早都是在世界展会上公开亮相的。人们发现，照明效果能够使得建筑物呈现出千姿百态的样貌，既可以凸显一组独立的建筑细节，也可以反过来将其抽象为一个在周围暗夜的映衬下夺人眼目的整体雕塑。更有甚者，这个过程可以成为针对大量观众的基于时间的奇异场景，这些关注可能会经历一场连续特效，而以前只能在经过专门设计的剧场内部空间、全景画和透视画中才能见到①。

911世贸组织大厦遗址公园设计作品“倒影缺失”②

① [澳]斯科特·麦奎尔著，邵文实译：《媒体城市：媒体、建筑与都市空间》，江苏教育出版社2013年。

② 图片来源：https://www.sjq315.com/news/251581.html

技术图像能够引发人们特殊的情感反馈，其中部分的情感反馈是无法在城市原有空间的基础上得到激发的。在美国911世贸组织大厦遗址公园的设计竞赛中，以色列建筑师迈克·阿拉德（Michael Arad）的设计作品“倒影缺失”（Reflecting Absence）从63个国家的5000多份设计图中脱颖而出，获得了由艺术家、遇难者家属、政府代表和当地市民共13人组成的评审委员会的最终认可。在世贸大厦原址上以灯束打向天空，象征着两栋大楼的消失，这种以虚空填补现实的艺术手法，衬托出人们对于该场址的怀念之情。美国911国家纪念馆馆长丹尼尔斯形容道：“这个纪念馆会让人感到强烈的震撼，因为这种虚空和失去的感觉就是当年经历过这起事件的人们的真实感受。”

随着电气技术的发展，现代城市也成为“电光城市”的代名词。利用电子屏幕重新塑造的城市形象成为全球化时期城市品牌营销的重要手段，也是城市传播的重要领域。每年跨年时刻在外滩举行的灯光秀都向世界展示着上海的城市新形象与跻身全球城市网络的重要愿景。在2019年9月30日，中华人民共和国70周年诞辰前夕，上海外滩也以灯光秀的形式向祖国献礼。

庆祝中华人民共和国成立70周年外滩灯光秀①

时代广场对于曼哈顿，不仅仅在于它是一个形态独特的城市公共空间，是一个由百老汇大街、第七大道和46街交叉而形成的三角地带，当电子屏一起闪烁的瞬间，它好像成为整个世界的焦点。时代广场的灯光秀、巨幅广告板标榜着城市空间的价格，同时也展示出全球各地城市在世界网络体系中的地位。

① 图片来源：网络

虚拟与现实在这里交织。

纽约时代广场的电子屏①

二、城市公共空间作为一种商品

早在1926年,一家公司支付了天价的60万美元,以租赁位于百老汇的广告空间。在现代消费社会中,电气照明大大扩展了都市空间的商品化影响范围。时代广场每一块电子屏幕都明确地标示出每秒的广告价格。美国景观公司使个人主义、竞争、广告和商品化之类的主要价值具体化了。在全球化的时代,这种竞争和商品化的传播扩展到全球网络。能够在纽约时代广场的电子屏中获得播放广告的特权成为世界其他城市公司进行品牌建设和推广的重要愿望。而时代广场也以开放的、价高者得的姿态欢迎这种异质文化的浸入。

在技术层面上,某些主体选择和建造的图像,成为他们与世界的主要联系。这些图像可以包容承载任何内容,因为同一幅图像中所有的东西都可以并置而不互相矛盾。图像的流动承载着之前一切,它同样是其他人控制这个

① 图片来源:https://zh.wikipedia.org/wiki/File:1_times_square_night_2013.jpg

简单感性世界意愿的总结；他们决定了流动的方向及应该显示的节奏，例如一些永久的、任意的惊喜，没有时间进行反思、完全独立于旁观者可能理解或想到的东西[①]。这就是居伊·德波(Guy Debord)口中所描述的“奇观社会”。在传统的现代城市语汇里，这种奇观指的是闪闪发光的摩天大楼、高架公路或者标新立异的建筑。引人瞩目的空间形象可以带来巨大的社会和经济效益，甚至可以极大促进休闲购物、城市旅游等消费活动的发生。在媒体城市的语境中，技术图像又为这层奇观增添了一份玄幻的色彩。

当城市公共空间被“奇观”所占据，城市空间的真实内涵被隐藏。当夜晚摩天楼上的电子屏闪烁之时，城市空间媒体奇观效应使得陆家嘴的城市空间看上去与曼哈顿并没有什么不同。这也引发了对于千篇一律的城市空间与城市空间商品化的担忧。此外，灯光也可以被轻易地赋予政治的含义。灯光可以攀附上任何形体的建筑，且与这建筑地点并不相关。这种“无地方性”的城市形象在技术媒体时代无疑被加剧了，无差别的技术手段使得全球网络中世界城市的身份丧失。

同时，大型公共电子屏幕和移动媒体设备意味着媒体消费已经在公共空间逐渐产生。居伊·德波在其1990年的著作《奇观社会评论》(*Comments on the society of the spectacle*)中，首次提出“奇观”这个词，表达了日常生活从积极参与到被动消费的方式的转变[②]。鲍德里亚在20世纪60年代开始对新兴消费领域进行研究，并据此提出“消费社会”理论。他认为当今社会的消费已从对物的消费逐渐转变为对符号的消费，人们在消费过程中更加注重产品的附加意义。这一趋势在时尚消费中尤为明显。时尚是消费者对符号化消费偏好的外在表现，并由大众媒介为其赋予了社会地位和身份意义[③]。

以上海的“新天地”为例，动工于1999年，新天地将全球化的消费文化与上海本地的“石库门”建筑样式结合在一起，创造了一个非常成功的消费主义神话[④]。作为上海居住街区的石库门里弄经过改造脱胎换骨，成为新时代的时

---

① Debord, G. *Comments on the society of the spectacle*. In. London : Verso, 1990.

② Debord, G. *Comments on the society of the spectacle*. In. London : Verso, 1990.

③ [法]让·鲍德里亚著，刘成富、全志钢译:《消费社会》，南京大学出版社2001年。

④ 包亚明:《消费文化与城市空间的生产》，《学术月刊》2006年第5期，第11—13页。

尚地标，这一片仅仅作为上海本地人生活居住的空间，被来自各地的观光客、小资人士所占据所消费，新天地的历史身份被隐藏。

列斐伏尔(Henri Lefebvre)认为对于空间的征服和整合，已经成为消费主义赖以维持的主要手段。空间作为一个整体已经成为生产关系再生产的所在地，因为空间带有消费主义的特征，所以空间把消费主义关系，如个人主义、商品化等的形式投射到全部的日常生活之中①。作为城市发展重要的建构性力量的文化，已经完全蜕变为纯粹的消费文化。那些与意象、记忆相关的独特的城市生活体验，引领的不再是对地域性的城市生活的鲜活认识，它们只是作为认识不同的城市空间的标签，配合着资本和人员的全球性流动。在此，消费与文化实现了空前的无缝衔接。消费文化同时也放大了不同的人群对于空间使用的不同要求。城市空间的巨大变迁不仅在物理向度上改变了城市的外貌，而且同时在精神与意识的层面上影响着人们的日常生活。

三、城市公共空间的真实性内涵

1.公共空间物质性的瓦解

空间的物质性是一切得以衍生的基础，而空间物质性的核心则是建筑与其形成的城市空间。德国哲学家、文化评论者瓦尔特·本雅明(Walter Benjamin)将城市和建筑看作是现代性的核心。

本雅明将我们的视野引入对于公共空间真实性体验的关注中，在其笔下，“城市浪荡者”成为对于现代城市将公共空间逐渐吞没抗议的主体，他们是游荡在城市各个角落，暗暗观察、体验着由于现代城市的兴起而出现的商品化的、消费型的城市空间，哀叹现代性将一切诗意的烂漫的城市空间摧毁。为了揭示现代性体验，本雅明把研究的视野定位于巴黎“拱廊街”的研究中②，拱廊街因其将街道空间与建筑结合为一体的城市形态，使得现代人能够模仿18世纪的绅士淑女信步游庭于空旷的街道上的城市场景，从而将遥远的古代性和

① Lefebvre, H. *The production of space*. In. Oxford, OX, UK: Blackwell, 1991.

② Benjamin, W. *The Arcades Project* (H. Eiland & K. McLaughlin, Trans.): Belknap Press of Harvard University Press, 1999.

现代性混为一体。“拱廊街”这种特殊的城市公共空间成为过去与未来的空间介质。

这也是本雅明针对波德莱尔对 19 世纪资本主义工业革命初期巴黎的现代性体验考察的回应，这是一种对于公共空间原真性的呼吁，提倡原始的浸入式的城市空间体验[①]。与此相对应的，本雅明在其 1926 年的文章《单向街》(*One Way Street*)中，探明了光电招牌的形式而非内容中的根本潜能[②]：“是什么使得广告变得比批评远胜一筹？不是那动人的霓虹灯所说的言语，而是将它映照在柏油之中的火光之池。”

电光招牌作为一种新型的短暂消费的城市环境景观而进入人群的视线中，并产生了令人难以忘却的效果。这种炫目的电子景观奠定了现代主义萌生的文化基础。它是物质与非物质的集合，现实与虚拟的交织。在某些场景下，这些虚拟的技术甚至改变了公共空间的物质形态，物理空间的坚固性得以消解，边界变得模糊，而这种幻觉逐渐深入现实，变成了日常生活的一部分。

现代城市呈现出时空压缩的状态，拱廊街让位于百货商店，新闻报业让位于电子报纸，无线电技术取代了剧院演出。可以说一切与传统空间体验相关的活动逐渐被新媒体技术所带来的新兴信息获取途径所取代。后者呈现出更加便捷、直接的状态。

2.媒体技术影响下的公共空间转型

对城市公共空间的研究与定位也因媒体技术的发展而发生了改变。哈贝马斯把公共领域定义为“一种用于交流讯息和观点的网络”，在他的语境中公共领域是一个人们相互交流而形成的“社会空间”，人们能够自由平等地对话和交往，表达和公开意见，形成公共舆论领域。公共空间在漫长的城市与聚落的演变过程中曾经是充满活力的人性场所，足以承载人们日常公共生活的需求。在西方，中世纪的城镇广场或方场被称为公共空间的典型，它是城市居民户外生活、聚会、了解新闻、谈论时政或观察时代万象的场所，也是集市和庆典的场地。

---

① [德]瓦尔特·本雅明著，刘北成译：《巴黎，19 世纪的首都》，上海人民出版社 2006 年。

② Benjamin, W., Jephcott, E. F. N., Jennings, M. W., & Marcus, G. *One Way Street*. Harvard University Press, 2016.

用技术武装的现代城市对公共领域的信息传达进行了彻底的颠覆。通过人们聚集在广场等城市公共空间才能完成的信息交流，无疑在新媒体技术的应用下逐渐得到扩展，甚至逐步延伸到私人领域。如汉娜·阿伦特所描述的那样，私人领域逐渐走向公共化，私人领域和公共领域之间界限就渐渐消失了，公众的批判意识转变为消费观念，从文化批判的公众转变到文化消费的公众，这就是哈贝马斯所说的公共领域转型的典型标志[①]。

建筑师雷姆·库哈斯也强调电视、媒体和一系列其他发明都在深刻地改变着城市公共领域，消解着公共与私人的边界。公共空间与私人空间之间界限的模糊是公共领域转型的一个方面；另外一个方面在于，双向的信息交流与能动性的沟通过程变成了由电子屏主导的、单一方向的、由某些团体在背后操纵的信息的灌输。此外，新媒体技术消解了公共空间的物理边界，使得公共空间的体验不仅仅局限于身体丈量的维度。VR 技术的发展更加加强了这一点。将公共空间的体验不仅仅停留在看，而是扩展到身体的感知层面，将身体对于空间的体验赋予新的意义。

在传播学领域，自大众传媒实现了对人类传播状态的一次革命，主流传播学越发关注电子媒介和新媒体的虚拟传播，而一度忽略实体空间的解码潜力。全球化时代的扩增，造成了城市地方性的断裂，空间和地方完全受到新技术的支配，城市公共空间成为“无地方”的特征。信息技术领域的革命使得人们与公共生活和空间的隔离越来越严重，所有人都生活在“赛博空间”中。公共空间和地方的传统概念正在过时。网络社会中的地方认知与我们传统的公共和私人空间概念中的地方城市没有关联性[②]。由“人”主导的公共空间逐渐被“技术”主导所取代。

3.公共空间的真实性内涵

如果仅仅依靠电子屏等媒体手段去营造公共空间，仅仅依靠技术手段去理解公共空间，那么城市公共空间的真实性内涵将会被掩盖。从 20 世纪 60—70 年代起，针对公共空间衰落的情况，建筑城市研究领域、社会学领域等专家

---

① [德]哈贝马斯著，曹卫东译：《公共领域的结构转型》，学林出版社 1999 年。

② 宋立新、周春山：《西方城市公共空间价值问题研究进展》，《现代城市研究》2010 年第 12 期，第 90—96 页。

学者开始提出解决的对策。

早期的芝加哥学派则认为，城市是一个有机体。针对现代城市公共空间衰落的趋势，城市设计者试图寻找传统城市公共空间的设计原则。卡米罗·西特(Camillo Sitte)在《遵循艺术原则的城市设计》一书中，赞美了中世纪和谐的欧洲城市公共空间，提出了街道、广场与公共建筑物的视觉艺术准则，认为自由灵活的设计、建筑之间的相互协调、广场和街道所组成的有机围合空间是建立城市形体秩序的基础①。在《一切坚固的东西都烟消云散了》(*All that is Solid Melts into Air*)中，马歇尔·伯曼提出街道构成了19世纪城市的"普通的会面地点和交流路线"；用更具当代性的话来说，它是不同阶层的人在此相遇并融合的界面②。

此外大量学者强调了公共空间的社会交往性和信息交流的功能。美国社会学家雷·奥尔登堡(Ray Oldenburg)从城市及社会研究角度，提出了"第三空间"的概念，认为除去家和居住场所的第一空间，大量时间工作的第二空间，他将非正式公共聚集场所，如街道、咖啡馆、酒吧、社区中心等聚集了自愿的、非正式的、期待聚会的常客，称之为"第三空间"。与传统公共空间相比，第三空间更加强调公共场所的可进入性、社会交往、信息密集性与功能多样性③。美国社会学家和城市规划学家简·雅克布斯(Jane Jacobs)在《美国大城市的死与生》中提出，交往是大城市生活的灵魂，呼吁人们重新认识街道的功能，认为街道不应仅仅是承担城市的交通功能，而应是联系人们日常交往的重要场所，是城市中最有活力的器官(Jacobs, 1992)。丹麦建筑师及城市规划师杨·盖尔(Jan Gehl)呼吁建立高质量的户外交往空间，强调将城市视为聚会场所，并提出加强步行交通的积极策略④。

还有学者针对城市公共空间的同质化提出抗议，例如纽约城市社会学家沙朗·佐金(Sharon Zukin)针对全球化下纽约城市变化，提出城市空间"原真

---

① Sitte, C., & Stewart, C. T. *The Art of Building Cities: City Building According to Its Artistic Fundamentals*. Reinhold Publishing Corporation, 1945.

② Berman, M. *All that is Solid Melts into Air : the experience of modernity*. In. New York, N.Y., U.S.A.: Viking Penguin, 1988.

③ Oldenburg, R., & Brissett, D. *The third place*. *Qualitative Sociology*, 1982:5(4), pp.265—284.

④ Gehl, J. *Life Between Buildings: Using Public Space*. Island Press, 2011.

性”的保护原则，呼吁保存纽约自身的城市文化特征①。

这些都是对于日渐式微的公共空间的探索。在国内，对于城市建筑作为一种“媒介”的真实性内涵探索首先来自传播学领域本身。复旦大学新闻学院教授孙玮提出：“实体空间的特殊场景，不仅提供了人们日常生活场景的实体媒介，而且构筑了城市居民的集体记忆和地方感。当今建筑界提出‘建筑即媒介’，便是充分意识到这一点。”同样，台湾大学建筑与城乡研究所名誉教授夏铸九也认为公共建筑的营造正是空间媒体的公共领域建构。广场、公园、街道等开放性的公共场所是城市文化重要的空间载体。这些空间界面中的色彩、肌理、材料、形态及其中的文字、记号、图像等信息隐喻了城市历史故事、集体记忆。这些空间的品质直接关系到公众的生活质量、社会交往、情感交流，对于安全感、归属感与认同感的建构起着积极的作用②。

此外公共空间应该是具有可挖掘性的。为了证明这个观点，孙玮将外滩都市空间作为一个例子进行具体阐述（这里与上文中的外滩都市灯光空间进行正反对比）。外滩的都市空间，既是东西方文化交流的结果，本身又作为媒介，构筑了人与人、人与社会的新型关系。外滩的空间布局体现了都市文明三个层次的传播内容。一是实物的交换，货物的直接交易；二是信息的交流，贸易信息、新闻信息的传播等；三是人的交往，饭店、夜总会、公园在社会的各个层面，提供了人与人交流的公共平台。外滩都市空间展示了它是如何作为媒介整合了各种层次的传播③。

除此之外，事件、人群都是激活公共空间的重要元素。事件通常包括文化展示交流活动或者日常性的生活行为，如展览会、开放日、节日活动、民俗事件、庆祝纪念活动、仪式、街头表演、文艺展示、音乐派对等。无论是有组织的活动还是自发形成的事件，在特定的时间将社区市民吸引到特定的公共场所，从而使得个体与个体之间的交往与交流机会增加，强化社交网络，有助于改善

① Zukin, S. *Naked City: The Death and Life of Authentic Urban Places*. Oxford University Press,2010.

② 陆邵明：《场所叙事：城市文化内涵与特色建构的新模式》，《上海交通大学学报（哲学社会科学版）》2012 年第 3 期，第 68—76 页。

③ 孙玮：《作为媒介的外滩：上海现代性的发生与成长》，《新闻大学》2011 年第 4 期，第 67—77 页。

现代都市社会正在弱化的邻里关系；而且一些仪式性的聚会或者在历史性场所中的聚会，能唤起集体记忆与共鸣，建立一种市民精神①。

因此在文章中提出城市公共空间作为一种“媒介”，这种“媒介”空间并不仅仅指由技术媒体设备所装饰的公共空间，而是应该更加注重挖掘公共空间的真实性内涵，需要具备三点重要特性即进入性、多样性和可挖掘性。

从积极的角度来看，新媒体技术会催生更加具有参与性和包罗万象的公共空间的新形势。新媒体技术能够更好地衬托和表达建筑与城市空间。例如2010年世博会台湾馆在馆外就可以看到天灯形状的场馆经由外膜和内部球体投影创造的光影投射和影像流转。新媒体技术能够将城市空间赋予常新的意义。在不同的时间（例如不同的节日里），相同的城市地点可能会渲染出不同的空间氛围。相同的影像展示也可以吸引市民的聚集与逗留，从而引发居民间的互动与讨论。

从消极的角度来看，过度或者某些被滥用的新媒体技术对于公共空间的真实性体验是毁灭性的。没有目的随意设置的电子信息屏幕将本就被城市化进程所碎片化的公共空间弄得更加的支离破碎。千篇一律的建筑电子屏、灯光屏使得建筑和城市空间的可识别性被掩盖。城市空间的多样性和独特性被瓦解。公共空间的“去场所化”消减了社会关系中的地方意义和人文价值，致使社会空间的抽象化和社会个体的原子化②。

四、结语

在全球化的新时期，城市公共空间作为承载地方文化精神的重要场所和全球社会网络体系中信息交流与资本流动的重要节点，对城市社会、经济、文化的发展，以及价值观念的传承产生着重要的影响。城市作为一种“媒介”，不仅仅是搭载了媒体灯光的平台，而更多是人空间体验的载体，同时也是信息的

---

① 陆邵明：《场所叙事：城市文化内涵与特色建构的新模式》，《上海交通大学学报（哲学社会科学版）》2012年第3期，第68—76页。

② 宋立新、周春山：《西方城市公共空间价值问题研究进展》，《现代城市研究》2010年第12期，第90—96页。

流通、资本的流动、人的交往、文化的融合的容器。

对于媒体带来的新城市空间体验，我们应该抱以批判的态度去应用，而不是完全依赖技术表现手段去营造虚幻的空间，这虽然在某种程度上可能会增加城市现代性的体验，以及对于城市品牌营销做出些许的贡献，然而却极易使其沦为现代消费社会下的一种没有身份差别的商品，一种磨灭了独特性的存在。探求城市空间的真实性内涵，从可进入性、多样性和可挖掘性出发探求公共空间的价值，发觉城市的人文价值，才能对城市及其作为“媒介”的意义做出正确的理解。

（李麟学，同济大学建筑与城市规划学院教授、博士生导师；艺术与传媒学院副院长。丁凡，通讯作者，同济大学艺术与传媒学院“部校共建暨院媒合作”城市传播与发展策略科研团队成员）

City as a “Media”

—Critical Thinking Based on Media Images and Real Experiences

Li Linxue　Ding Fan

Abstract: Aiming at the phenomenon of media visualization of public space in modern cities, this paper develops a critique of the public space as a commodity under the influence of the consumer society, explores how to understand urban space as a kind of “media” and tries to explore the authenticity of city public space.

Keywords: Urban Public Space; Media; Media Image; Authenticity

重构"恋地情结":城市徒步中的传播与文化政治

张昱辰

摘要:城市徒步不仅是当代中国的重要休闲娱乐方式,也构成移动网络时代的城市传播实践。城市徒步不断传播与大众化旅游不同的理念,构成了对文化工业的反叛;城市徒步通过个性化路线选择与独特城市意象的塑造,构成了对主流城市叙事的反叛;城市徒步使得参与者以线上线下往返穿梭的方式交流与移动,建构起短暂的审美共同体,构成对城市"陌生人社会"的反叛。城市徒步在多层面演绎着复杂的文化政治,它让越来越多都市人通过"对家园的朝圣"来对抗"无地方性",寻求重塑"恋地情结"的可能性。

关键词:大众化旅行;城市意象;主流城市叙事;无地方性

新媒介技术的蓬勃发展,带来了人类旅行活动的巨大改变,也让学者们越来越关注传播与旅行的深刻联系。一方面,传播的空间维度正受到重视。越来越多的传播学者意识到,传播不仅仅是跨越空间的信息传递,还包括人类日常生活中的空间场景所构筑的交流关系及其意义。[①] 旅行成为人们通过传播构筑意义和展开交往的重要方式。另一方面,旅行信息的发布,旅行经历的分享,乃至实体空间的旅行本身,都与新传播技术越来越密不可分,新媒介技术将旅行转化为一种"社会—技术实践"(social-technical practice)[②]。

在当代中国,城市徒步正成为越来越多都市人选择的交往方式和休闲活动。城市徒步既不同于传统旅行,参与者无需远离居住地,只需用脚步在自己所在城市的大街小巷中"观景";城市徒步也不同于传统徒步,对体力和装备没有要求,参与者只需轻装上阵便可享受乐趣。稻草人旅行 2006 年在全国率先推出城市徒步活动,经过多年发展已吸引大批拥趸参与其中,在全国具有代表性。2014 年起上海旅游局与其合作,将其城市徒步线路作为上海旅游节特色项目推广。本文试图探究传播在城市徒步中扮演的复杂角色,理解城市徒步怎样被塑造成为一种重要的城市文化实践,它塑造了怎样的城市意象,又牵涉到怎样的具身化传播实践,在此基础上理解城市徒步在当代上海的文化政治。

一、"行走"与"地方":研究概念的阐释与分析

"地方"在空间理论中是一个重要概念。政治经济学取向的学者聚焦地方与资本、权力的关联。如大卫·哈维就表示,"像时间和空间一样,地方是社会建构,并且必须这样来解读和理解"[③]。他指出,地方是一种固定资本的形式,与其他流动资本形式间有紧张关系。固定与移动之间的紧张,是造成全球不均衡发展重要因素。

相比之下,人文主义取向的学者试图用"地方"概念来抵抗空间诉诸普遍均一的科学动力。在他们看来,地方强调主体性和经验,而非冷酷无情的空间

① 孙玮:《城市传播:重建传播与人的关系》,《新闻与传播研究》2015 年第 7 期。

② Kraeh, A. *Tourism Today: Interactive Travel and the Performance of "Mobile Sociality"*. Space and Culture, 2013, 16(4).

③ [英]大卫·哈维著,胡大平译:《正义、自然和差异地理学》,上海人民出版社 2010 年,第 334—376 页。

科学逻辑。地方"是比社会建构更深奥的东西","是不可化约且根本的事物"[①]。没有了地方,社会本身就无法想象——社会(和文化)是在地理层次建构的。段义孚用"恋地情结"来指涉"人与地方的情感联系"[②]。地方是充满人类经验和意义的场所,人们在其中生活、体验、解释、理解并且发现意义,地方承载了人类对过去的记忆和对未来的想象,同时让人类对自身和地方产生认同。

伴随着近年来人文社会学科的日常生活转向,行走作为身体移动性(corporeal mobility)的原初表现和重要的日常生活实践,越来越受到研究者的重视。吸引众多文化地理学和社会人类学家的"新行走研究"(new walking studies)聚焦于这一人类活动的基本构成元素,它们关注的话题包括:作为事件的行走(walk),作为人类主体的行走者(walker),作为具体行动的行走行为(walking)。[③] 索尼特在对行走者历史的研究中发现,"行走作为一个自觉性的文化行动,而不仅仅是一个到达终点的方式,在欧洲仅仅有几个世纪的历史"[④]。在 18 世纪的欧洲,罗素是早期城市行走者的代表。作为"现代性之都"的巴黎,是一个行走者的城市,也是一个革命者的伟大城市。本雅明的"漫游者"构成了巴黎行走者的独特种类,他们与娱乐、人群、疏离感、观察和步行,特别与在拱廊中的漫步相联系。[⑤] 大卫·西蒙在梅洛·庞蒂知觉现象学的基础上,将行走理论化为形成地方意义的"身体芭蕾"(body-ballets),地方意义通过"身体芭蕾"和"时空常规"(time-space routines)的结合得以产生。[⑥] 行走不再

---

① [英]克雷斯韦尔著,王志弘译:《地方:记忆、想象与认同》,群学出版有限公司 2006 年,第 46 页。

② Tuan Yi-Fu. *Topophilia:A Study of Environmental Perception, Attitudes, and Values*. NJ: Prentice-Hall, Englewood Cliffs, 1974, p. 4.

③ Lee J. and Ingold, T. "Fieldwork on foot:perceiving, routing and socializing", in Coleman, S and Collins P. eds. *Locating the Field:Space, Place and Context in Anthropology*. Oxford:Berg, 2006, pp. 67—70.

④ Rebecca Solnit. *Wanderlust:A History of Walking*. New Zealand:Penguin Books, 2001, p. 14.

⑤ Rebecca Solnit. *Wanderlust:A History of Walking*. New Zealand:Penguin Books, 2001, p.199.

⑥ Seamon, D. "Body-Subject, Time-Space Routines, and Place-Ballets", in Buttimer, A. and Seamon, D. eds. *The Human Experience of Space and Place*. London:Croom Helm, 1980, p.148.

仅仅是身体在物理空间的移动,更有着塑造地方感的重要意义。

不仅如此,行走还构成了民主和公民生活的重要组成部分。在约翰·厄里看来,与日益占据主导的自动化移动技术(如机动车)相比,行走是缓慢的,且无法为移动主体提供一种权力感。但它的优势在于,不依赖于其他的技术,也比驾驶机动车更少受到管治。城市中的行走是一种与城市建立联系的重要方式。重复步行穿越著名的街道、小径,意味着再次确认一种定着感(a sense of dewelling)[①]。在米歇尔·德·塞托看来,城市行走是生产城市空间的一种方式。他把行走看成是另一种说话,这种说话将空间视作语言,行走是“叙述空间”(space of utterance)。“走路行为之于城市体系,就如称述行为之于语言或者被称述之物。”[②]人们“依循着城市文章的粗细笔画而行走”,利用统治精英们所提供的空间和场所,把社会中原本包含着的符号的、制度化的空间改造为另一种形态。行走者创造观察、窥视的机会,打碎和搅乱稳定的城市秩序,将街道、建筑及意义衔接在一起。通过行走,人们挪用了城市的空间,从城市的管制中创造属于自己的地方感。通过行走,个人拓展了自己的社会与空间世界,进入一个更宽广的天地。越来越多的艺术家和社会运动发动者将行走视为参与公共生活的重要手段。在这个层面上,行走不仅仅构成了身体的移动,更成为人们在实体空间中表达意义、塑造认同,甚至构筑公民身份的传播实践,这无疑与主流传播学高度关注的线上、虚拟空间的传播实践形成了互补。需要追问的是,在行走与地方感的塑造中,传播起到了怎样的作用。

二、传播城市徒步理念:对大众化旅行的反叛

近年来,从西方到中国,对大众旅游(mass tourism)的批评甚嚣尘上。参与大众旅游的“游客”(tourists)常和浅薄、污染和虚假联系在一起,被标签化

---

① John Urry. *Mobilities*. Cambridge:Polity, 2007,pp.141—143.

② [法]米歇尔·德·塞托著,方琳琳、黄春柳译:《日常生活实践 1:实践的艺术》,南京大学出版社 2015 年,第 174 页。

为"满足于显而易见的虚假体验者"①。今天，"上车睡觉，下车尿尿，景点拍照，回家一问什么都不知道"的团队游在中国越来越不能满足都市中产阶层的自我表述和意义探寻需要，他们探索着更丰富的旅行方式，以期与大众化旅游群体区分开来，进而来表述自身的文化身份。

稻草人旅行将自己定位为一家旅行爱好者社团（其自身就由高校旅行社团发展而来），而非大众旅游供应商，其长途线路和国际线路价格要比同类产品昂贵许多。稻草人旅行在2006年起推出的城市徒步项目，如一位负责人所言，不只是为了赚钱，而是为了赚人气，让更多人认同其"探索、发现、交流、分享"的理念。2013年稻草人旅行网站上高调宣布其城市徒步线路全部"公益化"：

> 简言之，稻草人旅行Citywalks就是深度上海一日游。（怎么有种导游拎个小旗子带你逛东方明珠去豫园的感觉？）
>
> No，稻草人Citywalks不是一个人带着几十个人随便逛逛，走马观花，更不是一堆人扎堆暴走，而是慢下脚步，和你一起发现这座城市最平凡却惊喜之处。
>
> 一个美妙的周末，穿双舒服的鞋子，加入10人以内的小团队中，跟随我们的Tour Guide行走在城市中……

这个公益化的宣言明确将城市徒步与大众化旅游区分开来，强调城市徒步不同于大众化、缺乏新意的团队大众旅行"上海一日游"，而是属于定制化的，特点是深度游览、小团队和慢走。

与公益化宣言的调侃风格不同，目前稻草人旅行每条城市徒步线路的页面上的标准文案显得文艺和感性：

> 带着一颗发现的心，拥抱属于你的城市，你会发现这座城市、那些人

---

① Dean MacCannell. *The Tourist*：*A New Theory of the Leisure Class*. Berkery：University of California Press，1999，p94.

们的脸庞,都足够可爱。

……

在每一次完美的城市行走体验背后,是探路者数以几十次的行走于大街小巷;是当地达人、城市专家和各路神奇人物激情探索共同讨论;是Tour Guide倾心倾意试走、全心全意带领;是设计师精心独家设计的地图资料;是和有趣、有品位商家的一次次交谈后成为朋友。所以,我们也收取一定的费用,为了保证这些所有的所有。

这正是因为,我们想呈现的,不只是简单的行走,更是这座城市真实的样子。她高贵又平凡,她冷艳又热情,她平静又躁动,她年迈又年轻,她传统又奔放。她是真实可触碰的存在。

这则声明中无论是"你们"还是"我们",都是在上海工作和生活的人,而非外来的游客。其中隐含的态度是,城市徒步的参与者不仅生活于上海,而且爱这座城市,并愿意了解这座城市。因而,城市徒步活动被建构一种绝佳的机会,让城市中的有品位者了解城市"真实的样子"[①]。

什么是"真实的样子"?在经典理论中,旅游涉及"离开"这一概念。首先,是离开平常工作和居住的地方,前往要去"凝视"的地方;其次,还要离开日常生活中有规律、有固定节奏的工作和生活状态。[②] 但是,在城市徒步的理念建构中,"离开"这一概念变得模糊了。一方面,参加者不需要离开所在的城市,甚至游览的可能也是平时熟悉或经过之地;但是另一方面,他们确实离开了平时的工作和生活状态,试图用一种漫游者的方式凝视城市,将原先熟悉的地点"陌生化"为景点。正如另一则文案所述:

跟随着我们的脚步,也许前一刻你身处透着阳光的写字楼前,穿过一条弄堂看见的就是明清建筑,再摆渡一条河就回到了80年代时的老公交汽车站。或者在路过的草坪上撒撒欢,在老公园里和爷爷奶奶们跳跳舞,

① [英]约翰·尤瑞著,杨慧等译:《游客凝视》,广西师范大学出版社2009年,第3页。
② [英]约翰·尤瑞著,杨慧等译:《游客凝视》,广西师范大学出版社2009年,第5页。

在满是故事的弄堂们和居民们唠唠嗑，城市的一切，就缓缓展开在我们的行走中。

以上的文案仅仅是城市徒步设计者发布的诸多文案的一小部分。这些文案以或调侃或优雅的风格不遗余力地传播着城市徒步的理念，而这比直白的公告更能被受众接受和认同，成为推动城市徒步的流行与普及的成功营销手段。稻草人旅行声称，只需“一双能走路的鞋，一双能发现美的眼睛”，就能完成城市徒步，发现城市的美好和真实。城市徒步传播的理念是极具上海地方性色彩的，设计者不断强调与上海城市地方的紧密联系，吸引参与者以身体在场参与的方式，发掘城市的本真性，与那些不懂上海的美好的大众旅游者（外地游客）区隔开来。

三、传播上海城市意象：对主流城市叙事的反叛

稻草人旅行的城市徒步之所以吸引大量人参与，不仅因其理念的成功传播，更因其开发的多条各具特色的徒步线路。稻草人旅行官网上开辟有“微旅行”专页，汇集了不同的城市徒步线路链接。每条城市徒步线路页面上，会提前两到三周左右发布活动预告，必须提前预定。页面会附活动回顾的链接，点击后即可浏览网络论坛中的相关帖子（常常是之前该线路活动的报道，以及参加者的评价）。在这里，城市徒步者的体验得以文字和图片的方式再次镶嵌于媒体平台的符号系统之中，为后来者提供可资参照的对象。多数参与者在参加城市徒步之前，通过浏览网络上的官方描述和过来者经历分享，就已经做了“虚拟旅行”。这让参与者出发前就提前熟悉路线，并对景点有了基本的了解甚至预设。而之后的亲身体验中，参与者无非是用身体在场的经验来验证和补充既有的印象与想象。可以说，城市徒步线路的设定与包装深刻影响着参与者对城市意象的理解。

城市徒步线路的名称以及地理位置安排开启了城市意象的传播。稻草人旅行每条城市徒步线路都被赋予一个简洁却颇具诗意的名字。如“遇·静安”“虹口方舟”“长宁散步”“徐家汇沉思”等。在地理位置上，我们发现这些徒步

线路几乎都位于黄浦、徐汇、静安、长宁等上海市区有着深厚西化历史的“上只角”区域,几乎没有线路位于普陀、杨浦等传统“下只角”区域,以及浦东新区、闵行区等体现改革开放成就的新区域。在国家主导的上海城市叙事中经常被提及的东方明珠、陆家嘴、洋山港、迪士尼、世博区域等新上海的标志性景点被一概忽略了。通过独特的线路命名和地理位置安排,城市徒步被建构成了解和品鉴上海城市西化历史的“主题游览”,这在一定程度上偏离了对民族国家框架下上海的主流城市叙事。

另外,在城市徒步线路内容的表述中对主流城市叙事的偏离也十分常见。如“行走苏州河”宣称苏州河比主流城市叙事中的主角黄浦江更能担负起上海母亲河的角色,因为“她只是安静地见证着普通人的故事,流淌着最真挚的上海记忆”。“黄金时代”更是将上海“华洋杂处,五方会聚”的虹口“三不管地带”发生的 20 世纪 30 年代定位为绝无仅有的“黄金时代”,偏离了主流民族国家叙事。

这些城市徒步线路的设计、内容表述上,往往使用世界主义的话语,张扬长期被民族国家革命和现代化叙事所遮蔽上海的西化历史,将租界的西化景点转化为“最上海”的景观,将曾经“欲说还休的上海隐情”[①]转化为上海引以为傲的历史与文化特质。这种浪漫化的、符合都市中产阶层趣味的城市意象,却未能全面和深入捕捉上海文化的丰富性与多元性。

还有一类线路则完全按照主题展开。如“七分之五的爱”挪用了蔡康永关于“寻觅”“飞翔”“纯真”“坚信真爱”“允诺”“真相”和“已成回忆”的爱情七阶段论述,并将“真相”和“已成回忆”抹去,用剩下的五个浪漫和美好的关键词设计出五段爱情主题路线——“纯真”:愚园路—蒲蒲兰绘馆;“寻觅”:蒲蒲兰绘馆—静安公园;“飞翔”:静安公园—华山路—武康路;“坚信真爱”:武康路—幸福路;“允诺”:幸福路。这五段路线并非完全凭空产生,而是与既定文本有着或紧密或松散的联系。如武康路至幸福路段是电视剧《转角遇到爱》的取景地,就被赋予了“坚信真爱”的主题。这样的线路设计用后现代的方式打破了历史与现实、真实与想象的区隔,联结起各种不同的线索。时间被抽离成为次

① 孙玮:《镜中上海:传播方式与城市》,《苏州大学学报(哲学社会科学版)》2014 年第 4 期。

要的元素，不同历史中的人物和故事，被并置于一条参观线路之中，成为参观主题之下的“景观”。原先散落于城市各个区域、彼此之间甚至没有联系的街道、建筑被拼贴、联结，塑造出一个面目不甚清晰的、浪漫化的城市意象，完全打破了主流叙事中对上海城市区域和地理空间的既有表述。

四、城市徒步实践中的传播：对陌生人社会的反叛

城市徒步理念与城市意象的传播构成了城市徒步得以可能的良好基础。这些关于城市徒步理念、城市徒步路线与城市空间意义的话语表述影响着城市徒步者的感受和认知。然而，只有参与者亲身行走于城市物理空间时，他们才真正将这种抽象的感知和认知转化为具体的体验。即便参观的景点离自己平时工作或生活的地方很近，这种体验也会带来巨大冲击力。如参加“七分之五的爱”时，上班族 W 女士路过愚园路表示：

我就在江苏路愚园路这里上班的啊，几乎天天都经过这条马路的，也没什么感觉。现在才知道自己办公的地方那么有历史。感觉很好的。

当然，更多的情况则是与城市中的陌生地点邂逅。L 先生参加“行走苏州河”时表示：

走的地方太少了。在上海住了那么多年了，其实对这个城市一点都不了解。苏州河两岸原来也有那么多值得一看的地方。其实就是不去外地，上海也有足够可玩可看的地方。这次熟悉了，下次我还要来自己走走。

在城市徒步中，参与者或是通过“重新探访”的方式，将熟悉的建筑、街道重新转化为“凝视”的对象——富有历史意义的景观；或是对城市中未知的地点进行探索，将空间转化为历史记忆场所，并在其中获得独特的城市感知和体

验。这些特定的城市空间被赋予历史和文化所指,成为被展示的对象。[①] 无论参观的地方是熟悉或者陌生,城市徒步带给参与者的都是自由的感觉:如果日常忙碌的城市生活充满约束和限制,那么城市徒步则开启了走出生活世界限制,享受“自由”体验的大门。在一次活动中,有参与者询问领队,城市徒步线路全部参加过了怎么办,领队回答,那就自己逛呗,上海好玩的地方又不止这么多,参加了那么多次城市徒步活动,寻找城市亮点的眼光也不一样了。至此,城市徒步不再仅仅是几条路线组织成的活动,更发展为不少参与者的“爱好”,许多人会自发性地将城市徒步拓展到更广阔的城市空间之中。实体空间中的城市徒步,成为城市人自发地探求重塑城市与自身关系的传播实践。

更重要的是,城市徒步是团队性活动,自始至终都涉及参与者之间的交往和传播。兼职领队制度是城市徒步的特色,很多领队是上海文化的爱好者,喜欢说上海方言,不少人收入可观,但还是愿意在假期从事这样几乎是义务性的工作。领队和成员碰头后,成员会组成 8—10 人的小组(一般会有 2—3 个小组),领取城市徒步线路的特制地图和景点明信片。接下来领队和成员们会花时间自我介绍,并通过做游戏的方式相互熟悉,在徒步正式开始前要求成员们互相认识并能说出彼此的名字。随后,领队会组建微信群,要求所有“队员们”加入,成员们也会互相添加微信号(一般不是手机号码)。这一系列活动构成了重要的“行前仪式”。

接下来,领队会带领所有的成员穿梭于线路中提及的景点。在参观过程中领队会不断和成员沟通,有时领队会不按照地图中的先后次序进行导览,而是更改顺序。领队在游览每个景点时为成员提供丰富的背景知识和故事讲解,而一些比较活跃的成员也常常乐于和领队进行密集的互动。在线路制订的景点之外,领队和成员们常常会脱离既定行程,参与一些行程之外的活动,如花上一些时间与市民或是游客聊天。值得一提的是,在餐馆中集体午餐也是城市徒步活动的必要一环。领队和成员们会在进食的同时充分互动、互相逗趣,进而更深入地了解彼此,当然“埋单”通常采用 AA 制。另外,在徒步过

---

① [英]贝拉·迪克斯著,冯悦译:《被展示的文化——当代“可参观性”的生产》,北京大学出版社 2012 年,第 73 页。

程中，成员们也会进行一些互助性的互动，如有成员会为同组成员买饮料、食物，也有成员会在同组成员不舒服或是受伤时提供帮助（提供药品或是创可贴）。每条线路完成之后，领队都会在结束地点发起简短的"行后仪式"，表示对成员的感谢。然后每位成员也都被强制性地依次发言，分享一天的感受，对领队表示感谢等。这构成了旅行状态向日常生活状态转变的过渡标志。领队、成员间远比一般旅游活动更多的正式和非正式的互动、交流，让城市徒步活动成为一种构建临时性组织和社团的传播实践。

新媒介技术微信在城市徒步中几乎已成为关键的移动辅助技术。首先微信成为这一临时组织传播的媒介。同队的领队和成员通常会建立微信群，领队会将与沿线景点有关的讯息实时转到微信群之中，在实体空间徒步活动进行的同时，成员之间常常会在微信上相互勉励、赞美，进行密切互动。其次，微信也让成员间实时保持联结。小团体中的成员在徒步过程中经常会彼此分散，然后会用微信重新获得联系，确保团队行程的顺利进行。更有意思的是，微信更成为一种记录"在场"的技术。某些成员在实体空间徒步的同时，会频频使用手机拍摄照片，并将拍摄到的风景以及人物与风景的合影即时上传到微信群之中，甚至发在微信朋友圈上。这些积极的旅行日志记录者常常会得到其他成员以点赞或者评论的方式与之展开的回应。微信让城市徒步者之间的人际传播贯穿了实体空间和虚拟空间，线上交流与线下交流在此密不可分。互加好友的城市徒步者甚至会在活动结束后进行交流和互动，把关系有效地拓展至活动之外。

在团队式的城市徒步实践中，原本彼此陌生的城市徒步者，虽然脚步不停在移动，但他们通过具身化和媒介化的交流、互动，形成了短暂的纽带。在流动的、异质性的城市空间中，这种短暂的交流、合作，在城市中原本互不相识的陌生人群之间，培育出一种以兴趣为纽带的"审美共同体"[①]。

① [英]齐格蒙特·鲍曼著，欧阳景根译：《共同体》，江苏人民出版社 2007 年，第 86 页。

五、重塑"恋地情结":城市徒步的文化政治

城市徒步不断传播与大众化旅游不同的理念,构成了对文化工业的反叛;城市徒步通过个性化路线选择与独特城市意象的塑造,构成了对主流城市叙事的反叛;城市徒步使得参与者以线上线下往返穿梭的方式交流与移动,建构起短暂的审美共同体,构成对城市"陌生人社会"的反叛。城市徒步在多层面演绎着复杂的文化政治,它让越来越多都市人通过"对家园的朝圣"来对抗"无地方性",寻求重塑"恋地情结"的可能性。

在信息化时代的城市,流动空间和无时间之时间成为主导逻辑。"支配性利益的空间展现遍及全球、跨越文化,拔除了作为意义之背景的经验、历史与特殊文化。"[①]当今世界,城市空间越来越多地依赖于资本的扩张而不是按照社会交往的需要来规划。伴随着城市的扩张,街道越来越被川流不息的车辆所占据,步行空间受到极大限制,这正是雅各布斯笔下的"汽车对城市的蚕食"[②]的写照。在现代交通工具中介的旅行中,"身体不过是运输的物件。它自己不移动,而是由别的东西来移动它"[③]。车辆让人们的出行更加便利,却不断造成人与城市物理空间的疏离——路程不再重要,重要的是出发和到达。这些都加剧着"非关系性、非历史性,且不涉及认同感"的"无地方性"[④]的扩散与蔓延。

在这样的背景下,城市徒步构成了重塑"恋地情结"的传播与交往实践。城市徒步者有组织地在车辆主导的城市中步行,发起对城市现代化宏大叙事和自动化移动技术(尤其是私人汽车)霸权的抵抗/反叛。他们通过暂时逃离日常的都市节奏,将城市空间从通行空间转变为体验空间,感受自由时间、自由空间,以及自由的不受约束的身体。城市中的陌生人在短暂的时空内密切

---

① [西]曼纽尔·卡斯特尔著,夏铸九、王志弘等译:《网络社会的崛起》,社会科学文献出版社2006年,第513页。

② [美]简·雅各布斯著,金衡山译:《美国大城市的死与生》,译林出版社2005年,第389页。

③ Rebecca Solnit. *Wanderlust*:*A History of Walking*. New Zealand:Penguin Books, 2001, pp. 27—28.

④ Mark Augé. *Non-places*:*Introduction to an Anthropology of Supermodernity*. New York: Verso, 1995, p. 78.

交往、互动，结成团队，塑造出一个基于共同爱好和地方情感的“审美共同体”。通过对家园的“朝圣”，参与者得以培育起对城市地方的记忆、想象与认同。

（张昱辰，上海社会科学院新闻研究所助理研究员，复旦大学信息与传播研究中心青年研究员，同济大学城市传播研究中心研究员）

The Reconstruction of Topophilia: Communication Practices and Cultural Politics of City Walk

Zhang Yuchen

Abstract: City walk is not only an emerging way of leisure and entertainment, but also constitutes important urban communication practices in mobile communication era. By conveying new idea of travelling, it constitutes a kind of rebellion against the cultural industry. By designing personalized routes and constructing unique images of the city, it constitutes a kind of rebellion against the mainstream urban narratives. By encouraging participants' move and interaction both online and offline, it creates a short-lived aesthetic community and constitutes a kind of rebellion against the "society of strangers" in the city. City walk initiates cultural politics in many ways, enabling an increasing number of urban inhabitants to resist the sense of "placeless" in the city and look for ways to reconstruct Topophilia.

Keywords: Tourism; Image of the City; Mainstream Urban Narratives; Placeless

现代城市博物馆与城市记忆

徐木　王鑫

摘要:现代城市博物馆作为城市记忆的文化表征及都市文化景观,凭借其稳定性、持久性、权威性的特点及自身叙事策略,凝结着城市文化与市民身份认同。本文以中国工业博物馆为个案,以城市记忆为研究切口,将“记忆”的具体概念下沉于博物馆这一物质实体之中,呈现其作为记忆特殊载体的展陈策略,考量其背后关于中国工业发展的国家叙事与城市叙事,探讨现代城市博物馆与城市记忆的关系,以及博物馆如何在现代都市景观中嵌入记忆的价值。

关键词:现代城市博物馆;中国工业博物馆;城市记忆;都市文化景观

博物馆是人类记忆保存的重要载体,博物馆展品作为被“过滤”和选择的器物,是人类文明的集中与经典的再现,保存着地域文化和集体记忆。现代城市博物馆,更加凸显了城市文化与城市记忆的关系,比如曼彻斯特的工业博物馆,就是曼城作为英国工业革命和城市记忆的保存和再现。因此,探访和钩沉城市记忆,博物馆是重要的切口。事实上,博物馆也是重要的物质媒介,连接着过去和现实、日常和经典、个体和群体、区域和世界,构成文化记忆的通路。

本文以沈阳铁西区的工业博物馆为个案，试图揭开城市记忆的一角，呈现人、历史与城市之间的勾连和共生。

沈阳市铁西区的工业发展变化是世纪之交一代工人们的"共同"记忆典型个案，这种记忆的保存需要代际的传递、文字的记载和大众传媒的报道，更需要经由工业遗产的中介上升为公众的"共享"记忆。作为"共和国的工业长子"在"振兴东北老工业基地"的时代背景下，沈阳将工业转型升级后留下的废弃生产空间重新规划设计，并改造落成为中国工业博物馆作为当地的都市文化景观，充当着承载与传播记忆的媒介，也借由博物馆这个记忆的特殊载体完成由"集体记忆"向"文化记忆"的转变过程。Museum（博物馆）有一个重要的指喻，即与"记忆"联系在一起；缪斯的母亲正是记忆女神。所以无论是从博物馆的字源考据还是意义考述，"记忆"都是一个重要的工具性概念。[①] 博物馆是物化记忆的载体也是记忆的符号，更是延续记忆的一种文化表征。中国工业博物馆作为广义的媒介空间，是沈阳市铁西区工业变迁城市记忆的物质载体，其依托而建的工厂仍是曾经产业工人如今找寻身份认同的场所，昔日其工作的铸造厂生产车间现今成为其观览的区域化符号景观，成为探访和钩沉城市记忆不能忽略的部分。

一、中国工业博物馆：城市记忆的文化表征与中国现代工业历史叙事

中国工业博物馆作为沈阳市工业记忆的历史遗存，是东北老工业基地在发展进程中一个鲜明的历史符号，也是沈阳城市文化记忆的表征。它坐落于沈阳市铁西区卫工北街与北一路交汇处，前身为由沈阳市铸造厂生产车间改扩建而成的铸造博物馆（2011 年开放），在此基础上历经两次扩建。2012 年 5 月 18 日中国工业博物馆一期开放，包括三个展馆：通史馆、机床馆和铸造馆；2013 年 9 月 1 日中国工业博物馆二期开放，包括铁西馆、汽车馆、铸造馆、通史馆、机床馆和冶金机械展区。其建馆原址沈阳原铸造厂翻砂车间于 2008 年 6 月被评为辽宁省第八批省级保护单位，收录为辽宁省城市主要工业遗产之一。

---

① 彭兆荣：《此"博物"抑或彼"博物"：这是一个问题》，《文化遗产》2009 年第 4 期。

《下塔吉尔宪章》中明确规定："工业遗产是具有历史价值、社会价值、社会意义、建筑或科研价值的工业文化遗存……为工业活动而建造的建筑物，所运用的技术方法和工具、建筑物所处的城镇背景，以及其他各种有形和无形的形象，都是工业遗产的形成部分，它们应该被研究，它们的历史应该被传授，它们的含义和精神应该被探究并告知公众。"①中国工业博物馆正是通过系统地收集、保存、梳理与整合这些工业遗存，对它们进行重新的规划和展示，以博物馆自身的叙事方式"以物证史"，试图形象地再现中国现代工业及沈阳城市工业的发展轨迹，作为表征沈阳城市工业文化的都市景观，重新凝聚与识认出铁西区之于特定工业年代的集体记忆与城市记忆。事实上，城市记忆作为人类集体记忆的结晶，其既是一种物质客体和物质现实，又是一种附着于物质现实之上的、为群体共享的象征符号，它高度浓缩了社会群体对城市历史重要事件、人物、场所、情境等的记忆，兼具历时性和集体共识性。② 城市记忆作为地域文化和情感体验的鲜活载体，通过世代沿袭，集中展现着城市空间孕育的历史信息、文化内涵、地方关怀和人文情感，具有突出的实践表征和文化内敛性。③ 中国工业博物馆作为沈阳城市记忆的文化表征，其依托于沈阳铸造厂原生产车间改建而成的展馆，展陈出 1.6 万件展品，包括新中国第一台六尺皮带车床、第一台 18 马力蒸汽拖拉机、第一台凿岩机、第一枚国徽等"工业之最"与新中国工业发展史上众多个"第一"，展板上关于昔日产业工人生产生活的群像描绘与个案举隅都体现了沈阳市作为"共和国工业长子"的工业城市特色、"甘于奉献，勇于创造"的工业文化，以及沈阳人"厚情重义，崇简不奢"的人文情怀，兼具历史性与象征性。"每个人物、每个历史事实在进入这个记忆时就已然转变成了道理、概念、象征：它由此获得意义，成为社会思想体系的一部分。"④机床是机械工业的基础装备，是"万械之基"。1949 年新中国成立至 1952 年国民经济恢复时期，国家将机床工具行业放在重要位置，机床馆的设立与展陈不仅标

① 国际工业遗产保护联合会：《下塔吉尔宪章》，国际工业遗产保护联合会 2003 年。

② 周玮、朱云峰：《近 20 年城市记忆研究综述》，《城市问题》2015 年第 3 期。

③ 周玮、朱云峰：《近 20 年城市记忆研究综述》，《城市问题》2015 年第 3 期。

④ [法]莫里斯·哈布瓦赫著，毕然、郭金华译：《论集体记忆》，上海人民出版社 2002 年，第 389—390 页。

明了作为“机床之乡”的沈阳于整个国家而言的意义，也同样彰显了工业发展史中的国家叙事。沈阳机床产业起步早、规模大、覆盖面广，生产了国家第一台机床，创造出多个国内第一，也承担起新中国成立之初的“工业现代化”使命。一件件斑驳锈迹的老机床伫立在1949年“起步前行”展区，用可量化的成就象征拉开新中国工业建设的序幕，成为“崛起中国”的重要组成部分，凝结着新中国的“强国叙事”。

机床馆展品：第一台六尺皮带车床

机床馆展品：万械之基

展品作为博物馆的重要组成部分，其所呈现的记忆及历史叙事与博物馆的宗旨及价值定位息息相关。在中国工业博物馆“通史馆”中，展出了一枚硕大的国徽，新中国最初诞生之时，天安门城楼上的国徽是木质的，国家把铸造金属国徽的任务交给了沈阳第一机器厂（后更名为沈阳第一机床厂）。在当时的技术条件下，从模具制作到最后浇铸，都有相当的难度。

> 新中国第一枚金属国徽是由沈阳第一机床厂制造的，于1951年5月1日正式挂上天安门城楼。它历经60余年风雨，至今风姿依旧。本展项采取礼盒造型，寓意沈阳人民向新中国奉献贺礼，并借助调光玻璃幕明暗变换的展示方式，动态演示第一枚国徽诞生记及其背后那些鲜为人知的故事，感悟国徽所凝聚的新中国一代又一代人的爱国情怀。

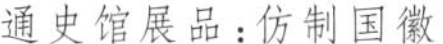

通史馆展品：仿制国徽

通史馆展品：仿制国徽

这一段展品介绍，体现了现代工业历史叙事中沈阳市之于整个新中国而言的开创性贡献。巨大的礼盒造型寓意奉献贺礼，给观者强烈的视觉冲击，也发挥着界定与区隔展览空间的作用；与裸露展出的机床、铸件不同，这枚直径2米、1比1仿制的国徽被镶嵌在礼盒造型的展区中央，突出了它的神圣与权威；“礼盒”内壁两侧展出的图片是1951年5月1日金属国徽正式悬挂于天安门之上的相关信息：“要浇铸出纹理清晰，凸凹有序，麦穗饱满的国徽，就要有十分精密的模具。而国徽是铜铝合金的，两种金属的熔点不一样，火候难以掌握。焦百顺和他的伙伴们凭着精湛过硬的技艺，成功地铸造出了国徽。”这些信息突出了国徽“从无到有”的曲折与不易。两侧图片中“工人们的付出与艰辛”与中央展出国徽的“神圣与庄严”构成互文，一起被“装进”红色的“礼盒”作为沈阳市铁西区于新中国的一份贺礼，也暗含了沈阳市之于全国而言的历史叙事与城市叙事：沈阳市作为“共和国的工业长子”，在新中国成立之初制造了多个“第一”，也包括第一枚国徽。国徽是国家和民族的象征，展品“国徽”在“礼盒”中熠熠生辉，沈阳市也因工业的发展与繁盛为新中国书写了众多的辉煌，灯光的明暗交替变换象征着沈阳市对于新中国的祝福及祝福的延续，揭示了中国工业博物馆关于现代工业发展的叙事与表达主题。

与此同时，中国工业博物馆也借由“博物馆”的稳定性、持久性及权威性，其“中介”的记忆也上升为一种“文化记忆”。1992年，扬·阿斯曼（Jan Assmann）在《文化记忆——人类早期文明的文字、回忆和政治认同》中，提出并解释了他对“文化记忆”的理解，他在莫里斯·哈布瓦赫（Maurice Halbwachs）集体记忆的概念基础上，强调了记忆的文化维度。扬·阿斯曼把集体记忆分为交往记忆和文化记忆两部分（见表1）。交往记忆涉及日常生活中个体间、个体与群体之间相互作用促成的记忆。[①] 而文化记忆则是摆脱了日常并超越了个体间交流的记忆，与交往记忆或集体记忆日常性、口头性、流动性、短暂性不同，它是以客观的物质文化符号为载体固定下来的，因此比较稳固和长久，而且并不依附于日常生活中的交往实践。所谓文化记忆就是由特定的社会机构借助文字、图画、纪念碑、博物馆、节日、仪式等形式创建的记忆。[②]

表1　交往记忆与文化记忆

	交往记忆	文化记忆
内容	以个体生平为框架所经历的历史	神话传说；发生在绝对的过去的事件
形式	非正式的；尚未成型的；自然发展的；通过与他人交往产生；日常生活	被创建的；高度成型；庆典仪式性的社会交往；节日
媒介	存在于人脑记忆中的鲜活回忆；亲身经历和据他人转述的内容	被固定下来的客观外化物；以文字、图像、舞蹈等进行的传统的、象征性的编码及展演
时间结构	80—100年；随着不断向前的当下同时前进的时间视域中的三至四代人	神话性史前时代中绝对的过去
承载者	非专职的；回忆共同体中某时代的亲历者	专职的传统承载者

中国工业博物馆所展览内容的起始点是“发生在绝对的过去事件”，时间可以追溯到中国工业化发展的缘起之时（1860年左右），以“高度成型”的形式展出（工业厂房、工业设备展品化）及“被固定下来的客观外化物”（博物馆形式）为媒介载体，并由“专职的传统承载者”（博物馆专业的内部讲解员）为观者进行讲解。据此，中国工业博物馆作为沈阳城市文化的表征，其对于沈阳市铁西区工业变迁的记忆存留与延续也体现出了一种由“集体记忆”上升为“文化记忆”的过程。

① [德]扬·阿斯曼著，金寿福、黄晓晨译：《文化记忆·译后记》，北京大学出版社2015年，第370页。

② [德]扬·阿斯曼著，金寿福、黄晓晨译：《文化记忆·译后记》，北京大学出版社2015年，第370页。

二、城市"记忆之场":现代城市博物馆作为都市文化景观

法国历史学家皮埃尔·诺拉(Pierre Nora, 1989)提出"记忆之场"(sites of memory)的概念。"记忆之场"由"场所"和"记忆"两个词组成,实际上,从"场所"一词的三种意义上说,记忆之场是实在的、象征的和功能性的场所,不过这三层含义同时存在,只是程度不同而已。[①] 在诺拉的理论框架内,博物馆是最典型的"记忆场所"之一。[②] 中国工业博物馆存在本身是有形的、"实在的";其"功能性"在于对当地工业遗存进行物质实体保护、留存并传续工业变迁的城市记忆和表征当地城市工业文化;同时兼具东北老工业基地体制转轨与经济转型的"象征"意义。因此,中国工业博物馆即诺拉所言的"记忆之场"。但是"记忆场所"的概念强调的并非记忆的内容,而是该场所构建记忆的策略与机制。[③] 据此,遵循"记忆之场"的研究思路,将记忆的具体概念下沉于博物馆这一物质实体之中,考量中国工业博物馆这一集体记忆载体的历史语境、发展变化、展陈策略,使其更好地再现记忆的价值。

中国工业博物馆是百年中国工业变迁的缩影。学者刘岩在《老工业基地的创意景观改造与城市记忆再生产》[④]一文中回顾了由沈阳铸造博物馆到中国工业博物馆的转变:就原沈阳铸造博物馆的视觉风格而言,展览的一类是对社会主义工业时代的"物质现实复原",保留了原沈阳铸造厂的一车间作为呈现的主体,其中的铸造设备与铸件生产工艺流程也得到了完整的呈现;展览的另一类是由废弃零件制作的浮雕所呈现的波普艺术风格,展区中"社会主义工业时代的器物和文化符号经过改变用途及互文关系而成为某种泛波普装置"。2011 年沈阳铸造博物馆闭馆施工后,次年 5 月中国工业博物馆正式开放,其转变除却建筑面积扩大、展馆数量增加、展览内容丰富及更具现代化气息等显性

---

① [法]皮埃尔·诺拉著,黄艳红等译:《记忆之场》(第二版),南京大学出版社 2017 年,第 23 页。

② 燕海鸣:《博物馆与集体记忆——知识、认同、话语》,《中国博物馆》2013 年第 3 期。

③ 燕海鸣:《博物馆与集体记忆——知识、认同、话语》,《中国博物馆》2013 年第 3 期。

④ 参见刘岩《历史·记忆·生产——东北老工业基地文化研究》,中国言实出版社 2016 年,第 101—103 页。

变化外，还有不可忽视的博物馆叙事策略的改变。如果说沈阳铸造博物馆展品表征的更多是它们从属的历史的衰败和断裂，那么中国工业博物馆的建构则是随着线性时间不断进步的历史。在中国工业博物馆的叙事逻辑中，沈阳市工业变迁的起落沉浮被放置于宏观的工业历史发展长河中，不再是一个独立且鲜活的个例，也并无更多的特异性可言，而是所谓“不过是七八十年代美国中西部历史传统工业锈带区和德国传统工业鲁尔区衰弱的重演”（纪录片《铁西区》）。“铁西馆”展馆将铁西区曾作为“共和国工业长子”的繁盛辉煌抽象为“火红年代”单元展区中“力争上游”的一个板块元素加以展示，成为中国工业发展历史中的重要组成部分，而另一些历经产业转型后的衰败倾颓、举步维艰的历史也仅仅作为“改革探索”中不可避免的“转型阵痛”渐次退居为一种边缘。“自 19 世纪以来，对过去的描述，但在大多情况下可能无意识地促成了对过去制度的合理化。由于人们已经远离了他们日常生活的过程，过去被当作已经完成的事情，不再依赖我们在世界上的经验。”[①]“过去”的历史在“现代”的叙事中变得孤立模糊，甚至与它所属的人隔离来开。事实上，伴随共和国工业辉煌时代的工业经历，是老一代工人们的生活重心，也是第二代工人子女的青春时光，长达十几年甚至数十年的工厂工作体验成为他们生命中的重要组成部分，而在今天，拉开时间与空间的距离，这些曾经的回忆更多的是靠当今媒体形塑出来的大众想象，“共和国工业长子”“工人阶级老大哥”等光亮的标签成为新中国成立以来工业发展历史中的符号性片段被“怀旧”的气息裹挟，作为国家在特定发展阶段的显在表征，保持着足够的平和去对抗日后“工厂倒闭”“工人下岗”所带来的伤痛，这一切也被博物馆这个记忆的特殊载体表征为一种普遍的共识。在中国工业博物馆一期工程的三个展馆中“如果说，铸造馆还能让人看出与原铸造博物馆的显著的连续性，那么，通史馆和机床馆则完全属于新的馆建，各时期的机器设备被置于光洁、明亮的空间里，配以色彩辉煌的图文展板，从工业、制造的角度讲述全球化视野中的中国复兴故事”。博物馆焕然一新的自我表述仿佛不是对于历史真实的客观继承，而更像是对于历

---

① Kevin Walsh. *The Representation of The Past Museums and Heritage in the Post-modern World*. Routledge. 1992，p.2

史记忆的一种修正。

安德森把纪念碑看作是一种“表意装置”，用其所谓“特定的形式”表达特定的内容。这里所谓的“特定的形式”实际上就是一种“景观”的创造。石碑或遗迹构成了一个特定的公共空间，通过“景观”把“过去”表征化。进而塑造对事件人物的历史记忆。[①] 中国工业博物馆以现代城市博物馆的形式将沈阳市的工业遗存固化及保存，将城市工业记忆再现及延续，以博物馆为媒介所构成的“特定公共空间”成为当地具有代表性的都市文化景观，也是对于沈阳市工业历史的“景观化”再现。与此同时，从沈阳铸造博物馆到中国工业博物馆，博物馆自身的变貌也与现代城市发展规划紧密相连。在振兴东北老工业基地的时代语境与政治举措中，沈阳市铁西区落实了“东搬西建”的发展策略：改革转型国企、创新发展装备制造业、推动第三产业的优化升级，走出一条老工业区改造振兴的新路子。而现代城市博物馆作为城市的有机组成，也无可避免地将自身的发展置于整个城市发展的参考点之中。“中国工业博物馆占地面积8万平方米，是沈阳铸造博物馆的两倍多，建筑面积扩大了约三倍，新馆取代旧厂房成为主体建筑。卫工北街上与旧厂区直接相连的原入口被封闭，正门转至博物馆北侧的北一西路，参观者首先看到的是宏伟、崭新的银色钢架结构，从前扑面而来的老工厂的沧桑感由此荡然无存。”[②]中国工业博物馆从名称的修改到展馆的扩建再到建筑外观的现代化，呈现出沈阳城市的发展活力；其自身叙事逻辑从“物质现实复原”到“工业发展的强国叙事”的改变也以都市景观的“文化”标尺衡量出当地城市发展的政治经济意义。Eric Sandweiss 在《“城市的新奇事物”博物馆、城市和历史再现》中提到：19 世纪和 20 世纪早期的西方规划者创新自由地使用了历史的视觉修辞，在这里，人们想到的是精心协调的、具有历史意识的建筑指南……那个时代的都市人很容易将历史与现代融合在一起……无论如何，在城市景观中，历史在物质碎片中被具象化，这提醒我们，一个城市的体验——不仅是维也纳的体验——是多么像一个在博物馆

---

① 王晓葵：《都市空间的建构与文化记忆的形成》，《“美学与文化生态建设”国际论坛论文集》2019－09－01。

② 刘岩：《历史·记忆·生产——东北老工业基地文化研究》，中国言实出版社 2016 年，第 101—103 页。

的画廊里行进的队伍。[1] 沈阳市铁西区从计划经济时代的“东方鲁尔”到市场转型时期“东北现象”的代表，再到2011年地区生产总值突破100亿元而成为“东北第一经济强区”，城市的发展更新在博物馆的记忆框架中得以表述，以博物馆为载体的记忆装置也在自身的变貌与扩充中弥合着观者的历史经验与当下景观经验。

中国工业博物馆前身：沈阳铸造博物馆

中国工业博物馆

三、“嵌入式召唤”：现代城市博物馆与都市日常生活记忆

博物馆是让“时间”变为“空间”的地方，它作为记忆的有形载体，担负着延续记忆的责任。中国工业博物馆将沈阳市工业变迁的缩影定格于一件件遗存

---

① Eric Sandweiss. “*The Novelties of the Town*”*Museums*,*Cities*,*and Historical Representation*. In Ian Jones, Robert R. Macdonald, and Darryl Mc Intyre eds. *City Museums and City Development*. ALTAMIRA press. 2008, pp. 40—59.

的展品之上,用博物馆自身逻辑串联起集体的工业记忆,并将其上升为一种全国性的“文化记忆”,作为嵌入城市肌理的都市文化景观,也更应对接都市生活的日常记忆,使记忆更具活力与价值。“各种类型的集体都倾向于将回忆空间化。任何一个群体,如果它想作为群体稳定下来,都必须想方设法为自己创造一些这样的地点,并对其加以保护,因为这些地点不仅为群体成员间的各种交流提供场所,而且是他们身份与认同的象征,是他们回忆的线索。”[①]在对老铁西人、工业诗人商国华的采访中,他就曾提到沈阳市铁西区教育局通过对铁西区中小学生暑期作业的安排设置,让铁西区的中小学生也即第三代工人子女去了解、问询自己的父亲母亲、爷爷奶奶有关于过去的工业历史、沈阳市铁西区对于新中国工业建设的突出成就、共同参观中国工业博物馆等,通过代际的互动传递城市记忆,也凸显沈阳市铁西区的地域工业特色。

同时,中国工业博物馆也在此基础上对其进行进一步的保护性开发,让每一位置身于其中的观者能够回溯到历史的原点,遵循时间的脉络感受工业发展的起落沉浮,于“在场”的工业遗存中感受“不在场”的过去,在工业发展的历史中确证身份认同。美国城市规划师 Lewis Mumford 认为:城市最重要的遗产不是砖石构成的景观,而是它在“扩大人类活动的范围,在时间上不断向前和向后扩展”方面所扮演的更为广义的角色。[②] 中国工业博物馆首先是一代老工人们回想过去的“记忆之所”,也更是一个供当下市民参观、游历、欣赏与评价的展开空间,肩负着保护、凝聚与传播历史记忆与文化认同的社会功能。

目前,中国工业博物馆仍为单向的“展—阅”“讲—听”传播模式,缺乏有机的互动与交流,当年轻的讲解员身着正式的工装,程式化地带领观者依序观览展厅,在全程约 30 分钟的讲解中,叙述着经过反复操演的独白,标签化地介绍展品的名称与用途而疏于解释其背后的历史与意涵,也少有与观者的交流与沟通。曾经工业繁盛时期一件件鲜活的机床、铸件等工业设备以一种极其静态且独立的样式被置放于现代化的展览橱窗之中,又何尝得以逃离机械复制

---

① [德]扬·阿斯曼著,金寿福、黄晓晨译:《文化记忆》,北京大学出版社 2015 年,第 31—32 页。

② Eric Sandweiss. "*The Novelties of the Town*"*Museums*, *Cities*, *and Historical Representation*. In Ian Jones, Robert R. Macdonald, and Darryl Mc Intyre eds. *City Museums and City Development*. ALTAMIRA press. 2008, pp. 40—59.

时代被物质充斥的乏味与单一，去成为具有灵韵的“唯一”？当曾经置身于工业变迁中的一代老工人们随着时间老去、死去，来自外地的参观游客或无法历经特定时代情境的后者，在如许的“展品”与“介绍”面前，可能既不能感知特定年代的工业历史，也无法真正理解这些工业物件的前世今生，不明白它们缘何而造、如何使用、曾包含怎样的智慧又体现怎样的情感，它们身上发生过哪些即将被历史尘封的故事……

据此，中国工业博物馆对过去一段集体工业记忆进行叙述与阐释的同时，更应该使其形象性地再现于当今的生活之中，在对工业遗存进行实体保护的同时，也要重视与其相关人类田野记忆的征询与采集。“北京大学教授俞孔坚认为，城市文化遗产的保护和开发要注重‘足下文化与野草之美’：足下的文化是最真实的，当地的野草是最代表这个城市的。沈阳工业遗产作为一代甚至几代沈阳人的记忆载体理应成为这个城市的‘足下文化与野草之美’，这也是人与城市的精神最切近的一部分，是归属感和认同感的载体。”[①]但是，老铁西区工人的日常生活和他们的世界——以工业为生，工厂车间也曾一度成为他们生活的一部分，围绕工厂所发生的种种事件与经历成为他们的历史记忆，也成为他们在日后回忆起过去时的谈资，曾经承载着共和国发展使命的工厂与工友在切入他们生命肌理后，他们与一件件工业设备之间有着怎样的故事？市场转型与工业变迁后，当工厂倒闭、工友下岗，曾经引以为豪的工业荣耀被剥离出他们的日常生活后，他们又会有怎样的唏嘘感慨？——并没有作为更具体的记忆被博物馆收纳。口述史的嵌入，才有可能让鲜活的记忆在一件件的工业展品面前被唤醒、被发掘、被讲述、被重新讲述……于此时，中国工业博物馆才不再仅仅是客观而冰冷的有形载体，而是一代代不断延续的共和国工业发展变迁记忆，这也在历史发展的进程中不断完成由“物”到“非物”的转变。

目前，中国工业博物馆的展品大多为静态的展示，忽略了许多工业设备其“操作性”与“演示性”的可开发潜力，没有与观者之间形成良好的互动。许多博物馆的展览互动环节都可以成为参考的对象，例如，苏州丝绸博物馆的“蚕桑居”就是根据近代农家养蚕栽桑的真实情景进行的桑园场景复原，在“织造

① 王鑫：《工业遗产与城市文化空间构建研究——以北京和沈阳为对比》，《中国名城》2014 年第 2 期。

坊”中,可以见到各类古代织机和传统工艺的手工操作表演,从缫丝剥茧到丝绸制作完成,每一个步骤都有实物演示,让观者震撼流连;南通纺织博物馆的“手工扎染”演示项目,采用“请进来 走出去”的方式,组织学生在博物馆或在学校因陋就简开展手工扎染教学活动,增强了博物馆的生动性和参与感。中国工业博物馆也可以结合自身条件,选取相关工业设备,模拟再现小型工业生产操作场景与流程,并加入一些手动操作的具体环节,让观者置身其中也能参与其中,让观者体会到日常生活中的工业制品在当时的生产车间是如何生产出来,在当时的技术环境条件下凝聚了工人们怎样的智慧与艰辛,每一个物件的生产与升级需要怎样的技术支持与人工配合……在人与“人”、人与“物”的互动中识认并延续工业的记忆,在了解与感怀中体认工业的力量与文化的认同。

中国工业博物馆作为记忆的特殊载体及都市文化景观,凝聚工业变迁的历史记忆并代表沈阳市的工业文化,作为城市的有机组成部分也与城市的发展规划密不可分。现代城市博物馆作为“记忆之场”凭借其自身叙事逻辑对于记忆的呈现方式、叙事策略、维系与传递等,都为探讨现代城市博物馆与城市记忆提供了一个重要的视角。

(徐木,辽宁大学新闻与传播学院2016级硕士研究生;王鑫,辽宁大学新闻与传播学院副教授)

Modern City Museums and City Memory

Xu Mu Wang Xin

Abstract: Modern city museum, as the cultural representation of urban memory and urban cultural landscape, condenses urban culture and identity recognition of citizens with its characteristics of stability, durability, authority and its own narrative strategy. Based on the case of China Industrial Museum and the study of urban memory, this paper sinks the specific concept of “memory” into the physical entity of the museum, presents its exhibition strategy as a special carrier of memory and considers the national narrative and urban narrative of China's industrial development behind it. This paper also discusses the relationship between modern city museums and urban memory and how museums embed the value of memory in modern urban landscape.

Keywords: Modern City Museum; China Industrial Museum; City Memory; City Cultural Landscape

城市行走：地铁空间的文化表达与想象

杨家宁　王敏芝

摘要：地铁作为新型的城市交通工具，改变着人们日复一日的生活轨迹，承载着城市历史文化与精神内涵。地铁空间不仅是容纳着多种符号文本的"地下街道"，也是可供城市使用者书写与阅读的意义空间，更成为城市文化表达与传播的重要场景。本文以地铁空间符号的文本解读开篇，探析诸如材料、结构等泛媒介在空间文化表达中的作用，以及基于感官互动的在场传播机制，同时厘清空间文化如何叠加、扩容成为对地理城市的想象，乃至创造出属于城市空间独特经验与记忆，从媒介文化视角为城市行走这一动态过程提供在地经验。

关键词：地铁空间；泛媒介；城市想象；文化记忆

2018 年 12 月 26 日，西安市第四条建成的地铁线路正式开通运营。这列地下快速列车正在从西安外延驶向城市中心——它从现代科技产业园区航天新城出发，穿越盛唐时期的大型皇家园林式文化主题公园，霞光照射在大慈恩寺的塔顶上，含元殿的断壁残垣下有奔跑的少年，还未来得及听清大学里传来的阵阵诵读，这趟列车便又朝着另一座铁路客运枢纽驶去……地铁作为新型的城市交通工具，改变着人们日复一日的生活轨迹，也承载着这座城市的历史文化与精神内涵，地铁空间正逐渐成为城市文化表达与传播的重要载体。

一、一个封闭的“开放空间”

从埃菲尔铁塔看巴黎，从布鲁克林桥看曼哈顿下城，从东方明珠塔看上海，从长城眺望北京……人们从一座“伟大的”建筑顶层观察一座“伟大的”城市，是驯服这座城市的方式之一，在观察的同时或许会感到“喜悦”，但也会产生恐惧和忧虑，这些都出于人类社会最为原始的本能，即我们感到自身的虚弱而渺小。[①] 然而从另外一种路径来认识城市，比如地下空间中的地铁，则显得更平民、亲切，并且犹如它的交通属性一般，是以最快的方式来认识这座城市，体验城市文化。同时，地铁作为普世化的公共空间，削弱了城市赋权中人的差异性。同样是现代化城市的标志，并不是所有人都可以在世贸中心上班，但人人可以乘坐地铁，无论你是城市的常驻民还是异乡客，从这一点上看地铁文化是城市文化中最能容纳多种群体的语境场所。在西美尔等文化研究学者来看，城市诸多场所的紧密联系和城市本身提供了容忍差异的机会，这样一来，地铁的开放性彰显于此。区别于公共汽车、出租车，地铁依托并衍伸于一个相对稳定和带有边界性的公共空间，所以可以将地铁看作是“开放而封闭”的场所，这里的封闭一是区别于其他交通工具行走所辐射的空间，二是源于地铁仍是一个交通属性为主的运载工具，在快速运行的过程中，乘客被限制在了一个封闭的车厢环境里，并经历着因无法通过窗户与外界互动的短暂黑暗。

我们应该认识到地铁作为空间来研究的合理性，它作为建筑实体却不能像其他建筑物那般具备极其清晰的轮廓线，而是由序列式的车站和区间车站实体空间围合形式所构成[②]，并且借助出入口和通道，与地上空间相连。地铁作为公共建筑是城市建筑当中的重要组成部分，其关键在于人的聚集，支持人

---

① ［澳］德波拉·史蒂文森著，李东航译：《城市与城市文化》，北京大学出版社2015年，第4—5页。

② 汤雅莉：《地铁站域空间标识系统的地域性体系研究》，西安建筑科技大学博士学位论文，2014年。

的社会交往活动,同时也可以满足人的社会实践需要,是反映城市文化传统和历史内涵的空间舞台。可以看出,地铁作为"城市空间中的经过性通行空间",是穿行于城市空间内部的地下交通走廊,其地位和作用更近似于城市"街道"。[①] 由于其自身负载的文化属性可以迅速地帮助人们认识城市,因此地铁是一幕行进中的城市风景。

那么,在地铁这个既封闭又开放的地下空间中究竟可以容纳多少种类型的符号,并且依托于何种媒介才能更好地具象表达?其中的符号元素能否作为文本进行解读?人的主体性在意义空间生成和发挥中参与程度究竟如何?地铁空间文化如何叠加、增值、扩容成为对整个西安城市的想象?在整个城市行走的过程里,是个人或群体行为的再塑造还是社会、政治、经济等诸多角力使然?

文章中,笔者不同于德赛尔的"数不胜数的城市使用者将城市作为自己的空间书写再书写",而是在意义的编码解码过程中,即一场城市使用者在城市空间里对文化文本协商、解读、对话创造出的城市空间独特经验与记忆,这是在历时性与共时性的双重作用下形成城市行走的在地经验。

二、作为符号的地铁空间

文本不会像一部著作占据图书馆书架一样占据空间,而是构成了生产行为和意指行为发生的场所。城市文本亦然,它可能是静态的,比如一张照片、一份海报;也可能是动态的,摩肩接踵的购物中心或是人们闲庭信步的人民公园……"通过它们,城市环境与城市生活被赋予特定的文化意义"。所以我们在讨论究竟是什么使得文字、图像或者一些肢体信息、人的交流活动能够变成讯息,并且影响人的思维、暗示人的下一步行为活动时,就不得不研究符号学,尤其是地铁空间中一些符号或者符码依赖着文化,以及文化也依赖着符号或者符码的组合、排布,保证其实体上的存在形式。

文化符号学塔图学派的劳特曼将符号学的范围扩大至包含语言、社会现

---

① 汤雅莉:《地铁站域空间标识系统的地域性体系研究》,西安建筑科技大学博士学位论文2014年。

实、历史、精神心理、文化表现等多个符号单位。用以研究“单一功能整体中诸不同‘语言’之间的功能联系”，也就是研究各种文化“语言”特征和它们彼此之间的功能互依性。[①] 对于研究城市空间中的文化符号来说，这种功能的整体性或者互依性显得尤为明显，一旦符号未能形成自身体系并产生互斥，或是在符号对客体的表示中产生异化，就极容易脱离官方规划的意义，导致其空间的文化表达未能完成预设，变成浪费财力、物力的城市文化建设，甚至影响城市形象。

建筑学上，将地铁空间中包含讯息的符号化事物统称为“标识”，即“一切用来传达空间概念的视觉符号和表现形式都看作是标识系统”。[②] 标识及其系统的作用，一是类似于“标记”“记号”，这些突出符号能引起注意，把人们对于建筑体验转化为带有标志记忆的符号；二是这些符号能满足人的需求，“认识”和“知道”某些导向信息，比如方向信息、区域信息，突出人与符号的关系和互动性。以麦克卢汉“媒介即讯息”的观点来看，这些能够负载、扩大、延伸、传播丰富信息的符号化实体都可以看作是媒介，站厅内负载花纹石刻的大理石柱、报告车次信息的电视屏、展示地域景色的 LED 显示屏……只有将这些媒介和其所蕴含的符号意义统一起来，才能真正了解地铁空间文化表达的特点。

为了便于理解，可以将地铁空间按照建筑设计拆分成出入口、站厅层、站台层、辅助用房这四部分。辅助用房因作为地铁内部空间不对外展示，而具有标识系统或能够作为文本分析的符号空间，主要有出入口、通道、车站站厅层、车站站台层及车厢内这五个区域。

地铁车站出入口是联结地上与地下空间的通道，其主要作用在于吸引和疏散客流。受服务半径的影响，车站出入口一般不具备大面积视觉符号布局的条件，只在乘坐电动直梯上下楼时墙体上布置张贴画，其内容多为商业或公益性质的广告。功能上，首先实现的是交通枢纽、安全疏散、引导乘客、内外环境过渡的作用，其次才是环境景观功能。所以整个建筑设计使得出入口成为具备识别性、引导性的大符号，其形态代表着地铁经营理念及城市文化特色。

---

① 徐正林：《欧洲传播思想史》，上海三联书店 2005 年，第 463 页。

② 章莉莉：《城市导向设计》，上海大学出版社 2005 年，第 2 页。

19 世纪末期欧洲兴起的新艺术运动风潮中,车站出入口铁艺装饰再现了自然界绿色植物曲线;21 世纪初日本饭田桥站出入口设计师从诱导视线原理出发模拟人工生命生成,采用轻质材料辅以超乎想象的理念设计;斯大林时期修建的莫斯科地铁红门站;刚刚修建落地的西安大唐芙蓉园站……这些都是借助视觉媒介技术对时代文化的部分描绘与呈现。

进入地道式出入口,城市参与者将通过一个具有过渡功能、审美意指的艺术长廊,当然中国许多城市的地铁没有开发使用这一通道,使得乘客能够迅速从现代化的建筑群转换到官方预设的文化氛围当中,并抵达车站站厅层——一个文化符号丰富且密集的巨大地下空间中。

以西安地铁为例,每座车站的站厅均有一面或以上的主文化墙和副文化墙,设计内容均与站台所处的地域特点及站名相关。如地铁 4 号线航天大道站的站厅壁画《追梦飞天》,将敦煌壁画的飞天形象加以抽象艺术加工,色彩明丽,结合太空星图展现出奇幻无穷的宇宙空间,寓意着中华民族的飞天梦。再者和平门站站厅的《和平宜居》,两个副文化墙壁画《律动青春》《数字门神》均以城市生活为主题,通过古典建筑与现代城市建筑相呼应的方式,反映着西安古城快节奏与慢生活碰撞、融合的特色。门神是中国传统文化中的元素,而通过科技化的电路板来塑造门神形象,是一种创新更是一种突破,由于这两种符号元素产于封建社会与现代社会两个截然不同的时期,通过设计者再组合打破了历时性与共时性、神话与科学的二元限制。西安地铁每个站台的文化墙以“人文西安”“科技西安”“生态西安”“活力西安”“和谐西安”为主题,综合了站点位置所在的自然地理因素和历史文化遗迹,形成了一块块内容丰富、具有视觉冲击力并能鲜明体现西安这座城市人文特征的墙壁艺术品。①

除了墙壁,可供文化浸染的空间还包含地面。大雁塔站厅地面画有“陆上丝绸之路”的路线图。数千年来,商人、教徒、外交家、士兵和学术考察者沿着丝绸之路四处活动,将中国传统文化、器物传递到世界各地,中国也接纳着外来的物产和经验。2013 年,中国国家主席习近平提出建设“新丝绸之路经济带”,表达着互通互信、共同发展的美好祈愿。利用地铁地面空间画丝绸之路

① 申玉生:《地铁文化与艺术》,中国铁道出版社 2015 年,第 45—46 页。

图，也代表着古长安、今西安在国家发展当中的重要使命，在对外文化交流上的重要地位，彰显着西安城市建设的战略目标。除此之外，在整个车站站厅层也布设了 LED 广告屏和横幅标语，在地铁站厅宏大的叙事空间中，不乏主流意识宣传和意识形态引领的内容，涉及党员建设"两学一做"、社会主义核心价值观、同心共筑中国梦、绿水青山治国理念、扫黑除恶专项斗争等内容，同时也包含着城市轨道交通条例、垃圾分类的科普信息等。为了使这类意识形态宣传与地铁空间营造的历史文化风貌相适应，通常会采取内容设计和外部结构支撑这两种改造方式，如借助中国传统剪纸技艺元素来设计社会主义核心价值观的公益广告，或者把标语口号的内容放置在"宫灯"广告板之中。

站厅一角的画展则成为市民话语权的有利体现，画展中展示的是西安市残疾儿童、青年的绘画作品，每个作品下方都配有创作故事。芒福德曾说，最初城市是神灵的家园，而最后城市本身变成了改造人类、提高人类的场所，人性在这里得以充分发挥。城市空间作为人类再造社会物质实体，融入了更多的人类主体意志和社会意义。[①] 除了物质实体外，能够形成空间记忆的还有精神，这种精神是人的附属产物，最容易被体验和感知，被空间容纳、记录和继承。

购票进站，人们到达车站站台层。在此候车时，乘客对周围环境的感知度较高，但是由于视线空间被自动扶梯、电梯、站台柱等物体分割，真正能起到大面积视觉传播效果的则是候车门对面墙壁上的 LED 广告屏，这是乘客视线焦点处，也是广告商青睐的地方。除了借助现代媒介，车站站台层也会于细节之处与站厅层的文化叙事相呼应，如候车座椅上的印刷装饰、对应站台名称的大理石纹饰等。

当人们终于踏进车厢内部，一个稳定且相对静止的传播环境也随之产生。乘客的视觉焦点很容易就被集中于车厢内部的座椅、栏杆、车厢门、窗户等设施上。有别于车站站厅层的公共艺术装置，可供视觉符号展布的空间不大，商业广告、主流意识宣传、基础设施图像成为这个封闭空间中的常客，即便是车

---

① 张鸿雁：《城市·空间·人际——中外城市社会发展比较研究》，东南大学出版社 2003 年，第 11 页。

厢拉手如此狭窄的空间,也有可能成为历史文化、风情民俗展示的符号舞台。

总之,在地铁空间的文化叙事中可以发现符号以及所依附媒介的多样性、完整性、系统性、标识性、地域性,它们具象化地呈现于传统媒介与新媒介相结合的表现形式上,借助色彩、照明、材料、结构等要素,在空间的墙面、地面、顶面及部分基础设施内再创作,从视觉上形成强有力的文化暗示手段,这种暗示还将加入人的感官体验。

三、基于感官参与互动的在场传播

地铁空间的使用者是分析文化文本不可缺席的因素。以身体为中心参与符号场景的互动更加突出了传播最原始的具身性这一特点,虽然大众传播学总是将身体看作是固着于特定时空的消极因素,因为信息的远距离传递突破肉体的束缚[①],但是地铁空间所提供的基本服务是实现身体“移动”,就使得身体参与成为这个场所的必然存在,场景互动中关于意义解读和城市联想就自动生成。

文化符号的第一直观印象来自视觉冲击,它体现在色彩、建筑结构及装饰艺术等方面。比如建于1975年的香港地铁在每个站使用不同颜色作墙壁贴画,既省钱又醒目,湾仔站的绿色、铜锣湾站的紫色、中环站的红色……看似简单的设计却融合了美学和心理学的元素,使得香港地铁不仅成为香港文化的标志性代表,也成为外来游客的“打卡”胜地。建筑学家凯文·林奇认为,环境意象由个性、结构和意蕴这三个方面组成,如此看来色彩的视觉可识别性首先成为与周围事物可区别的独特个性,接下来是借助建筑结构、艺术装饰等与使用者建立物与物、物与人的空间上的关联,最后为使用者提供实用的或者情感上的意蕴。

众所周知,西安是驰名中外的古城,其文化积淀深厚、博大精深。历史以它黏附的空间性而逐步展开并留存至今,而地铁空间正尝试通过设计与构建

---

① 孙玮:《交流者的身体:传播与在场——意识主体、身体－主体、智能主体的演变》,《国际新闻界》2018第12期,第83—103页。

文化文本的方式,允许使用者与历史对话。譬如结构,西安地铁车站支撑柱全部采用花岗岩,天花板则采用中国传统的宫灯格局,既易于通风又饱含中国风味;再者材料、装饰纹样与浮雕有金属工艺的、现代工艺的、陶瓷的、花岗岩的……无论是色彩、结构还是材料都从物质上服务于西安古城的文化文本,这些物质代码组成一场宏大叙事。

依托在这些物质代码上的就是加速体验者进入意指过程的直接文本。以西安地铁大雁塔站的文化建构为例。壁画在大雁塔站地下空间中占据相当明显的位置,与整个大雁塔站厅的墙壁颜色、顶棚结构、石柱纹路浑然一体,加之明黄色的灯光投射使得使用者迅速地从现代的光怪陆离穿越到一种复古典雅的文化语境中,这些文本符号可以单独被阅读,也可以结合着阅读。当然,空间化叙事更重要的是参与者的使用行为,即个人或集体对符号所指的理解,这些使用者基于他们的社会经验,以数不胜数的、高度个性化的方式解读,譬如一些使用者认可大雁塔站厅巨型壁画《天竺佛光》所表达的意指,纷纷拍照纪念;而另一些使用者通过对壁画内容解读,发现大雁塔站站厅内的这幅大型壁画以玄奘取经的故事原型为主题,以印度泰姬陵为背景。泰姬陵建于1631—1653年,玄奘于公元629年前往天竺学习佛法,两段历史相差一千年,是带有误导性的信息。这也体现了一个关于"游客"与"专家"的知识型差异——"这是一面墙——这是一幅画——这幅画真美——为什么要挂这幅画——我可以读懂这幅画"。关于这一点可以从福柯的《知识考古学》来理解,他们两者因为话语构成规则的不同而对空间内某些相同符号的解读不同,诸如科学家、思想家们潜意识地受到知识型的影响,并根据它们来提出概念、陈述语式和策略选择。"一个时代关于秩序、符号、语言的观念,以及关于知识的观念,就构成了这一时期的知识型,即知识型寻找到'词'与'物'被结合起来的那一知识空间。"知识空间影响着一代人(一部分人)的知识型,而知识型在潜意识里又影响着这一代人对知识空间的塑造并且产生新认知,这是一个螺旋式的发展。前一部分使用者更容易被建构者设计的文化文本所牵引,并且进行着与符号的积极互动,是建构者意料之中且愿意看到的文本阅读效果,而后一部分使用者看似不是友善的符号互动反而对文化文本的利用率极高,在逃避官方秩序的背后又创造性地行使着符号权利,这样的空间体验才可能是鲜活的。这也是进行文化符号学研究的学者们特别注重接收者一方的原因,他们给它赋予一个更加形象的名字——读者,暗示其主动参与和学习的特点,“读者借由引进其自身经验、态度和情绪一起创造文本的意义”①。

地铁空间的封闭性为信息传播提供了一个传播技术让位于身体交流的场所,使得人们不得不放弃手中的电子媒介产品,眼观耳听地铁空间提供的图栏及语音服务,“欢迎乘坐西安地铁,终点站后卫寨车站到了”曾成为异乡客西安生活的独家记忆。地铁空间无论是日常生活场景的具象表现方式,还是地方化集体记忆的历史连接,都因人的身体参与,人与符号互动才能真正发挥它的空间价值。

空间的特殊性使得人的听觉异常专注,电子媒介支撑起交流者身体的远程在场,而地铁空间还原了身体在传播中的重大价值,人际传播成为地铁空间中最为常见的交流方式,乘客咨询车次信息、工作人员答疑解惑都增加了对于身体感官的应用,甚至在观察中人们或起身让座简单寒暄,或与旁边从未谋面的人交谈,人们不能忽略主体与传播情境之间的关联性,并且应该意识到地铁空间是一个具身关系的场景。在此,人们的传播活动往往不借助任何技术的支撑,能够作为媒介而讨论的只是身体的器官而已,而对当地文化体验与感知进而对当地城市想象更依赖于这种传播活动当中的具身性。除了人际传播,内向传播也是地铁空间较为明显的传播活动,观察中的孤独个体既不与人交谈,也不从自身的电子移动设备获取信息,而是选择观看列车电视屏,并对电视屏上的信息内容进行自处理,本能地在一个陌生环境中进行个人思维活动,但是集中注意力的时间通常较短,往往易于被电视屏内容吸引且也易被列车上的其他活动及接下来的个人行为所分散。

在触觉感知方面,使用或掌握带有集体特征的实践工具可以增加人的空间归属感。地铁运营商会通过完善一系列具有触觉感知的自助基础设施服务,来削弱受众对于陌生环境的疏离与茫然,比如购票机和乘客信息系统查询机,如果认为这些设施都是服务属性高于文化属性的,那么依托于地铁卡的文创产品研发则成为文化表达的重要载体。人们通常所讨论的城市形象,指的

① 徐正林:《欧洲传播思想史》,上海三联书店 2005 年,第 458 页。

是城市整体化的精神和风貌，是城市全方位、全局性的形象，包括城市的整体风格与面貌，城市居民的整体价值观、精神风貌和文化水平等。[①] 而对于城市形象认知不仅来源于历史遗留下来多种多样的文物古迹，还包括在后期城市现代化建设中防止与其他城市建设雷同化、一般化的细节设计，城市的一砖一瓦，一草一花，既是独立个体，在不同场景具备不同属性，又保持和彰显着和谐统一的城市理念，于细节处改变着公众对城市心理感受，并且借助公众媒介进行着城市营销。比如西安地铁推出的异形卡"皇后玉玺卡"，被网友戏称为"每一次乘车都像是奉旨出巡"，这是对西安"古"城印象的直观体验，包含由表象认识到客观存在的经验事实，在现象与传播中扩散信息，"即某个现象得以存在，且这个现象得以发生变化超越了原初的状态，从而暂时地改变了其他地方的特征"。首先是具有创新意识的实体进而是理念改变着原有的思维模式，在城市想象中成为城市的新特征。崔波在《城市传播——空间化的进路》一书中描述了创新扩散在空间中的运动，第一种为空间传播流，是指大众传播媒介传播的信息和影响，经过各种中间环节"流"向传播对象的社会过程，一般是信息做垂直方向的运动，在这个传播活动中，往往不同于议程设置的平民化传播路径，更能形成良好的传播效果。第二种是空间影响流，指的是信息作为效果形成和发散的过程，一般是信息做水平方向的运动。书中强调，空间创新扩散现象必须离开其发源地，否则就不能称之为扩散，同样也应该意识到空间与传播者的互动或传播者在空间中的行为活动才是信息生产的源头，即发源地非空间本身，而在扩散过程中又产生着对空间的二次或多次书写，比如带有肯定认知的欣赏与期待，并诱发了多种空间互动，甚至推动地铁空间建设的其他尝试。

除了基于视觉冲击、听觉扩容及触觉感知的具身传播外，个体行为与空间活动也成为城市文化表达需要主体性参与的又一例证。一些文化规划行为，诸如北京地铁空间里的《我爱你中国》快闪活动、西安地铁推出的"五一假期伴我行"便民服务、日本大阪地铁的"Metro×Art"城市旅游节目策划等，"作为一种机制，将本土文化活动置于城市发展议程中，以便提升城市生活品质，改善

① 蒲实：《城市形象设计的战略意义》，《人民日报》2003年1月10日。

人工环境构造”,也有一些诸如美国“NO Pants Subway Ride”的民间组织活动,以及街头表演、售卖小商品等个体行为在地铁空间中产生。城市空间传播是一个信息共享的过程,其前提条件是双方必须具备共通的符号体系,而这些符号只有在空间实践中才能转换为鲜活的文本,甚至创造一个“诗意城市”,种种个体行为、群体活动及官方的文化规划不仅形成了城市参与者对一方热土的记忆,也成为带有集体特征和时代特征的记忆。正如本雅明所认为的,城市并非通过简单的距离效果,而是通过连续运动或见解的浮动而被再现为陌生的,因而城市空间是流动的、辩证的。[①] 当然,文化规划行为不同于其他两种经验活动,它确如 Mercer(1991)所形容的那样,能够同时表现“无形指标”如肯定感、身份认同、生活品质等,以及“有形指标”——城市发展能力、基础设施、产业战略等。[②] 所以像德赛尔所认为的流行文化等空间实践行为的结果就是颠覆了建筑、城市规划等官方步骤和战略,其实是忽略了官方的文化规划行为在文化发展过程中的“有形指标”因素,应该意识到,颠覆的只是官方步骤中有关于身份认同、生活品质方面等想要官方呈现的无形指标,而基础设施等物质上的有形实体支撑了城市行走和个体(群体)的书写行为,这是毋庸置疑的,这些文化规划行为从精神上和物质上影响着公众的城市体验感及他们的空间参与行为。从符号空间到行为空间,地铁空间文化逐渐叠加、增值、扩容成为对整个城市的记忆、经验与想象。

四、从行为空间到经验场所

地铁空间的文化规划文本,在经历过个人日常生活的体验后,形成了个体想象的城市文本,即自动或被多次书写后生成的意义体系。城市就是如此被感知和理解的——由活生生的个人体验构成“真实的”城市与由再现和幻想组成的“想象中”的城市互相影响,一个是可以体验的表面空间,一个是由想法、记忆、经验依存的场所。想象中的空间认知因而与真实的地铁空间相互交叠,

---

① [澳]德波拉·史蒂文森著,李东航译:《城市与城市文化》,北京大学出版社 2015 年。

② Mercer. *Brisbane's cultural planning development strategy: the process, the politics and the product*. The Cultural Planning Conference.

构建出与场所之间的亲密的个人关系，又引导着人们在“真实”的空间里不遗余力地搜寻着可感知的标识，以便于人们确认想象的就是真实的。这一动态的空间文化发展过程类似于城市行走。就如地铁的交通属性一般，负载着丰富多样的人群和丰富多样的文化，允许他们交流、沟通、碰撞和创新。赖特·米尔斯认为个体能理解自己的经验必然通过他生命的事实，无论怎样细小，他都会对这一社会的形成、对历史的进程做出贡献，即便他自己也是由社会及社会的历史推进建构的，于是在对地铁空间真实铺设文化文本解读时，一是进行“常识化”的处理。比如许多根基性的社会意识形态和价值观念，被嵌入到文化产品和具体实践中，这被巴特理解为日常生活的“神话修辞术”，人们潜意识中对老人小孩的定义，会促使其自动让座给更需要的人，对公益广告中尊老爱幼中华传统美德的宣传近乎是“与生俱来”就接受的。这就需要参与者具备更高的文化素质，需要社会的文明程度达到一定水平，或是在其他领域的综合教育来支撑。

二是颠覆性的处理，一种高度个性化的文化文本阅读方式，这种书写行为也许无法形成集体行为，最终只能形成流行文化，但它也是生活在城市当中某一群体的话语表现之一。如地铁车厢内部的栏杆扶手本来用于列车行驶过程中保护乘客安全站立，而被使用者开发为“撩”人的工具，这种使用行为通过新媒体视频广泛传播和模仿，视频中两个互不相识的人紧握同一扶手，一人通过移动抓杆的位置渐渐靠近对方并进行试探，最后握住对方的手，俗称“摸手杀”。当然，高播放量和昙花一现的传播峰值，意味着这种颠覆阅读现象还不足以深深植根于记忆之中。

三是创新性处理，与颠覆解读不同的是它没有破坏和改变官方的规划行为，而是一种扩展、延伸的动态阅读方式。这种阅读方式不是封闭的，带有边界性理解和认知的，而是掺杂着个人经验、生活规范，在社会政治、经济、文化环境的影响下所形成的。当然，每一种个体解读方式最终所形成的个体记忆都是片面的，它有意在弱化着某些方面，最终归入某些公约性的符号内容当中，个体的差异性使得每种解读方式看似特殊，但是它的产生空间和叙事线索的单一性导致个体想象的普遍性，进而形成集体记忆。

有关西安地铁曾有一个笑话：看三爻站到了！不了解东三爻的人，只记得有个地铁站叫三爻。熟知它的人,定能瞬间想起东三爻喧闹的模样。……这个地方占据其他城中村得不到的优势,以至于这里的繁华别有风味,且外来人口鱼龙混杂,变成了独有一方的天地。① 可见,集体记忆带有实体性,不是虚幻地停留在人们的脑海中,而是栖身于日常生活的各种公关表达当中。② 在公共空间的文化表达当中,符号更像一种踪迹,建构者对场所进行视觉上的、带有隐喻色彩的挖掘,以表现集体的历史、乡愁、记忆和归属感。而这些踪迹类的符号,来源于集体共同认可的想象中的城市,比如陕西忒别忒公众号的一篇文章《东三爻,再也回不去了》,描写记忆中东三爻的旧市场,生锈泛黄的卷帘门,人头攒动的买卖场面,人们提起三爻,就会在脑海中形成以多种符号作为载体的相关记忆。地铁空间中符号也是随着社会成员的集体意象、认同习惯来铺设的,如提起西安就是秦始皇陵兵马俑、古城墙、钟鼓楼等标志性建筑符号,就会想起羊肉泡馍等多种多样的面食。于是,在空间设计中就不乏相关元素符号出现以引起公众记忆的共鸣,证实想象空间与真实空间的一致性,这种传播规则具有相对稳定性,是人类历史、文化积淀传授和沿袭的成果。

当然,媒介记忆符号是一个灵活的、组合性的开放系统③,随着新媒体时代的发展,这种集体记忆和经验的稳定性受到了来自多方面的冲击。一种是官方传播者有意提升城市形象,在文化文本中注入新鲜的符号系统;第二种是信息传播过程中媒介记忆对集体记忆的影响,从个体记忆到集体记忆,再到地方记忆,它们既各自独立、留有区位,又互动互助、气息相通。④

五、结语

一场宏大的空间文化叙事,想要讲"清",入"心"绝非易事,文化功能优劣受整体性表达方式的影响,同时也经受着来自读者阅读行为的考验,它既需要

① 陕西忒别忒公众号:《东三爻,再也回不去了》。

② 李红涛:《昨天的历史 今天的新闻——媒体记忆、集体认同与文化权威》,《当代传播》2013年第5期,第18—21、25页。

③ 邵鹏:《媒介记忆理论——人类一切记忆研究的核心和纽带》,浙江大学出版社2017年,第9页。

④ 邵鹏:《媒介记忆理论——人类一切记忆研究的核心和纽带》,浙江大学出版社2017年,第46页。

完成官方预设赋予它的任务，又必须能够吸引接收者参与到文本互动当中，否则缺席的叙事者难以独立完成叙事任务，以至于到现在人们引以为傲的地铁空间文化表达创新事例中仍然可以发现一些空间文化叙事上存在的问题，或者可以说是空间叙事在未来能够发展进步的方向。

官方的文化规划行为花了大篇幅试图讲清地域历史，努力创设人文环境来唤起本地居民的集体记忆，提升外地游客对当地文化感知力。然而仍有大量的公共空间被商业符号充斥着，令人眼花缭乱的商业海报遍布在站厅支柱、墙壁、地面、车厢扶手等地方。这些广告脱离了原有地铁场景的文化表达，甚至可以说是缺乏公共艺术审美，严重影响着乘客的空间体验活动。除此之外，所有价值观念被杂糅在一个封闭空间里，服务于各种团体组织的需要，以至于层次混乱、内容堆砌。在这样的空间体验中，受众是处于低等地位的，不像看电视遇到广告可以换台、看手机遇到广告可以关闭，他们无法自主选择视觉空间中的商业符号，被迫接收着各种各样的诸如广告、意识形态、旅游文化等多种符号类型，并逐渐习以为常。所以，人们应该思考地铁空间的叙事文本中究竟可以容纳多少种符号才不会让受众产生排斥、厌恶的心理；符号的类型又该如何选择、排布；商业符号让位于整体文化叙事或是渐渐服从于整体的叙事母题之中。

同样，是否满足文化消费的切实需求也是应该思考的问题之一。文化规划与受众的实际文化消费行为是存在差距的，而且必须要经过空间实践才能够检验，不能把地铁看作是物理空间，把叙事看作是单方面的文化输出行为，表现出它的刚性和不可变动。在西安 4 号线地铁的车厢拉手，一面是缩小的中国年画，一面是与陕西文化相关的诗词。一些字数较多的诗词也被缩印在小面积的拉手上，非常难以辨认，必须踮起脚尖才能细细阅读。人们应该注意的是这是一个"人的空间"，只有人的参与和互动才能真正实现地铁空间的文化功能，空间意义才有可能被解读。同时，"空间的意义不是实质的，也不是固定的，是未知未觉的"，这就需要通过话语来不断地界定再界定、建构再建构，而不能单单地把文化表达看作是官方完成城市建设的捷径。

诸如城市美化运动等对城市进行的大规模改建，拆除了许多老式建筑和街道，那么这些依靠照片也无法生动还原的集体记忆中的场景便可以借助人工智能手段来完成。当然人工智能除了能够丰富空间叙事的形式外,更重要的是创设优质的行为环境,满足人们在地铁空间的行为需求,比如购票、安全、秩序等基本需求,购物、通信、卫生等扩展需求,审美、文化、阅读等高级需求。一个城市精神不仅存在于文化规划行为中那些显而易见的地方,更多的是触及感官和身体参与的具体符号里,一个可以帮助残疾人提供爱心预约服务的指示牌远比静止的公益海报更能展示这个城市的文化与风貌,而这些都将可能成为现代科技发展的舞台。

在中国地下空间设计里,以地铁为典型代表的文化空间确有它包罗万象、兼容并蓄的特征,历史文化和现代文化在这里得到交融。空间作为经验而产生关联的场所,是人们日常生活的场景,也是地方化集体记忆的展示平台,更是国家气质与风貌的具象化体现。在未来,注入现代科学技术的地铁空间势必成为城市文化传播的重要舞台,那些深藏在记忆深处的城市故事将再度被阅读,讲与后人。

(杨家宁,女,陕西师范大学新闻与传播学院硕士研究生;王敏芝,女,陕西师范大学新闻与传播学院副教授)

The Subway Space as Space of Culture and as Urban Imaginaries

Yang Jianing　Wang Minzhi

Abstract: Subway, as a new type of urban transportation, changes people's daily life trajectory and carries the historical culture especially the spiritual connotation of the city. Subway space is not only an "underground street" containing a variety of symbolic texts, but also a meaningful space for urban users to write and read and an important scene for the expression and dissemination of urban culture. Starting with the textual interpretation of subway space symbols, this paper explores the role of pan-media, such as materials and structures, in the expression of space culture and the present transmission mechanism based on sensory interaction. At the same time, it clarifies how space culture superimposes and expands into the imagination of geographical cities and even creates unique experience and memory of urban space. And then it provides local experience for the dynamic process of city walk from the perspective of media culture.

Keywords: Subway Space; Pan-media; City Imaginary; Cultural Memory

试析"热血高校动漫"的几个主题

陈宇荷

摘要：日本的动漫早已形成了产业化的运行模式。到今天，新媒体技术的成熟运用更是导致了动漫观众的全球化趋势。这几年流行于市场上的热血漫画成为青少年最为喜爱的种类。本文试图以动漫《我是大哥大》为例，从文化基因的角度分析存在于此类动漫的特点。少年的充满热血的幻想成为摆脱沉重现实的一种可靠手段，而在当代的日本，除了对于不可抵达的"乌托邦"彼岸的渴望之外，整个社会更是充斥着对于武士精神的缅怀和模仿。

关键词：日本动漫；热血高校；文化基因；主题

在文化产业全球化的今天，来自遥远之地的文化都可能进入中国的文化市场，并且对缺乏判断力的青少年产生或深或浅的影响。日本动漫对于中国青少年观众的影响是巨大的，而作为动漫中主流的一派，热血高校动漫是在研究动漫时无法被忽略的研究对象。本文以动漫《我是大哥大》为例，结合日本复杂的社会环境和以此催生出的日本人的国民性，试图分析此类动漫内在的文化基因，并且试图从接受美学的角度找出此类动漫吸引众多青少年观众的原因。

一、少年式的幻想世界

对日本的青少年来说，在不可逃避地成为社会成员并且负担起成年人的责任之前，少年对于幻想的渴望和对于现实的抵抗使他们内心充满难以调和的矛盾。成人礼像一个可怕的诅咒，尤其是在个人意识被集体意识压抑甚至荡然无存的日本，对于自由的幻想具有比西方世界更加重要的意义。在《日本第一：对美国的启示》一书中，傅高义使这种压抑得以具体化，并且试图从其积极的一面寻找对于美国社会发展的启示。[①] 但不得不提的是这时时刻刻活在布满规矩之网的人情社会中对于人性的囚禁。鲁思·本尼迪克特从"历史和社会的负恩者""人情的世界"和"道德的困境"等几个方面向观众揭示了日本人在社会中所肩负的重担。在对于把自我修养当作基本要求的日本，即便是儿童也需要在父母的监督和"训练"下成长，以便成人后更加适应社会生活。在《菊与刀》中，作者写道："在日本人的生活中，矛盾——在我们看来，就是矛盾——已深深扎根于他们的人生观之中，正如同一性扎根于我们的人生观之中。"[②]矛盾必然存在于任何担负起社会责任与自我保护的个体之中，此时少年不得不借助自己构建起的幻想抵抗自我磨灭。

在《我是大哥大》中，主人公是两个在转学第一天心血来潮立志要当"不良少年"的高中生。三桥贵志和伊藤真司成了学校的老大，日常生活便是与来自其他学校的高中生打架，与漂亮的女生谈恋爱。它的叙事模式之简单和重复与大部分的成长类作品不同——遵循着"挑衅—斗殴—威胁"的套路，使得故事的发展与动漫世界本身一样，充斥着简单的逻辑。几乎单一的叙事单元极其封闭，以至于它的重复并没有使人物的性格发生任何变化。但由于部分动漫的观众也容易满足于不变的人物类型和循环的故事结构，循环往复并未引起观众的不满。

如果说现代社会带给成年人的"成人礼"是卡夫卡式不可选择的甲壳虫似

---

① [美]傅高义：《日本第一：对美国的启示》，上海译文出版社2016年。

② [美]鲁思·本尼迪克特：《菊与刀：日本文化的类型》，商务印书馆1990年，第74页。

的异化,那么身处矛盾中的日本的青少年也未能摆脱陷入困境的诅咒。失去童真的伤痛在成长的过程中愈演愈烈。在大部分的热血高校动漫中,学校与社会相比像极了一个理想的乌托邦,充满热血的学生们摆脱了社会责任对其的束缚,躲在其中,做着以自己为主人公的“白日梦”。正如弗洛伊德在《作家与白日梦》中提到孩子的游戏:“他在游戏中创造着一个属于自己的世界,或者说,是他在用自己喜爱的新方式重新组合他那个世界里的事物……他在游戏时非常认真,并且在上面倾注了极大的热情。”[①]这些即将成人的故事主人公与弗洛伊德笔下渴望童年游戏的作家一样,将难以满足的愿望通过各式各样的幻想得到完成,这与武侠小说中能够独霸武林的侠客有异曲同工之处——为了满足被压抑的欲望。

在《性学三论》中,弗洛伊德更是把这种幻想与性关联在一起。这能够解释幻想类的作品对于读者的吸引力。他认为多数人通过幻想来得到性的兴奋,因为只有通过幻想,兴奋才处在一个安全的距离内,在这个距离内,痛苦感得到了抑制,从而能够“经由幻想得到发泄”。[②] 虽然他的“所有比较强烈的情感过程,甚至恐怖惊惧之情,莫不与性活动有关”受到了很多反对泛性论者的批评,但是我们不能忽视他对于我们的有关潜意识的启发。

男主角对于世界的幻想也体现在他们对于人情世故的处理中。这一点从他们过高的道德感和对于人性的怜悯中可观一二。在动漫中,伊藤和三桥成为热血少年的动因是对于叛逆或者说对于脱离束缚的强烈渴望。从转校第一天起,他们就决定变得“嚣张”。这种转变并非是出自他们对于邪恶或者与之相反的为了打抱不平的正义的向往,而是为“嚣张”而“嚣张”。在打斗过程中,高中生第一次像一个真正的男子汉,击败对手时带给他的快感,对其的怜悯之心及其他人对于自己的崇拜构成了一幅幻想图景。与兄弟一起战斗时的兴奋使他们的肾上腺素增加。他们一方面渴望通过成为“不良少年”拿到成人世界的入场券,一方面渴望不被卷入复杂难辨的事物中。主人公们就在这样的矛盾中完成一次又一次的虚假的成人礼仪式。

---

① [奥]弗洛伊德:《弗洛伊德文集》修订本第八卷《作家与白日梦》,长春出版社 2010 年,第87 页。

② [奥]弗洛伊德:《性学三论·爱情心理学》,太白文艺出版社 2004 年,第 79 页。

对于现实世界的逃避和幻想并非仅仅存在于少年的世界中，日本人的彬彬有礼和恪守陈规与偶尔出现的极端行为之间的反差令人惊叹。但这种对于欲望和个人意识的压迫以及反压迫的释放之间存在着十分紧密的内在联系。而幻想只是反压迫形式中最易操作、杀伤力最小的一种。因其更容易实现的性质，幻想被称为日本乃至全世界二次元青年的"避难所"。

日本文学中的避世倾向比任何国家的都要明显且极端。无论是川端康成的《雪国》中的青年人，还是村上春树《挪威的森林》中躲在身处森林深处的疗养院的直子，都传递着作家对于现实世界的不满以及对于在文学作品中自己构建乌托邦式世界的渴望。而这种幻想的另一个极端就是幻想破灭后的三岛由纪夫式的毁灭。

查德·沃尔什在《从乌托邦到噩梦》[1]中提到人类产生乌托邦式幻想的两个原因。第一个是人是无法摆脱幻想的动物，人类拥有好奇心和能力去超越自然，即便被困在自然里，也是"自然自由的囚徒"，他不仅仅是活着，他知道自己活着，他的想象可以在他出生前和死亡后继续漫游着。第二个原因是作者相信"人类曾经在乌托邦居住着，但好景不长。他们又想回到乌托邦去"。这里所说的第一个乌托邦就是伊甸园，但是人类永远无法回到世界之初，所以他们建造了自己的"新伊甸园"：幻想世界。

除了躲避在乌托邦式的校园中之外，《我是大哥大》在人物塑造上也秉承着理想化的原则。几乎不存在绝对的反派，即使是作为对手的开久高中也被塑造为立体的并且令人喜爱的形象。这一点在动漫改编为电视剧中尤为明显。原本卑鄙无耻且最后还夺取了开久老大片桐智司地位的相良猛深受观众欢迎。他无数次地挑起事端，但在剧中的人物看来这似乎是无可厚非的。虽然他们并不喜欢他，但是也轻易地原谅他。对于三桥贵志和伊藤真司来说，似乎所有人都是可以被原谅的。这种单纯直线式的思维逻辑是童年和少年独有的。人与人之间没有什么矛盾是不可化解的，并且矛盾也没有产生多严重的后果，顶多是被打得遍体鳞伤，剧中的人物似乎还有神奇的恢复功能，在满身伤痕的几天后便忘记了之前的伤痕，勇敢地接受挑战。仿佛与外界隔绝的世

---

① Chad Walsh. *From Utopia to Nightmare*. Greenwood Press，1962，p.29

界让他们能够在自己的乐园里徜徉，闯入者的缺失能够保证他们自身并未受到大的精神冲击，如住在大观园中的女孩们。

以《小森林》为代表的日本治愈系电影也是幻想文化的代表。与很多的动漫相同的是，“治愈系”的风格为观众的心灵提供了一个栖息所。从大都市返回乡下后女主过上了简朴的生活，远离尘嚣在现代是一种十分理想化的情景。对于田园牧歌式生活的向往成为日本文化的一个明显的标签。这些渴望所传递给我们的是：虽然人不能够诗意地栖居在大地上，但是却能以诗人的方式达到还乡的目的。

二、对武士道精神的追求

明治维新之后武士精神并没有随着武士阶层而消失，而是以或隐秘，或为人所知的方式渗透在日本的现代社会中。正如本尼迪克特在《菊与刀》中论述日本等级制度的延续时所提到的那样：“从法律上宣告封建制度结束只不过是七十五年前的事，根深蒂固的民族习惯是不会在一个人的一生之间消失的。”[①] 但是随着社会的变化，武士精神的内涵一直在发生着变化，并且研究日本的学者对于其内涵也众说纷纭。

在《日本之镜》中，伊恩·布鲁玛把武士精神当作一种“精神主义”即精神超越现实的表现，“而精神主义和根性常常包括对理性和个人感情的禅宗式压抑，以及对直接行动的盲目热情和对艰难困苦的无限忍耐中”[②]。

在他看来，宫本武藏是武士的代表人物。他的事迹被无数次地改编成动漫和电影，他四处漂泊，无牵无挂。布鲁玛把他当作是虚无主义者，因为他十分厌世，“大半辈子活得像个一心求道、永不衰老的少年”。剑是他平生最宝贵的东西。他杀人并非崇尚暴力，而是秉着“要战斗手上就不可能不沾血”的想法，试图成为压抑自己感情只为接受考验的武士。这种考验并非来自外部，而是来自深深根植于日本人内心的自我修养的观念。并且由于武士精神对于现

① ［美］鲁思·本尼迪克特：《菊与刀：日本文化的类型》，商务印书馆 1990 年，第 29 页。

② ［荷］伊恩·布鲁玛：《日本之镜》，上海三联书店 2018 年，第 287 页。

代日本社会的渗透，即使是现在的日本人也认为，“无论是参加中学考试的少年，还是参加剑术比赛的人，或者仅仅是贵族生活者，都要在学习应付考试所必需的特定内容之外，进行自我修养”①。

宫本武藏身上的虚无是武士精神的内涵之一。在日本人看来，这种精神的精髓在于：打斗并不是为了胜利的结果，或是杀死对方，而是为了彰显自己的男子气概，为了由男孩变为男人。为了达到武士的“道”。原本处于美学范畴内的概念“物哀”摇身一变成为武士决斗的本质。当死亡有一种凄惨的，不计较结果的美的时候，战斗便触及了武士精神中生命观的核心。

而在《我是大哥大》中，除了为自己的肩上多贴几枚勋章之外，三桥和伊藤常常为别人打抱不平，这便体现了武士道中潜藏的道德因素。当对手已经失败，并且得到该有的教训时，他们便扬长而去，甚至在某些时候会对昔日的对手伸出救援之手，这便是日本人眼中的武士道所要求的对于他人的恻隐之心。

武士道中的“勇”被看作是最重要的品质。在《武士道》中，“诸如刚毅、不屈不挠、大胆、镇定自若、勇气等品质，最容易打动少年的心，而且是通过实践和示范可以得到训练的东西，是少年时从小就受到鼓励的，也可以说是最吃香的品德”②。这种勇敢的坚韧不拔的精神也曾出现在欧洲中世纪的骑士阶层身上。但是与武士精神不同的是，骑士精神相比而言更加理智，目的性更强，并且西方人对于骑士精神的缅怀大都体现在好莱坞的英雄人物中，而日本人更多地把它作为至高的生活指导规则加以运用。那些为了寻宝而深入危险之境的西方故事，在日本人看来是令人鄙夷的。

“硬派”是现代的武士精神的变种之一。伊恩·布鲁玛曾在《日本之镜》中提到：“通往成年男子的道路是坎坷的。在大多数文化中，这种坎坷都会经过某种成人礼的渲染，通常为一次考验或一项探索；其既可以是杀死一头狮子，也可以是寻找圣杯，凡此种种，不一而足。”③硬派精神与武士精神的相同之处在于不甚理智的“勇猛”与对于肉体的忽视。秉承着硬派精神的渴望得到心无杂念的训练，所以他们不可避免地会沦落到以自我为中心的自私自利中。他

---

① ［美］鲁思·本尼迪克特：《菊与刀：日本文化的类型》，商务印书馆 1990 年，第 86 页。

② ［日］新渡户稻造：《武士道》，商务印书馆 1993 年，第 15 页。

③ ［荷］伊恩·布鲁玛：《日本之镜》，上海三联书店 2018 年，第 285 页。

们的道德观是与众不同的。

在动漫中，三桥贵志的行为有时会显示出以自我为中心的倾向，遇到事端有时会逃避，甚至会抛弃同伴。而伊藤的人物设定更接近于传统的武士道德，他的见义勇为和在打斗中从不使用计谋体现了日本人对于道德的要求。而三桥贵志的则比他的朋友从容，他面对对手时的反应经常是逃跑，并且在打斗的过程中频频使诈。伊藤对于三桥这样的做法并非表现出传统武士会表现出的不满，反而在说起三桥的计谋时大为佩服，或许伊藤也不得不认同，昔日风光无限的武士已经没落，随之而来的是武士精神甘拜于投机取巧者的下风。三桥和伊藤的形象正体现了德川时代对武士与商人形象的刻板印象在当代的复活。

除了对通过迎接挑战对生命意义的无休止的追求，另一个把这类动漫和武士精神联系在一起的就是对于暴力的崇拜。

暴力崇拜可以说几乎是所有热血高校漫画的特征，无论是少年漫画《我是神风队员》，还是动漫《银魂》的大热，除了体现了人类的共有的控制欲之外，也印证了伊恩·布鲁玛所说的："挥舞拳头或手持竹剑报仇的单纯学生之所以能唤起强烈的怀旧情绪，正是因为日本人比大多数民族都更清楚地认识到：在进入成人的腐化世界后，便再也无法有这样的表现了。"①日本热血高校的少年们隐隐地意识到走向复杂的成人世界的压力，便以更加叛逆的方式来守护自己的童真。

日本对于暴力的包容性似乎要强于西方国家，这与他们对于武士道精神的推崇是分不开的。毫无疑问，武士的行为方式极其暴力，他们效忠于自己的主人，而博爱与同理心似乎在他们身上找不到痕迹。自古以来关于武士的传说不断，大部分都带有暴力色彩。歌舞伎《忠臣藏》讲述了一个发生在元禄年间的真实事件。赤穗藩藩主浅野内匠头拔刀伤了上野国国司吉良上野介。此事发生在迎接天皇使臣的重要场合中，所以当时的幕府将军德川纲吉大为愤怒，命令浅野内匠头剖腹，并剥夺了其家的继承权。但是却没有裁决吉良上野介。浅野的家臣被迫成为浪人，最后夜袭吉良府取吉良首级后剖腹自尽。可

---

① [荷]伊恩·布鲁玛：《日本之镜》，上海三联书店 2018 年，第 290 页。

以看到，剖腹是规格极高的死亡方式，人在意识清醒时切开肚子，肠子从腹中流出，最后流血身亡。在日本人眼里，只有真正的男子汉才有资格切腹而亡，敌人只能砍头而死。这种使自己在死前痛不欲生的死亡方式，在今日看来无比暴力残忍。

北野武的电影中出现的十分日常化的暴力元素使我们不难发现，即使在武士阶层已经消失的年代，日本仍然在一定程度伤推崇暴力美学，原因可能在于“精神主义的泛滥为毫无来由的暴力提供了合法性”[①]。

三、被标签化的女性

与柏拉图的作为互相补充的男女角色不同的是，女性的角色对日本人来说是十分矛盾的。在《日本之镜》中，伊恩·布鲁玛提到：“不管男人多硬派、多坚忍、多孔武、多阳刚，最终总有一个人比他更强；漫画书里，狂热的军事作风信徒举办了一场剑道比赛，唯一打败他的人，是某个最亲切、最柔弱、最温和的人……正是他自己的妻子，大和的母亲。”[②]

在伊藤和三桥以勇猛打遍整个千叶县无敌手的时候，三桥面对风纪委员的赤坂理子竟有些不知所措，在两人交手时还被其轻松打败。而伊藤和早川京子的感情则更有喜剧色彩。作为成兰女子高中的大姐大，她在对伊藤一见倾心之后便在他面前卸下了强悍的面具，摇身一变成为可爱的会撒娇的女孩子，而伊藤也在她面前如变了一个人一般。这种对于柔弱女性的颤栗甚至惧怕之情，他们二人并非是特例。

在日本文化中，被标签化的女性的“永恒的母亲”和“恶女”角色的极端的表现使得日本的男人对于女性有一种天生的陌生感。不是神圣的母亲就是万恶的妓女的想法时常充斥着他们的内心。在《第二性》[③]中波伏娃把圣母和妓女的分野当成是女人天生的被社会所规范和压抑的原因之一。这一点在十分看重女性传统的日本更是表现得淋漓尽致。

---

① [荷]伊恩·布鲁玛:《日本之镜》,上海三联书店2018年,第294页。

② [荷]伊恩·布鲁玛:《日本之镜》,上海三联书店2018年,第296页。

③ [法]波伏娃:《第二性》,上海译文出版社2011年。

母亲的伟大似乎是不容辩解的。在《万叶集》[①]中有这样的字句:"啊,亲爱的母亲,愿您是一枚珠玉,镶嵌入我的发髻,此生与我不分离。"在日本,妻子与丈夫的关系,总是类似于母亲与儿子的关系。日本的女性和西方女性相比更加有忍辱负重、委曲求全的一面。他们把丈夫当作不懂事的儿子来照顾,并且可以原谅他们犯下的道德错误。所以日本有为数众多的以慈母为歌颂对象的电影。这些电影无一例外地在赚得观众眼泪的同时,为日本的女性树立了如何当母亲的榜样。在《母亲》这部电影中,辛苦抚养孩子长大的母亲轻而易举地就远原谅了抛弃她的孩子们,并且在他们面前依旧慈爱如初。

"恶女"[②]的形象和母亲形象在表面上看完全是对立的,却有着不可分割的关系。"恶女"实际上只是理性地或是过度地表达了自己的欲望的女性,她并非拥有邪恶的灵魂,只是这种超过了母性的需求使得她们在男人的眼里降低了身份。很多的日本男作家笔下都有这样的女性存在。

正如弗洛伊德所说,当母亲式的女性摇身一变,成为淫荡的有自己的欲望的女人之后,男人竟有些无所适从。男人无法从自己崇拜和尊敬的女人身上满足自己的性欲,而只能在地位低一等的女性身上得到满足。所以男人宁愿找一个地位比自己低下的情妇,或者是与一个地位不如自己的女人结婚,但是他对于她未必是尊敬的。这就导致男性在对待女性时所需要表达的性欲和爱分道扬镳,使得他们自己内心充满了矛盾。

除了对于女性身份的不确定性之外,男性在面对女性时所抱有的被阉割的恐惧也是他们不愿面对女性的原因之一。无论是男性从小到大引以为傲的生殖器还是他们心中秉承的男性气质都面临着女性的威胁。他们看到同类时看到的是健全的自己,如照镜子一般对着镜中人不断确认自己的阳刚之气;而看到女性时仿佛是看到了被阉割后的男子气概尽失的自己,感到恐慌和不知所措的他们宁愿靠近对自己来说威胁力小的男性,而避开像母亲般的有时会剥夺自己男性威风的女人们。

而面对女性的陌生感也使得男人更愿意靠近男性。毫无疑问,在男权社

① 佚名:《万叶集》,译林出版社2002年,第45页。
② [荷]伊恩·布鲁玛:《日本之镜》,上海三联书店2018年,第222页。

会中对于阳具的崇拜也会使男性对于女性的评价降低。即使在《我是大哥大》这样充满浪漫爱情的动漫中，女性与男主人公的感情戏也是寥寥的几次，大部分的煽情都被男人们的友情和对于武士道的赞美所占据了。男主角们在内心深处把女性很轻易地排除出他们的男性世界之外，他们是阳刚的，充满力量的，而女性在他们眼中只有在代表爱情时才会以代表符号出场，或者在男人们需要一展自己魅力的时候才以英雄救美的方式露面。

结语

无论是少年对于幻想的渴望，还是对于武士道的缅怀，都似乎体现了这类动漫的反成长倾向。由于日本社会对于人的精神的极度压抑导致还未走上成年人道路的青少年们感到惶恐不安，因此需要以极端的方式发泄出来。相应地，此类动漫的观众也似乎秉承着对于面对现实承担责任的逃避。于是他们找到了能与之产生共鸣的动漫来净化内心。但无论如何，这种方式只是暂时的，非根本性的，原因正如伊恩·布鲁玛所说："孩子终生都会怀念童年乐园（无疑，心情是复杂的，多少掺杂着被压抑的恨意）。对这个伊甸园的思念是日本文化的重要的一面，这种思念既是集体记忆，也是个人情愫。"①

（陈宇荷，北京师范大学文学院 2017 级研究生）

The Analysis of Several Themes of the

Hot-blooded High School Style Animations

Chen Yuhe

Abstract: Japanese animation has already built an industrialized operation mode. Until today, the mature use of new media technology has led to the globalization trend of animation viewers. The hot-blooded

① ［荷］伊恩·布鲁玛：《日本之镜》，上海三联书店 2018 年，第 162 页。

animations that have been popular in the market for several years have become the favorite category for teenagers. The paper attempts to take the animation *From Today, It's My Turn!!* as an example to analyze the features from the perspective of cultural genes. Juvenile's passionate illusion has become a reliable means of getting rid of heavy reality. In today's Japan, besides the desire for the unreachable "Utopia", the whole society is full of remembering and imitation of the samurai spirit.

Keywords: Japanese Animation; Hot-blooded High School Style; Cultural Genes; Themes

赛博空间中虚拟偶像迷群的身份认同构建研究

战泓玮

摘要：信息时代的电子媒介为人类社会发展提供了新的可能。作为互联网里的虚拟空间，赛博空间超越了特权或偏见，构建了一个想象的共同体。而赛博空间中的虚拟偶像从早期的“初音未来”到如今的“Shudu、Lilmiquela”等，作为二次元亚文化和数字技术的产物，逐渐受到青少年的追捧，形成一种“迷”文化。本文通过梳理偶像崇拜的变迁，分析当前赛博空间的虚拟偶像崇拜现象，将粉丝放到由网络依托的“赛博空间”中考察其实践活动，探究他们是如何通过具体途径来实现身份认同建构的，虚拟偶像又是如何俘获粉丝的心的。

关键词：赛博空间；粉丝文化；身份认同；虚拟偶像；图像化

莱依·白利在《她们自己的赛博空间：网络女性的粉都》一书中通过民族

志的方式分析了网络女性粉都，其中便提出作为虚拟异托邦①的赛博空间。赛博空间是一种互联网虚拟现实空间，因为其虚拟性，在赛博空间中存在着许多有别于现实空间的文化，其中二次元文化便是该空间的重要文化组成部分。二次元最初起源于日本动漫文化的一个概念，其注重幻象世界的描绘与表达，虚拟影像(内容)与现实世界(观者)之间形成较为互动、多元的关系链，并逐渐凸显与三次元世界相异的形态。借助二次元文化的风靡，青少年的偶像崇拜对象正在发生重构，借助于数字技术呈现出的虚拟偶像愈发受到当今90后和00后群体的青睐。

根据艾瑞咨询数据显示，2017年，我国泛二次元用户规模达3.4亿，在线用户规模达到2亿多，核心二次元用户9100万。二次元人群中，出生于1990年至2000年间的用户约占78%。② 根据数据不难看出，二次元文化呈现出年轻化、规模化、网络化等特点。在传统的大众媒体时代，由于传播技术、传播的范围和规模都受到约束，二次元群体规模较小，作为一种亚文化群体呈现在我们的视野中。而随着互联网技术的发展，在制作技术和网络技术日趋完善的前提下，受众的创作能力和主观能动性得到增强，二次元作品更加丰富，传播范围也更加广泛，以90后、00后为代表的粉丝群体迅速扩大。

在网易漫画的“调研报告”(2018)中指出：在90、00后的年轻群体中，动漫得到了超过半数(51.9%)的喜爱，56.1%的用户有喜欢的虚拟偶像人物，虚拟偶像文化在近年来得到蓬勃发展。从2007年诞生在日本的通过音乐合成软件制作而成的虚拟偶像——初音未来，再到中国版的网络虚拟偶像“洛天依”“乐正绫”“鹿娘”等，和一种真实客观存在的人物实体不同，也区别于小说、漫画等构建出的具有故事叙事色彩的虚拟偶像，它们是一种利用数字复制技术和互联网思维建构的网络虚拟偶像。从哈拉维的赛博客时代去考量，网络虚拟偶像正处于“人机合体”的赛博客时代，这个时代的特点是原本恒定的一切界限被逾越，过去似乎颠扑不破的分类原则被打破。在与他者的局部性连接

① 异托邦是由福柯提出的概念，指的是一个异于主导社会秩序的空间，其标志是规范的差异与偏离。

② 艾瑞咨询数据，2018年中国动漫行业报告[R].http://report.iresearch.cn/report_pdf.aspx? id=3309.

中，在与我们所有的构件中，重建日常生活的界限。网络虚拟偶像从线上的动漫、游戏、软件、网站、图像等形态扩展到线下的演唱会、玩具、服装、配饰等，建构了从虚拟的赛博空间到现实的真实世界的转换，构建了一种虚拟与现实交互的二元文化体系。

一、表现欲望：图像化的偶像变迁

《康熙字典》中关于偶像呈现出这样的概括："偶，俑也。像人曰偶。土木像亦曰偶。"可见，"偶"是泥塑木雕的人像、神像。可以说，偶像陌生又熟悉，虽然不能可触可摸，但其塑造的"形象"却通过各种方式影响着人们的物质或精神生活。根据英国人类文化学家、民俗学家弗雷泽的交感巫术原理①，基于"接触律"和"相似律"的阐述，粉丝虽与偶像之间存在隔阂，但粉丝通过收集一切偶像形象或与之相关的物品，拥有了某种感应超自然的能力，也就感知到了偶像的超凡魅力。而这种魅力类似于马克思·韦伯所述的"卡里斯马"(Chrisma)，是一种异于常人、超自然的天生稀有素质。粉丝逃脱了日常生产的枯燥乏味，通过一定的仪式化的行为表征偶像崇拜之情。

崇拜在《现代汉语词典》中解释为"尊敬钦佩"。英文词典中用"Worship"来表达礼拜仪式、崇拜、尊敬、钦慕之意。从仪式角度讲，崇拜一词和宗教密切相关。从最原始的自然崇拜到宗教偶像崇拜，再到虚拟偶像崇拜，崇拜的形式呈现出一种历时性样态。

原始人崇拜的对象一开始就具有超凡入圣的力量，从最早的自然崇拜的对象来看，早期崇拜的形式关涉所蕴含的自然力的崇拜，像太阳图像、具有强烈繁殖能力的动物图像是最初原始崇拜的基本内容。从对动物繁殖和太阳形象的自然崇拜转向对图腾图像和祖先的人文崇拜，人类崇拜与信仰进入第二个阶段，而表达人的存在意志的图腾图像的出现是其中的标志性事件。人类意识到决定自己命运的是人自身。想象在这个形式下表现为无形的基质，而遍布于各种异质事物的能量，才是膜拜的真正对象。在此过程中，图腾崇拜和

① 交感巫术原理，认为巫术"赖以建立的思想原则"有二：一是同类相生、果必同因，即相似律；二是"物体一经接触，在中断实体接触后还会继续远距离的相互作用"，即接触律。

神崇拜相互交织,共同发展。崇拜的对象也由最初的动物和自然图像呈现向人形图像过渡。

随后,古希腊人通过理性的形式来把握隐藏在自然中的秘密,产生理性崇拜。在偶像崇拜的意识中,人类对自身神灵偶像的崇拜,也愈发从抽象到具象化,使图像从伦理功能转向感知功能。随着时代的发展,偶像崇拜也逐渐转换为日常生活的一种心灵寄托与情感释放。偶像的距离感也在日渐消失,人们可以通过内心的投射构建偶像的形象。偶像不再是一种模糊的不可预知的神话,青春偶像、银幕偶像、服装偶像、生活偶像等如同寺庙中的神与佛充斥着我们的生活。

互联网技术的发展,网络化社会偶像的易得性增强,并且偶像崇拜的形式更加多样化。但是归根结底,偶像崇拜的多元,都是一种图像化的再现过程。弗洛伊德认为,人所看到的物质现实、实践活动乃至再现事物的图像,都是理性形式,但其深层含义都是人的欲望,都是欲望的表现。无论从原始的想象视像崇拜还是到具体化的人所能构建的偶像崇拜,对于偶像的崇拜都是以图像的形式加以表征,而图像的形象化、生动化也塑造出具体化的偶像形象。人所看到的图像对象,其实都是欲望的间接表现,图像被赋予了丰富的意涵,并且贯穿着整个偶像崇拜的历史发展过程。

二、塑造虚拟网红:网络虚拟偶像为何会俘获我们的心?

从人类历史及人类意识的发展过程看,崇拜是社会发展和人的思维能力发展的必然产物。从自然崇拜到图腾崇拜再到偶像崇拜、英雄崇拜,崇拜是从“神”到“人”的变化过程。俗话说“时势造英雄”,不同的发展阶段会根据技术进步、思想进步或物质生活的变化等不同的原因,塑造出不同的偶像。我们可以说,时势造“偶像”。互联网时代的发展,数字技术的革新,崇拜也在发展变化。伴随着互联网而火热的虚拟偶像使得崇拜又从“人”转变到“虚拟形象”。

(一)技术的作用进一步塑造和发展了虚拟偶像

技术决定论的代表人物麦克卢汉认为,媒介技术决定了人类社会,随着技术的变化,社会也会随之发生变化。胡翼青指出,“媒介技术决定论是指人类被悬置于媒介技术营建的环境之中,其观念和行为受制于媒介化环境的限定,因媒介技术的变革而重构”。20 世纪 80 年代之后，数字虚拟技术的产生并大量运用，之前的机械复制技术和雕刻技术在偶像符号生产过程的平面感、单调感和静止的特性被打破，数字技术为偶像的形塑建立了新的可能，它更强调偶像形象的空间性、互动性和虚拟性，人们随时可以对图像进行修改却不留痕迹，可以虚拟出人们想象不到的世界，人们可以通过图像与世界上任何一个地方建立联系。数字虚拟技术的发展使得人们不再是被动地参与偶像崇拜的过程，而是通过想象和自己的创意塑造新的偶像形象。

像 2007 年诞生的以 Yamaha 的 VOCALOID 系列语音合成程序为基础开发的音乐库初音未来，正式形成了虚拟歌姬（虚拟偶像）这个概念。像中国本土虚拟偶像“洛天依”也是通过以 VOCALOID 人声歌声合成技术及全息、AR、VR 技术为基础开发的虚拟偶像。初音未来通过全息投影技术举办全球巡回演唱会，被誉为“全球第一虚拟偶像”。从 2010 年到 2017 年，初音未来共发布 6 种不同声调的版本“初音未来 Append”。2017 年，初音未来成为世界上第一个有中、英、日三门语种声库的歌姬。从音频软件到虚拟偶像的发展，初音未来不依附于其他产品或品牌，而是通过强大的可塑性获得发展。

从 Vtuber① 看，作为虚拟形象主播，Vtuber 从 2018 初产生以来，经过不断的技术革新和形象衍变，从最初的几千粉丝到如今的千万流量级粉丝的变化，可以说，Vtuber 的发展离不开技术的推动。

通过观察 Vtuber 发现，为了能够吸引更多的粉丝参与到 Vtuber 的创作中，制作公司、技术公司甚至是普通的 Vtuber 爱好者，都投入到技术工具的研发之中，形成了面部形象捕捉技术、直播技术、VR 技术、3D 制作技术等不同的技术研发领域。目前，“人人都可以是 Vtuber”已经成为可能，市场上出现了大量免费且简便可供用户使用的软件，用户可以随时随地地生产自己专属的虚拟形象。像面向 iphone、Android 客户端的 Customcast，就能够用手机直观地制作虚拟形象。

随着数字复制技术和视觉媒介技术的发展，互联网驱动下的虚拟偶像已经深深地把人卷入其中，成为控制人日常生活的力量。比起现实生活中的真实偶像，音频技术创造下的虚拟偶像更能持久和忠诚地陪在粉丝身边。在游

① 日本主播界，自 2018 年 1 月以来，开始火爆的虚拟主播 Vtuber。

戏公司的技术改造下,可以创造出具有“感情”的虚拟角色,通过赛博空间的虚拟现实技术搭建与粉丝的交互平台,虚拟偶像更能按照人们的需求来理解自己,表达自己的感情,进行“虚拟”与“现实”之间的交往。

(二)虚拟偶像为粉丝营造了完美的快感和欲望

互联网时代,消解了传统的时空边界,赛博空间掩盖了自己的世俗身份,使一系列不依赖于物质实体的身份表演成为可能,在赛博空间丧失了自己的世俗身份之后,事件轮廓变得模糊不清。在这种情况下,不相信一切,跟着感觉走,追求娱乐至上的快感体验成为追求虚拟偶像的粉丝群体的意识形态。快感是以自我为中心的社会化生产最重要的产品。它以自我的身体快感为目标,并在生产过程中演变出被社会普遍遵循的快感逻辑,人们只要遵循它的生产和消费逻辑,就会有相应的快感产生。

现实中的偶像,并不是完美无缺的,层出不穷的负面消息,打破了粉丝心目中的形象,现实偶像随时具有跌下“神坛”的可能性。但是虚拟偶像却纯粹得多,虚拟偶像融入了创作者赋予他们的梦想、情感、责任、担当,虚拟偶像根据粉丝的意愿和喜好形塑形象,没有绯闻的干扰,“真实”地生活在虚拟的赛博空间中。

根据笔者观察,Vtuber 粉丝群体主要由动画爱好者、偶像爱好者和 Youtuber 参与者三种类型组成。对于 Vtuber 的粉丝群体而言,他们能够和 Vtuber 进行交流互动,拉近距离感。相对于传统偶像而言,能够感受更加鲜活的状态,能够打破距离感,无所顾忌地融入其中。

根据新浪专栏作者“三文娱”在 2018 年 8 月进行的一项观察,Vtuber 们的视频内容,与现实世界的“偶像”或者虚拟歌姬的表演都十分不同——他们更“像”是一群爱和别人分享自己生活的 Youtuber。Vtuber 为粉丝塑造了平易近人的形象,让粉丝能够具有较强的代入感,Vtuber 角色的形象,却如同现实中的人一样“生活”——八卦、打游戏、上学、被人际关系困扰等。不同的虚拟角色又具备不同的属性,总体可分为:外表年龄段及体型特征类,性格类,血缘关系、人际关系类,相貌特征类,服装、饰品、着装状态类,身份、职业、种族类,武器、道具类,语言、动作、表情类,嗜好、习惯、性取向类,体质、疾病、残疾类,复合型、综合类及其他类。

另一方面,反观平凡世界里胆怯、敏感、拘束的我们,能够寄托于虚拟偶像，呈现我们内心想做却无法完成的欲望。虚拟偶像在赛博空间营造的独特的虚拟现实中，能够披荆斩棘，成为火影、闯入甲子园、击溃巨人，这些现实生活中不可能做到，但却抱有想象的内容，在赛博空间中的虚拟偶像为粉丝创造了可能。

根据笔者观察，在知乎的一项关于“虚拟偶像的意义何在？”的问答中，有23条回答内容。其中，有19条内容涉及虚拟偶像呈现给粉丝的满足感：虚拟偶像为粉丝提供了一个完美的形象，能够与虚拟偶像进行亲密的接触，所涉及的题材也更加丰富更容易引起共鸣，能够注入创作者的灵魂，可以作为一种信仰看待。

虚拟偶像是粉丝们从中寻求快感的最佳对象，在某种程度上讲，二次元的偶像获得了我们所渴望的永生，能够直面它们所处世界的悲欢离合。此外，通过用户自身从事符号生产过程，比如通过 Cosplay、参与虚拟偶像的生产制作等形式，表达自己的情感，通过角色的塑造，戏剧性地表达了粉丝群体内部成员心中的所思所想，人们渴望力量，同时也制造了一种幻觉，将现实的威胁和挫折通过赛博空间的虚拟现实消解，人们在虚拟的空间中可以暂时遗忘真实存在的痛苦和不可替代性，将生命投身于虚无的快感和媒介呈现的美好快乐的图景上。

（三）虚拟偶像满足了人的参与感和融入感

虚拟偶像的制作过程满足了人的参与感，詹金斯在《昆汀·塔伦蒂诺的星球大战——数码电影、媒介融合和参与性文化》中把媒介粉丝看作媒介革命的积极参与者，把他们的文化产品看作是数码电影运动中的一个重要方面。通过以“星球大战”为例，向广大公众开放媒介生产和发行的工具来培育草根创作力。

在非网络时代，尽管粉丝具有强大的“生产力”，但通过粉丝杂志、粉丝俱乐部所生产出的文本，如德赛都所言：是一种盗猎式的文本，生产者和消费者之间的关系是争夺文本生产者和意义控制的持续斗争。受众是通过对文本的盗猎①行为，融入自己的思想，使之成为一种新的创造性的文化，来宣扬自己的

① 盗猎，德赛都将积极的阅读内容形容为“盗猎”，对文学禁猎区的僭越性袭击，仅仅掠走那些对读者有用或愉悦的东西。

政治要求或者文化要求。在互联网时代,赛博空间作为一个虚拟现实空间,为媒介内容公开讨论提供了一个新的场所,也成为粉丝文化表达的重要窗口,越来越多粉丝创作的作品进入互联网,粉丝的生产在文本规模和数量上完成了爆炸性增长。

传统大众媒体时代的粉丝参与偶像的见面会、生日会等活动,最多只是要个签名、来个合影、获得拥抱等形式,表达情感也只是宣传拉票、网络造势、现场加油、购买相关产品等形式。而虚拟偶像则可以通过 Cosplay、同人创作参与到内容的生产制作之中,甚至还可以为虚拟偶像进行音乐的创作。像初音未来、洛天依这种歌姬类的虚拟偶像,也是基于 VOCALOID 编辑平台的开放化,使得 VOCALOID 超越了音乐合成软件界限,粉丝可以参与到文化的生产之中。同样在 B 站,仅以洛天依为例,在 B 站就拥有 15000 首以上的原创音乐作品,远远超过所有真人歌手和偶像。

根据 B 站"VOCALOID · UTAU"专区视频热度排行,通过观察 2018 年 6 到 11 月份的热度(按播放量排序)排行(见表 1)可以看出,6 月到 11 月期间,洛天依三次成为当月播放榜首,播放量均已破百万,评论数均过万,收藏数、打赏数都超过 10 万。根据 B 站播放量全站排行,其中 6 月、10 月份作品最高全站日排行第一,7 月、8 月份作品最高全站日排行第二。可以看出用户对洛天依的认可程度和参与感较强。

表 1:2018 年 VOCALOID · UTAU 各月热度榜首粉丝参与情况分析

(6 月—11 月)

月份	作品名称	播放量	评论数	点赞数	收藏数	打赏数
6 月	黑凤梨—洛天依[Z 新豪]	245.9 万	4.2 万	8.8 万	14.3 万	16.1 万
7 月	[2018 洛天依庆生会]一花依世界	145.6 万	1.6 万	6.4 万	11.4 万	10.6 万
8 月	[初音未来英文原创] 11 周年诞生曲《Sing》	107.7 万	1 万	5.9 万	7.5 万	7.9 万
9 月	簪花人间[忘川风华录]	41.5 万	0.4 万	2.5 万	3.1 万	3.1 万
10 月	[洛天依原创曲]竹鼠煮熟术	148.8 万	1.2 万	9.9 万	11.3 万	15.9 万
11 月	[原创国风电音]千里邀月×乐正绫	36 万	0.35 万	3 万	4 万	3.9 万

粉丝在赛博空间中不断增加发言权，空泛的文化承诺被参与文化生产所代替，为原本无法享受文化制作权的粉丝提供了文化空间。对于尚未参与到媒介内容生产制造中的粉丝而言，像B站等网站为虚拟偶像二次元文化开辟创作展示平台的同时，也能将VOCALOID的相关作品进行免费试听，基于VOCALOID的作品拥有现实偶像及其所涉及体裁所不具备的多样化，为粉丝群体提供了多样化的选择。通过弹幕、评论、点赞等方式，增强自己的参与感和圈子的融入感。

三、网络互动与身份认同：虚拟偶像迷群①“边界”的认同建构

约翰·菲斯克在其文章《粉都文化经济》中提及对粉丝文本生产力的解读，粉丝文化在粉丝群体成员之间共享，又反过来促使群体认同的达成，不同群体之间都存在差异，不同类型的虚拟偶像粉丝群体也都存在差异；随着粉丝群体的文本生产内容、群体内沟通交流的变化，使得粉丝文化发生变迁，使群体中的个人根据整体的变化有着多重身份、认同与思维方式。

（一）从身体到身份：粉丝虚拟建构的“自我认同感”

从现实偶像到虚拟偶像的变化，粉丝追随的对象也从“身体的迷恋”（身体欲望）转向身份认同。吉登斯定义了“自我认同力”的概念，认为“自我认同并不仅仅是被给定的，即作为个体动作系统的连续性的结果，而是在个体的反思活动中被惯例性地创造和维系的某种东西。粉丝群体绝不是完全服从大众文化以及公司权威的，在某种程度上粉丝群体在偶像崇拜的具体行动中，表现出了群体的自我认同、获取愉悦的清晰目的。

根据拉康的“镜像理论”②，在现实生活中存在许多的拘束和限制，对于一些行为，现实生活难以支持，为了逃脱现实，只能通过虚拟的赛博空间去实现自己的欲望，寻找“志趣相投”的同道中人，来实现自我认同和满足。像虚拟网红 Lilmiquela，她塑造的外表并非完美：混血五官、长满雀斑。但是她却在一定

---

① 本文部分“粉丝群体“简写为“迷群”。

② 镜像理论是指将一切混淆了现实与想象的情景意识称为镜像体验的理论。

程度上映射了现实生活中确切存在的同类人的样貌,她和现实生活的粉丝的区别在于她敢于展示自己平凡的一面,像对社会时事的鲜明观点:关注黑人权益、对禁枪发声,并获得了粉丝的认同,满足了人们对"虚拟偶像"的需求。通过对虚拟偶像的想象性认同,建构自我,旨在逃避现实中的自我,转投入"虚拟偶像迷群"中寻求满足。

艾伯柯龙比和朗赫斯特提出奇观表演范式(SPP)(见表2),随着互联网发展,传统的行为范式(强调生产和消费)以及收编/抵抗范式(强调编码与解码)已经不适用于当前的媒介景观。SPP认为,受众在消费中试图展现自我、寻找认同和重构文本。在虚拟偶像迷群中,通过二次创作虚拟偶像产品和观摩他人创作的虚拟偶像产品来实现自我的表演和意义的探寻。在当前的互联网时代,赛博空间作为一种虚拟现实空间,为迷群提供了丰富的作品资源,人们可以根据自己的需求从中寻找相应的影像进行来构建自己的影像。表演是在构建自身影像过程中进行的自我公开表达,具有强烈的认同意识。互联网构建的赛博空间促使我们生活在一个表演的空间中。人们既是观看表演的观众,又是进行表演的演员。

表2:奇观表演范式(Spectacle/Performance Paradigm)

受众	媒介	社会效果
在社会的奇观(Spectacle)现象与自恋(Narcissism)的相互影响下所建构与重构的受众	媒介景观(Mediascapes)	日常生活中自我认同的形成(Formation)与重构(Raformation)

(二)想象共同体:粉丝边界内群体社会认同的达成

安德森提出"想象的共同体"的概念。他认为,所有的社群都是想象的,是一种"文化的人造物"。因为所有比成员之间有着面对面接触的原始部落更大的共同体都是想象出来的。区别不同的共同体的基础,并非他们的虚假真实性,而是他们被想象的方式。虚拟社群作为一种抽象的不存在的产物,其构建的认同核心是基于虚拟建构的虚拟偶像,通过对虚拟偶像的想象和塑造,形成一种"群体归属"和"精神寄托"。心理学家乔纳森·海特(2014)描绘了认同的特性:自我通过认同与群体联结起来,形成新的整体,实现自我的扩张,从而使个人生命变得有意义。

英国社会心理学家泰弗尔及同事（Tajfel，Turner，1986）在实验的基础上系统提出社会认同理论。社会认同理论认为，认知的分类即可以让人们产生对内群体的偏爱与对外群体的歧视，包括类别化（Categorization）、认同（Identification）与比较（Comparison）[①]的心理过程促进人们对群体间差别的关注，从而使人的心理有更明显的“边界感”。

所谓“边界”，借用的是维尔塔·泰勒与南茜·维提尔关于“集体认同感”中边界的定义，指称那些在反抗群体和占主导地位的群体之间建立起差异来的社会的、心理的和物理的结构。

不同虚拟偶像类型呈现出“我群”与“他群”、“我者”与“他者”之间的区分，像“初音未来”“洛天依”这样的“歌姬类虚拟偶像”，粉丝通过音乐创作软件二次制作“演唱”音乐作品呈现出粉丝群体共同的兴趣。她们的粉丝群体大多数是由歌迷和歌曲创作爱好者组成，只需要利用 VOCALOID，自己在编辑平台上作词造曲，而后通过虚拟歌姬演唱创作的作品来获得群体归属感。像十二头身虚拟超模 Shudu 为粉丝塑造了拥有净透皮肤、精美五官和魔鬼身材的“虚假的完美”的虚拟偶像，吸引热爱时尚和美妆的粉丝的认同和互动，并且可以通过为一些品牌如蕾哈娜的美妆品牌 Fenty Beauty 代言来塑造虚拟偶像“真实”感。群体内的成员通过构建自我同一性来区隔其他的成员，从心理上和行为上构建对虚拟偶像的认同和崇拜，通过在群体中组织行动，建立自我意识和人格，形成主体间共识。[②] 健康的自我同一性能够主动支配他的环境，表现出某种人格的统一性，并能正确地感知世界和认识自己。

---

① 类别化是指将自己归为某一特定的社会群体中，所谓主观上的“物以类聚，人以群分”；认同是指自己拥有该群体的普遍特征；比较是指认同形成后，个人形成“内群体”“外群体”的意识，使个人形成对内群体优越的评价以及对外群体歧视的评价（Tajfel，& Turner，1986）。

② 温静和赵志裕等人提出的主体间共识（intersubjective consensus）理论，主体间共识是指个人对社群中其他人观念的认知，可以形象地表述为“我眼中他人对我或某事物的看法”或“我认为他人对我/某事物持有的观点”。

四、结语

数字复制技术的发展使得虚拟偶像的粉丝参与到“偶像”的塑造过程中，粉丝参与虚拟偶像的内容创作和网络互动来实现自我认同和群体认同。在一定程度上，虚拟偶像使得粉丝增强了参与感，获得了欲望的满足。现实中不能实现的想象，虚拟偶像为其实现提供了可能。

赛博空间为我们呈现了一个虚拟的乌托邦，在空间中，不必受到种族、金钱、暴力、偏见的影响。人们可以沉浸其中，从漫威作品到初音未来、洛天依，它们取代了以往宗教乌托邦和图腾信仰，成为信息时代被现代人崇拜的偶像。这些偶像并非为人们建构现实，而是将自身引入到虚拟的幻想中，沉浸其中，但梦醒之后，不得不面临现实。

虚拟世界为我们塑造了初音的可塑性、Shudu 的完美度、Lilmiquela 完善的人格。从虚拟退场，在由视觉表象构成的现实世界中，存在着一个自相矛盾之处，即由于快感意识形态普遍造成的自我迷失和精神上的困惑，以及不断膨胀的权力欲，人常常不是去反省自身，反倒想方设法要强化自我意识，强化在不同文化和社会冲突过程中的自我认同，这导致了问题的进一步恶化。粉丝虚拟偶像的崇拜在某种程度上会刻意回避“真实”世界，避免使用那些习惯上用来描述、体验与再现世界的平凡语言，毫不关心当代的政治和社会议题，甚至对现实生活也毫无兴趣。由此可见，在虚拟偶像崇拜的过程中，作为粉丝，需要厘清“现实”和“虚拟”的区别，否则会对日常生活造成不良影响。作为研究者，我们也需要对虚拟偶像的粉丝群体如何从虚拟回归现实生活进行必要的思考。

（战泓玮，辽宁大学新闻与传播学院传播学硕士研究生）

Research on the Construction of Identity of Virtual Idols in Cyberspace

Zhan Hongwei

Abstract: The electronic media in the information age have provided new possibilities for the development of human society. As a virtual space in the Internet, cyberspace transcends privilege or prejudice and builds an imagined community. The virtual idols in the cyberspace from the early "Hatsune Miku" to today's "Shudu","Lilmiquela", etc., as a product of the secondary meta-culture and digital technology, gradually sought after by teenagers, forming a "fan" culture. By analyzing the phenomenon of virtual idolatry in the current cyberspace, this paper examines the practical activities of fans in the "cyberspace" supported by the network, and explores how they realize identity construction through concrete channels and how the virtual idols capture the hearts of fans?

Keywords: Cyberspace; Fan Culture; Identity; Virtual Idol; Imaging

范俭访谈:我只完成电影层面的表达

黎小锋

摘要:作为近年来极为活跃的一位纪录片导演,范俭从提案、制作、传播、发行等各个环节,分享了他一系列纪录片的创作与合作经验。针对新片《摇摇晃晃的人间》,范俭谈到了他如何结合影像素材和诗歌文本进行诗性表达。

关键词:纪录片;诗歌;观念;表达

访问者:黎小锋,纪录片导演,同济大学艺术与传媒学院教授

受访者:范俭,纪录片导演,主要作品有《的哥》《活着》《吾土》《摇摇晃晃的人间》等。

黎小锋(以下简称黎):上次见面七年之后,你的纪录片《在城市里跳跃》改头换面,成了《吾土》。为什么取这个片名呢?我有一个印象,就是那对夫妇不愿放弃的,不是属于他们自己的土地,而是他们租赁的即将到期的土地,那么,作为导演,怎么理解他们这种坚持,和对家园的情感?能否谈谈你当初拍摄的动因,以及剪辑的逻辑?

范俭(以下简称范):咱们上次见面实际是在五年前,2012 年。《吾土》的变化说来话长了,毕竟是持续时间很长的项目,拍摄和剪辑中对主题的思考也不断有变化,越到后面我越认为这个故事都因土地而起,对土地的权利关系以及对土地的情感决定了故事的走向,后者对我还更重要一些。主人公以为自己在哪里都有土地,其实哪里都没有。正是因为他们在不是自己的土地上苦苦坚守,才吸引我去长时间探求。我想,他们在老家和北京的土地上建立的不仅仅是权利关系,他们在土地上建立的是记忆、身份、家园以及家庭内部的情感,以至于他们做了很多看似不理性的抗争。我们很多观者没有他们那样的成长背景,可能难于理解,但另有些观者又会有强烈的共鸣。

《吾土》的拍摄动因就是因为陈军是《在城市里跳跃》的主人公之一,在他有了家庭后我想用更长时间看一个家庭(而不是个体)会怎样在北京这样的城市安身立命,基于我对陈军过往的了解,我觉得一定会有新的故事发生,于是从 2010 年开始拍摄。最开始的拍摄意图是社会学意义上的(也曾经想拍不止他一家人),拆迁发生后有些被事件牵引到新闻层面上,事件平息后慢慢进入到真正电影意义上——深入家庭内部呈现家庭情感、家庭价值,而这些是深植于土地之上产生的,主线在家庭层面,副线是土地层面。也就是说,《吾土》呈现了我的创作思维的变化:由社会议题的探讨转向到家庭、人情和人性,这个在后来的《摇摇晃晃的人间》中更加彰显。

黎:《吾土》中,使用了一部分被摄主体,也就是那对夫妇拍摄的素材。因为存在画质、手法的差异,你怎样让他人的素材融入你的素材中?这方面有什么经验?

范:首先是对家庭影像的价值的认可。我们拍的影像和他们拍的家庭影像有本质的区别,他们的影像很直接、很自然、很粗粝,有强烈的在场感和很强烈的情感力量,所以一定要用,影像技术质量已经不太重要。尤其是影片后半部分李晓凤拍摄的家庭生活影像,我特别喜欢,这时候摄影机和被摄者是极其亲密的关系。至于如何更好地融入这些素材,剪辑师马修给了不少建议,他的建议就是尽量别太打散他们的素材,能整合的就整合一起,让素材的质感和内在情感得以连贯。

黎：《吾土》制作周期拉得比较长，好像还参加了一些国际提案会，在国际国内推广方面有些什么心得、体会？

范：《吾土》参加过 2012 年的柏林电影节 Talens（新秀营）及同年的釜山电影节 AND 基金工作坊，也参加过 2013 年香港电影节 HAF 提案会。其实都不是专门的纪录片提案会，不过在这些活动上还是获得了不少帮助，尤其在前两个工作坊听到不少国际同行的意见，这对于创作还是很重要的。影片也申请到了圣丹斯电影节的纪录片基金和釜山电影节的 AND 纪录片基金，是制片人臧妮申请到的，也没什么特别的心得，就是把你的提案、片花和素材集锦做得足够好就行。从阶段上来说，你的一多半拍摄完成后申请这些基金成功的可能性大一些，毕竟你有“料”了。

黎：《摇摇晃晃的人间》怎么来的？最初为优酷拍的短片与现在看到的长片之间是什么样的关系？余秀华不将你当作一个记者，而当作一个朋友接受你拍摄是从什么时候开始的？影片中涉及了她与丈夫、母亲的情感关系，但儿子一直没有出现，是你没打算拍，或余不肯，还是儿子自己不愿意呢？余秀华引发争议的是她与其他诗人（文人）的一些过节，影片没有涉及，这又是基于何种考量呢？

范：《摇摇晃晃的人间》以下我简称《摇摇》。2014 年的时候我就想拍一个诗人，不拍职业写诗的，想拍特“业余”的诗人，日常生活和他的诗歌最好形成反差，因为我觉得部分中国人的生活过于物化了，我想透过这样的人找到生活的“诗意”。2015 年 1 月，余秀华突然走红，优酷找到我让我拍余秀华，我先读她的诗歌，很喜欢，正是我要找的那种诗人，所以和优酷一拍即合，这是一个委托制作的关系。最开始按照短片来拍，用十天左右拍完第一阶段给优酷完成一个媒体短纪录片后，我就说服优酷继续投资拍长片，因为根据我的经验和第一次拍摄所得，我觉得余秀华完全可以拍出一个长片，从电影层面来说，她是一个非常强有力的人物，我预判她未来的生活和她的内心世界都会发生很多改变。所以后面开始了一年多的长片拍摄。现在的长片和那个媒体短片是完全不同的两个片子（只是很少的画面有重复），现在的长片是个电影。

让余秀华敞开内心基本就是在拍摄十天后完成的，也没什么特别要说的，就是跟她用心交往，她对我比较认可。这之后她就把我当朋友了，彼此的信任建立了，而且关系不断加深，这对于纪录片拍摄也是很自然的事。

她儿子的情况是这样的。她儿子不在家，在外面上大学，回家后也一直躲着所有的拍摄者和记者，他完全不愿被拍摄或采访，我曾试图拍过一点他的素材，觉得他非常拒斥，我不想勉强，也不打算把那点素材用到片子里。另外，更重要的一点，就是我不觉得这部电影一定需要她儿子出现，一个电影一定要有内容上虚焦的部分，就是不必所有的人和事都那么清晰，要有留白让观众去想象，每个家庭角色都清晰就可能会变成家庭剧，而这部影片终究不是一个家庭剧。影片着力呈现的人物关系是余秀华和丈夫、余秀华和母亲的关系，因为余秀华和这两位有很多的观念冲突。我也弱化了余秀华的父亲，因为他们之间没明显的观念冲突。就我所知，余秀华和儿子在情感和婚姻上交流很少，儿子也很少表露观点，他俩的观念冲突其实很少。

至于余秀华和其他文人的冲突，因为和我影片的主题没关系，所以我不拍摄。就我个人的趣味而言，我挺讨厌文人之间互撕，真是斯文扫地。外界（尤其是文学界）对她的争议其实和我影片没有关系，我只完成我的电影层面的表达。

黎：使用的余秀华诗歌是一开始就确定的吗？她是一个诗人，选择她的哪些诗节参与叙事，往往基于什么样的考量？

范：很多诗歌是余秀华以第一人称朗读，从影片开始就这样，就想建立这是“她”的诗歌。这是很自然的，她自己读她的诗歌最有韵味，最有节奏感，比其他任何人读出来都要好，她的声音不清晰，但节奏和质感好，真的很有特点。

选诗是一件挺难办的事，之后翻译那些诗歌又更难办。这个电影和诗人、诗歌有关，但对我而言，诗歌是服务于我的电影的，而不是让我的影片服务于那些诗歌，这个很重要，这是一个关于人的电影，而不是关于诗歌的电影。基于这点考虑，我选择的诗歌文本就不能太抽象，抽象的文本适合阅读而不适合电影传播，毕竟电影主要靠视听语言。所以我选她的叙事诗相对多一些，或者意象不是太复杂的，以及表达相对直接的那种。另外，我要让观众理解到她的诗歌完全来自她的生活，甚至特定的一个事件和情境，片子中好几处都是这样，这样让诗歌文本和电影不产生违和感。还有，就是让诗歌服务于故事的进展，当故事进展到特定阶段时出现特定的诗歌，这时候诗歌就成了点睛之笔，诗歌和故事相得益彰。比如余秀华写丈夫在北京找女人跳舞的诗歌，就对呈现二人关系有很好的作用。还有一些诗歌对于挖掘人物内心大有助益，或者让电影的情绪更强烈，比如"你睡着了的城市有人溺水/有人把爱情栓在一棵稻草上/不断下沉/她把乳房和生殖器一次次裹紧/难道还有明天/可惜还有明天"。

黎：《摇摇晃晃的人间》得到了国内国外的资金支持，前期有中国摄影薛明加盟，后期有钱孝贞等境外剪辑师介入，并在IDFA获评委会奖，是个很典型的国际化案例，能否分享一下这个纪录片的国际合作、推广经验？

范：从《摇摇》这个项目我开始理解到所谓国际化绝不仅仅是由资金和商业层面上建立的国际联合制作（这个项目最终没有和国外联合制作，但参与了这一过程），还包括了国内外的团队合作，以及各种国际提案会上和国际同行的碰撞交流，这些都大大拓宽创作者的视野。

我的创作团队里确实有很多"外援"，剪辑师马修是法国人，他已经跟我合作第三部片子了，我们之间彼此都很了解很信任，有很好的合作默契。他是一个特别会讲故事的剪辑师，而且电影感很好，毕竟他也为贾樟柯、赵德胤等电影导演剪辑了不少电影，他的故事片经验对我来说也很重要。通常我先剪出粗剪，然后和马修一起精剪，这样和他一起工作的效率就会很高——《摇摇》这部影片的精剪只用了两个星期。所以，找一个默契的剪辑师来合作相当重要。

钱孝贞是美国著名剪辑师，剪过很多影片，她是我们的剪辑顾问。因为是远程合作，主要工作方式是让她对阶段性的剪辑成果提意见。她提过两到三次意见，用邮件的方式，提得很细，然后我和马修讨论，然后继续修改。他们二位的电影经验给我很大帮助，而且钱孝贞对这部影片相当"倾心"，她觉得我们之前用的英文片名不好，就帮着琢磨英文片名，给出了一些起片名的方法，最后这个“Still Tomorrow”是在她的启发下敲定的（是余秀华的诗句）。钱孝贞还帮助这部影片推介一些影展，非常感谢她！

Bob Moore 是影片的顾问，主要在制片、营销层面及影展方面帮了不少忙。他是加拿大很有名的制片人，《归途列车》《千锤百炼》的加方制片人就是他，他有非常广的人脉。我和 Bob 在台北 CCDF 提案会上认识，他真的喜欢这个影片，所以愿意帮忙。

所以参加国际提案会对这个项目很重要，《摇摇》先后参加了台北的 CCDF、东京的 Tokyo Docs 和阿姆斯特丹的 IDFA Forum 三次提案会，在那里不只是找钱这一件事，对我来说更重要的事是建立了广阔的人脉，而这些人都是热爱纪录片、热爱电影的人，他们会帮助我的影片走得更远。

黎：从《活着》《吾土》到《摇摇晃晃的人间》，都能看出你对被摄对象的同情、爱护甚至偏袒——不知用“偏袒”这个词你是否接受？总之，你和你拍摄对象给观众的印象都是非常和谐、友好的，这是一方面；另一方面，人性的某些不堪之处甚至丑陋之处，似乎很少涉及，这更多是基于你的创作理念，还是基于一种传播策略？

范俭：当局者迷，旁观者清，也许你说的是对的。不过《摇摇》还是有点不同，里面多多少少也呈现了主人公残酷的一面。我选择拍摄对象通常会找我能喜欢和欣赏的那种人，我喜欢去看人物身上明亮的那些东西，这是我自己的个性使然（我内心需要那些明亮的东西）。那些我不喜欢的人我断然拍不下去。也许这让影片变得比较主观和狭窄，但艺术创作哪有不主观的呢？那些喜欢呈现人物阴暗面的创作者其实主观上就喜欢挑战这些。另外一个角度来说，纪录片对人性的抵达终究还是有一定距离的，如果你想把人物剥得“一干二净”，那就要经历道德上的很多考量。有时剧情片更适合干这件事。当然，创作者应该在人性的层面上走得更远，也要有挑战的勇气，我想我以后的创作会有这方面的努力。

黎：如你所说，这些年来你在变化，能否谈谈，从初涉纪录片领域，到《活着》《吾土》,到后面的《摇摇晃晃的人间》,你在纪录片创作观念与方法上的认识、转变?

范:主要的变化就是我的电影观念和电影思维(电影感)在慢慢建立和形成。也就是说,我要做的不只是一部纪录片,更是一部电影。记得《活着》刚做出来后周浩说还是觉得像电视的东西,这使得我不断反省思考,并建立电影思维,尤其是我曾在电视台待过多年,我内心"反电视"的思维越发强烈,寻求电影和电视的区别慢慢形成一种自觉。

从内容上来说,我的影片从过去比较关注社会议题到现在比较少社会议题,或淡化之,因为对我来说,人比议题更重要。我的影片要关心的是人的内心和人的处境,这更像是电影要干的事,对社会议题的过多关注更像是新闻语境下的东西。当然,新闻纪录片在世界范围内仍然是纪录片创作重要的一部分,纪录片对世界重大事件和议题的关注和思考确实也是纪录片的使命,并且观众也想看,但那些已经不是我追求的电影内容,我对人类共通的情感、价值及一些困境更感兴趣。

从形式上来说,影片的电影感对我来说越来越重要。参加了很多国内外电影节,在银幕上看了很多纪录片,而且大家都把你当电影人,那你要做对得起那块银幕的作品。借助技术的变革,单反相机让我们用廉价的方式解决电影景深和色彩的问题,电影感慢慢养成。另外,借助了摄影师、录音师、声音设计及调色师的共同努力,我努力让影片适合在银幕上呈现,而不只是小屏幕观看。有个朋友在大银幕上看过《摇摇》后,觉得和在电脑上看大不相同。

电影的美学追求也变得越来越重要。在《活着》那个阶段主要解决的是讲故事的问题,美学方面考量不多。现在讲故事的基本功已经不是多大问题,就想在叙事之外加入很多别的表达方式,在《摇摇》里做了一点点尝试,以后的影片可能会在这方面走得更远。

还有一点,就是我慢慢有了固定合作的团队,摄影师、录音师、剪辑师,乃至制片人,都有了相对固定的合作伙伴,他们都是有很高电影素养的人,他们会帮助我把影片做得更好。所以团队创作会是我未来创作的主要方式,但在个别情况下我也会选择一个人拍摄,那是基于影片的私密性,或某种自由度的需要。

The interview with Fan Jian: I only focus on the expression of the film

Li Xiaofeng

Abstract: As a very active documentary director in recent years, Fan Jian shared his experience in the creation and the cooperation of a series of documentaries from each aspect of proposal, production, dissemination and distribution. In response to the new film *Still Tomorrow* , Fan Jian talked about how he combined image materials and poetry texts into poetic expression.

Keywords: Documentary; Poetry; Concept; Expression

声音作为一种创作
——关于沙青纪录片《独自存在》

和　渊

眼睛(一般来说)肤浅,耳朵深奥而有创意。

火车头的汽笛声把整个火车站的景象印在我们心上。

——罗贝尔·布列松[①]

摘要:沙青导演的纪录片《独自存在》,是目前国内为数不多的突破单一运用同期声在声音剪辑方面有很多创造性尝试的一部作品。从影片的声音细节入手,本文细致入微地解析了一部纯粹以感觉经验书写的纪录片在听觉方面——包括对白、音乐和噪音——可以如何进行艺术处理。

关键词:独自存在;声音;感觉;创作

---

① [法]罗贝尔·布列松著,谭家熊、徐昌明译:《电影书写札记》,生活·读书·新知三联书店2001年,第47页。

电影出现之前很长时间，声音在诗歌和文学里面就已经是一个重要的表现元素。在古诗里，我们可以找到许多的例子，如杜甫《兵车行》的开篇头一句“车辚辚，马萧萧，行人弓箭各在腰”就非常有电影感，两个声音元素加一个特写画面。而孟浩然诗歌中使用和调度的声音元素就更丰富了，陈贻焮选注的《孟浩然诗选》①共 58 首，有 15 首明确运用了声音元素。这些声音大多为自然界的音响，有风、雨、雷、潮水、泉水、竹子上的露水的音响，还有猿猴、鸡、乌鸦、蝉、蟋蟀、草虫的鸣叫声，也有钟声、歌声（捕鱼人边敲打船舷边唱歌）和人说话这些人为的声音。这些声音的表现力在成就孟浩然诗歌风格方面发挥了重要作用。关于古代诗歌里的声音可以讨论的内容很多，这里就不展开，我们仍回到声音与电影的话题。电影自从诞生之后经历了一个短暂的默片时期就进入有声电影时代，正如罗贝尔·布列松所喻“影像与声音如人们相识路上而再无法分开”②。声音成为电影表达和叙事中与画面同等重要的元素，两者相互作用，各有其特点。

我在 1999 年学习纪录片制作的时候，当时研究所有专门的录音课程，那是我唯一一次摆弄过调音台。老师课堂上反复强调电影制作画面与声音的重要性各占 50％的说法也被抛到脑后。因为我们从开始学习和工作就处在同期录音的时代，便捷的数字摄像机在拍摄下画面的同时也会录制下同期的声音。有时候，工作条件限制，常常是一个人拍摄，这时候人的精力更多放在画面上。同期录音的便捷性在我们身上催生了惰性，这样到了剪辑台上，声音成为画面的附庸，它的表现力被遮蔽了。2008 年我在韩国釜山电影节听到法国录音师丹尼尔（Daniel Deshays）呼吁对同期录音进行反思，他认为纪录片作者不必被同期录音限制，应该释放对声音的想象力，所有的声音都可以重新来考虑。而我们这些数字时代的纪录片作者需要做的，就是从观念上在前期拍摄和后期剪辑工作中把声音独立出来考虑，之后再合起来做剪辑。这也是 2009 年日本山形纪录电影节在古屋敷村为数字技术下成长起来的中日两国纪录片作者提供 8 毫米胶片摄影机做练习和 2011 年云之南纪录影像展请来日本录音师菊

---

① 陈贻焮选注：《孟浩然诗选》，人民文学出版社 1983 年。

② ［法］罗贝尔·布列松著，谭家熊、徐昌明译：《电影书写札记》，生活·读书·新知三联书店 2001 年，第 25 页。

池信之先生做声音工作坊的初衷。

近些年来在国内的纪录片创作中，在声音的录制和剪辑方面有意识地进行创作的作品很少。主要原因是很少有作者主动在这方面有意识地投入精力，还有一个原因就是一个人的拍摄给现场录音工作也增添了障碍和难度。但2016年沙青完成的《独自存在》是目前国内纪录片为数不多的突破单一运用同期声在声音剪辑方面有很多创造性尝试的一部作品，我们来看看他是如何做的。

在进入正文之前我们有必要把电影中的声音做个界定。通常今天对声音做研究的学界把电影中的声音分类为对白、音乐和噪音。对白和音乐容易界定，而一般情况下在电影中被排除在对白和音乐之外的所有声音都将被归为噪音。而在特定情境之下，特定的对白或者音乐也会转化为噪音，而特定的对白或噪音也能愉悦人的感官。在电影声音的这三个重要元素中，噪音成为一个最令人捉摸不定和最活跃的元素，米歇尔・希翁在《声音》一书中这样谈论噪音："随着录音出现，一些噪音保持着原状，另一些则因录音被固定、被当成物体看待，而且在表现最为突出的电影以及具体音乐中，这部分噪音成为表达与叙事的工具。"①噪音在影片中参与的表达与叙事将是我们下面讨论的重点。

纪录片《独自存在》从整体上来看，整个影片基本无对白，即使有不多的街边或者公园录下的对白，也可以把他们当成是噪音。对于内心独白部分的处理，作者选择使用字幕的形式，是无声的，有些出乎我的意料，所以整个作品显得沉默。这些无声的字幕在电影早期的默片时代很普遍，但在今天这个手机视频拍摄都可以做到声画同期录制的时代，这些无声的字幕赠与了影片新意，它们感觉上是在叙事者内心久久徘徊的话语，无法被叙事者说出，它们成为叙事者头脑中时不时波动的意识。

影片刚一开始作者就在声音上做了文章。影片开篇是一个黑白画面，一位老人独自担着两桶水，缓慢地在一个斜坡向下移动，这应该是一个冬天阴郁的早晨，路的两旁还有少许积雪。作者删去该画面拍摄时候的同期声，与之相匹配的声音替换成下一个画面的环境声，我们能听到鸟叫声和轻微的机动车

① [法]米歇尔・希翁著，张艾弓译：《声音》，北京大学出版社2013年，第231页。

行驶声。第二个画面是一个带着窗帘的天花板画面，是一个叙事者早晨醒来躺在床上看的画面。这里作者用叙事者独自躺在床上听到的噪音匹配第一个画面，其要表达的是叙事者从睡梦中逐渐苏醒，也就是从梦境回到现实生活的过程，在这里，第一个画面通过这样的声音剪辑被处理成为一个梦境，而听觉提前登场。这样的剪辑非常符合一个人早晨醒来时候的视觉—听觉感受，一觉醒来听觉往往提前被打开。我们可以在古诗中找到相似的例子，比如孟浩然的《春晓》：

> 春眠不觉晓，处处闻啼鸟。
> 夜来风雨声，花落知多少。[①]

这首诗描述的是作者在春天的某个早晨醒来，听到鸟叫声，回想起昨夜恍惚听见的风雨声，想象屋外院中花落满地的画面。在这里，同样作者一觉醒来首先捕获到的是声音，而深夜半梦半醒能够捕获的也是声音：

> 你为何而来
> 这世间苦多乐少
> 我记起多年前初次相遇
> 那时也曾这样问起

接下来的这段内心独白作者选择了无声的字幕形式，让人感觉这是没有说出，但却是萦绕在叙事者内心里的话语。这是关于沉默的表达吗？

独白正在以字幕方式播放时候，我们能听到远处有一个隐隐约约的火车鸣叫声，火车鸣叫声凿开一个通道，叙事者把我们引入一段过去的时光。这是冬天的小城，这段作者基本采用同期声。这段环境声里有个持续的很轻微咕噜咕噜声，是这一空间和时间中特有的一个噪音吧？或者是作者加上的？我想这应该是作者特意制作的噪音。这个持续的噪音将所有小城冬天的风景连

---

① 陈贻焮选注：《孟浩然诗选》，人民文学出版社 1983 年，第 64 页。

贯起来，同时通过听觉造成一种疏离感。

影片16分01秒处是路边一个姑娘在说电话的对白[①]，感觉她正跟一个小伙子说话，有些激动，还有试探，一段恋情或将开启。这段姑娘打电话的对白完成了一个小的叙事。而此段对白的任务是完成叙事，还是仅仅作为噪音来处理，作者在剪辑的时候曾经犹豫过，我们可以查看作者的《编辑随笔》：

> 有些场景中，语言或许可以帮助我们扩展联想，譬如桥上测体重的报告声、打手机的女孩……这里有些微妙的，语言带来的改变。语言成为浑然一体的声响时，你会更关注对象的细节，但也存在因不解带来短暂分神的可能。当你在字幕帮助下完全明白了他的讲述时，一切变得确定下来。你会有想象，但这想象会被限定，应当是多数人依照经验所共同约定的那般。[②]

冬天的小城风景在21分55秒结束，短暂的黑场后画面和声音同时回到早晨叙事者独自居住的屋子，叙事者看着窗外，天色渐明，人们开始出门活动，这段也是采用同期声。下一个画面是昏暗的房间内部，画面中我们虽然看不到叙事者本人，但我们能听到相邻的厨房有人用茶壶从水龙头处接水声、接满水后盖上盖子声、拧开灶具阀门声，这是叙事者早上起床烧水。伴随烧水的噪声，第二段独白同样以字幕的方式播出。突然嗒的一声，桌上的台灯被叙事者关上，我不明白发生了什么，我想或许是他刚结束在邮箱里搜索信件？这一段落中叙事是通过一连串的声音完成的，这些声音既完成了叙事，也开启了观看者的遐想。

独白结束的地方，突然响起一段急促而尖锐的鸣叫声，那是灶上的茶壶发出的声音，水开了。这个特别的声音是叙事者早晨起来活动片段的结尾，也如同之前远处火车的鸣叫声音那般，把我们带入另一个时间。这是一个夜晚，叙事者看着对面楼房众多窗户里面各种人的日常生活碎片，随着叙事者目光的

① “好像想说啥，又好像没说，不知道，不知道，不知道你在说啥，不知道，我觉得你刚好在说啥话，不知道，不明白，想不清楚，我昨晚不知做的啥梦，我刚醒时记得可清楚了，一会儿就啥也记不起来了”。

② 沙青：《编辑随笔》，载《电影作者》第十四辑，第81页。

移动，诸多生活的碎片漂浮在观看者的眼前。此段也是采用了同期声。但是由于叙事者在自己窗前远距离观看对面这栋楼房的窗子，所以声音是一个开阔的环境噪声，当叙事者看着一扇具体窗户内人的活动时，观看者差不多是听不到那些人活动所发出的噪音。例如我们看到一扇窗户内一位女子在熬中药，听到的却是从别处传来的口哨声，看和听产生了隔阂与错位，但这符合叙事者站在窗前的看和听的感觉。夜晚的窗户这段叙事基本由画面完成，声音变成了背景，仅在雷声处站出来，完成自己的一笔。

此段中我们可以听到在 30 分 08 秒处开始有一个清晰的下雨声，雨声持续到电闪雷鸣的时刻，雨声是作者有意为后面雷声出场所做的铺垫。之后下一个画面是窗子里一个老年男子躺在床上，他很瘦了，感觉他的呼吸沉重，慢慢动了动脑袋，他努力缓缓抬起右手，摸了摸嘴。这是一个临终的场景，隆隆的雷声在这里响起，雷声强调了死亡，也如同火车与茶壶的鸣叫声，雷声结束了这个有很多窗户的夜晚，带着我们回到叙事者的房间，因为隆隆声中我们看到窗外的闪电，而这扇窗户我们之前已经在叙事者房间里看见过。雷声成为通道，带我们进入另一段时间。叙事者从睡梦中被惊醒，但仅仅很短的瞬间，一个男子练声的啊啊声把叙事者的思绪带回的那个看着很多窗户的夜晚。男子的啊啊声成为跨越两段时间的桥，叙事者再度跌入梦中。我们再度看到不同的窗户中爸爸给小姑娘辅导作业、面对电脑屏神情专注的男子、看照片的妈妈和她身旁的女儿、电视机前打毛线的女人、练拳的男孩……突然我们听到一对中年夫妇在争吵①，这段争吵对应之前冬天小城路边姑娘打电话的对白，成为另一段由对白完成的小叙事。区别是画面中我们看不到这对争吵的中年夫妇。

夜晚窗子段落结束，叙事者屋内的窗帘告诉我们这是次日早晨。悠扬的鸟鸣声后渐渐响起阵阵电钻撞击墙壁（或天花板）的恐怖声响，此处是这个影片声音叙事用得较为复杂的段落。电钻声、榔头声占领了房间，房间中的电视上播放着战争中血腥的屠杀场面，叙事者此时把邻居装修房屋的噪声比喻为

---

① "'今晚是特殊情况，本来安排好了，路断了，桥断了，过不去，再安排时间就完了'，'至少该试试吧，就要到家门口了，我妈在等着我们回去，以后你自己过日子吧，一天到晚就是我的不对，你让我妈伤心流泪就对了'，'你说这话让我很生气，难道会死人吗？什么意思嘛，你想要我死啊……'"。

野蛮的入侵者，以从电视中视觉感受到的暴力来表现自己此刻听觉上承受的暴力。持续的噪音中渐渐响起管风琴奏出的音乐，电视出现教堂中一人演奏管风琴的画面，双手用力敲击琴键，以回击野蛮装修噪声的入侵，入侵的声音和反击的音乐在较量，音乐逐渐占据上风……叙事者再度进入睡梦中。此段关于噪音的入侵与《喧嚣》[①]中卡夫卡面对房间外部噪音的情形十分相似。米歇尔·希翁在《声音》一书中讨论“听觉的自我中心主义”时候是这样评论的：“（卡夫卡）既把自己视为那些折磨他的声音的接收者，同时也是这些声音的合作者、配器人，他将自己作为‘所有噪声总司令部’的司令官，同时扮演着受害人与组织者两重角色……”[②]而我们这里，叙事者被动地遭受噪音入侵之后通过音乐来做反抗，以期望获得片刻的安宁：

> 叙事者终于起身，他打开唱机放入唱片播放自己喜爱的音乐。这段音乐跟前面管风琴音乐一样都是有源的音乐，即观看者知道声音是从何处发出。

下面一段是夏季的公园，与冬天的小城街景和夜晚的窗户两个段落一样主要使用同期声。55 分 54 秒公园里下棋部分出现篇幅较长的对话，是一个观棋中年男子在一旁的喋喋不休，具体内容不再引述。如同前面街边姑娘打电话和夜晚中年夫妇争吵两部分，它们是整部影片出现的三段对白。它们完成了各自微小的叙事，抛开对白内容来说同时也作为噪音在听觉直观感受上引导观看者的情绪。

58 分 28 秒公园出现喇叭放大了的喧闹的歌声，这些公园的噪音让人烦躁不安，作者在其《编辑随笔》中对此段曾经有这样的思考：

> 翠湖雨景中的大合唱，真的令人崩溃的噪音，与那些静谧的画面形成巨大反差。一直在困惑这些声音的处理，甚至想过补录相似的声音。然

① ［奥］卡夫卡著，高年生、韩瑞祥等译：《卡夫卡小说全集》卷三，人民文学出版社 2003 年，第132 页。

② ［法］米歇尔·希翁著，张艾弓译：《声音》，北京大学出版社 2013 年，第 32 页。

后，又来说服自己，正是要观者同我一样，勾起对那种静谧声音的渴望。也许，可以在一个长镜里抹除其中的一段声音，以帮助这种对比的鲜明性。

音效库里的声音可以使用吗？在真实感上会有多大折扣呢？孤军奋战！我们真的从未与电影的工业性有过瓜葛啊。

如何在烦躁的心情下找到原有的舒缓与平和？①

最终，叙事者在古琴声里找回宁静，而这段古琴是配上去的，我们不知道它从哪里发出，它有别于前面两段音乐的运用方式。

公园一段结束回到夜晚叙事者的房屋，之后很快进入黑白画面冬季小城街上的送葬队伍的段落。看着队伍中人们吹吹打打的动作，我们却听不到送葬的吹打声。此段同期声被取消，匹配以一个持续呜呜的风声和环境噪音，风声贯穿整个送葬段落，其渲染出的萧瑟感让人心生恐惧。送葬队伍远去，画面淡出渐渐进入一个纯白色画面，叙事者第四次以字幕方式播出独白，“这就是死亡吗”，画面匹配以无任何声音的寂静。这种声音和画面同时出现的空白强化了之前风声赋予的恐怖感。之后画面和声音回到叙事者的房屋，以字幕方式播出的无声的独白仍在延续，不多久画面转入黑场，字幕仍在播放，再次陷入无声的寂静中。之后当画面再次回到冬天的小城时候，无声的寂静延续过来，小城开阔的风景的同期环境声延迟数秒才进入。听觉相对视觉数秒的迟疑产生如梦初醒，或者从遐想中被唤回的感觉。

如此谈论这部影片，有肢解一首诗歌的危险，但是我很想告诉旁人，该影片的作者在声音上下的功夫一点都不比影像少。因为这是一部纯粹以感觉经验书写的纪录片，听觉方面的创作不可缺席。

2017 年 10 月 25 日　昆明

（和渊，纪录片导演，云南社科院民族学研究所）

---

① 沙青：《编辑随笔》，载《电影作者》第十四辑，第 94 页。

Sound as a Creation: About Documentary *Lone Existence*

He Yuan

Abstract: *Lone Existence* is a documentary directed by director Sha Qing. This film breaks through the single use of simultaneous sound and has many creative attempts in sound editing, which is very rare in China. Starting with the sound of the film, this article makes a detailed analysis on how a documentary created purely with sensory experience can be artistically processed in terms of auditory sense including dialogue, music and noise.

Keywords: *Lone Existence*; Sound; Sense; Creation

日常影像的诗性表达

——关于季丹纪录片《哈尔滨的回旋楼梯》

谢文欣

摘要:20 世纪 90 年代初,中国纪录片"新纪录运动"的兴起也催生了一批独立纪录片导演。季丹作为其中一员也跟随着中国纪录片一起在成长着,《哈尔滨回旋楼梯》是季丹的纪录片从偏远风光转回到人与生活本身的一部转型突破之作。本文以《哈尔滨回旋楼梯》的影片作为文本分析,从直接电影式的电影美学、影像中的隐喻符号和作者对自我的探索三个方面分析了季丹在这部纪录片中坚持了作壁上观的美学方式,用影像化作符号表达无意识的自我,在纪录过程中用"静观感知"的方式寻找缺失的自我。

关键词:独立纪录片;直接电影;符号;无意识;自我

引言

在 20 世纪 90 年代初,时代的发展和人们思想的改变为中国纪录片提供了一个发展的契机。在这样一个转折点,中国纪录片兴起了"新记录运动",它标志着中国独立纪录片的开始，纪录片创作者们开始寻求一种独立的、个人的、“自下而上”的表达。而在这个时候，也有一批最早的纪录片人在跟随着中国独立纪录片一起成长着，季丹就是其中的一员。1992年，29岁的季丹还是一个在日本留学的学生，找不到自己人生的目标和方向。而这一年她受到了野中章弘与小川绅介的影响，决定成为一名纪录片作者。她回到中国，拿起摄像机，开始了她的纪录生涯。她和当时大多数纪录片作者一样，在中国的乡土风光中追寻着内心的回归与解放，她去了西藏、陕西等地，拍摄出《老人们》《贡布的幸福生活》《地上流云》等真实自然的纪录片。而在2000年后，时代在剧烈地变化，中国独立纪录片因为社会变迁与DV等小设备的出现又有了新的发展，拍摄题材和创作方向变得越来越多元化。在这个时期，季丹经历了一段迷茫的低谷期，她原本在寻找一种乌托邦式的理想主义，但是她在西藏之时，看到的是自然被破坏和精神的颓败。她看到时代在剧烈变化，人与社会、人与人之间陷入一种矛盾和痛苦，所以她强烈地渴望到最真实最痛苦的地方去。所以在2008年，季丹拍摄了《哈尔滨回旋楼梯》这部影片，这也是季丹在2008年为日本NHK电视台制片《新的中国人》系列制作的纪录片。这部纪录片描述了两个看似毫无联系的普通家庭，一个是一对家境宽裕的母女，女儿正面临高考，母亲为女儿青春期的叛逆和坐牢的丈夫而烦忧着；另一个家庭是一个在老旧筒子楼里的三口之家，丈夫、妻子为生活的贫穷、儿子的不成器、还有身体上的疾病而困扰。这两个家庭被哈尔滨的旧式的回旋楼梯物理上地连接着。看似毫无联系，相差巨大，却有着相似的困境与情感。这部影片是季丹在自己纪录片生涯中的一次重要改变与突破，她开始回归到人与生活的本身，去发现一种最本质的东西。本文将从直接电影式的电影美学、影像中的隐喻符号和作者对自我的探索三个方面入手，对这部作品进行分析。

一、作壁上观式的电影美学

直接电影奉行一种“不干预、不控制，如苍蝇作壁上观的美学”[①]。罗伯

① 黎小锋：《作为一种“创作方法的：直接电影》，华东师范大学博士学位论文2007年，第29页。

特·C·艾伦在《电影史:理论与实践》中描述直接电影“尽可能忠实地呈现不加控制之事件的一种尝试……企图给予观众一种正当摄影机前的事件展开之时‘他们身临其境’的感觉”[①]。

季丹一向擅长用直接电影的方式对故事进行呈现，并保持着作壁上观的原则。这一美学观念也在《哈尔滨回旋楼梯》中得到了展现。影片一开场便是在一间不太明亮的小屋中，母亲一边看着女儿完成功课，一边咄咄逼人地向女儿问询考试成绩。这本来是一个非常紧张激烈的场景，季丹却选择用一种冷静的方式进入，在最开始母亲开始逼问时拍摄女儿慢条斯理整理胶带的动作。在母亲的逼问渐渐激烈时，镜头也始终保持着和母亲平行的侧面中景，冷静地观看着发生的一切。在母亲逼问结束后，又以平行的侧面中景镜头延续了许久女儿翻书的画面，直到紧张的氛围渐渐消隐，才结束了这个段落。在这里我们可以明显地发觉季丹在努力保持镜头的客观与冷静，不对事件做控制和判断，甚至有意识地在减弱事件中情绪的冲击力。让观看者能尽量客观地看到更多真实的细节。季丹的影片中有很多类似的沉默的长镜头，像是一种留白。留给观众更多的空间进行自我思考，去发现更多东西。而几乎整部影片的镜头，季丹都保持了这种冷静客观的拍摄角度和拍摄距离，尽量使画面保持客观真实。

然而，怎么样才能真正达到作壁上观的理想境界呢？在拍摄中，被拍摄对象既无法完全忽视镜头的存在，也无法完全忽视导演的存在。“当摄影机完全处于被拍摄者的视野之外、意识之外，我们才可能保持一定程度的客观、中立，成为真正意义上的‘观察者’。”[②]季丹无法让自己和摄像机处于被拍摄者的视野之外，她做出的选择是消隐自己的存在感。这种消隐不是让被拍摄对象对自己视而不见，而是让自己融入被拍摄对象的生活中去，这实际上是一种适度的“介入”。小川绅介说：“我这个人，只有在自己和所拍摄的对象之间建立了

---

① ［美］罗伯特·C·艾伦、道格拉斯·戈梅里著，李迅译：《电影史：理论与实践》，世界图书出版公司2010年，第249页。

② 黎小锋：《作为一种“创作方法的：直接电影》，华东师范大学博士学位论文2007年，第34页。

某种关系之后，才会开动摄影机。”[①]为了达到这种理想的介入关系，在每次拍摄前季丹会花大量时间进入被拍摄对象的生活，和他们建立起某种关系。“只有先去做朋友，做一个生活者，他家的矛盾自然就在你面前展现出来了。”[②]这实际上存在着一种博弈，不仅需要拍摄者去认识和了解被拍摄对象，也需要被拍摄对象对拍摄者建立一种认识和了解。在这两者的关系达到一种平衡时，一种介入的契约便形成了。

所以在影片中我们可以看到，季丹若有若无地存在在整部片子中，比如在周成义与妻子争吵结束，愤懑不平时，他开始对着镜头后的季丹说话，几乎达到一种真实电影的效果，但季丹保持了沉默，也不去控制事件的走向。但更多时候，在镜头的窥视中，被拍摄对象们发生一些极其隐私的对话和争吵，在沉浸在强烈的情绪中时，他们又自然而然地忘记了季丹和镜头的存在，把真实的生活展现在镜头前。季丹没有去刻意隐瞒自己的主体存在，她所做的就是跟随被拍摄对象，让被拍摄对象牵引着镜头。

季丹在形容自己拍摄影片时说：“我学习去感受世界，毫无目的，不去判断，只是打开自己，‘沉浸’到那些个瞬间里去。”所以在整部影片中，观众更多的看到的是一些略显琐碎的日常片段被拼凑在一起，影片的节奏缓慢、悠长，氛围安静、游离。但在不知不觉中观众就会沉浸进影片的节奏和氛围中，和影片产生一种情感上的密切共鸣。《哈尔滨回旋楼梯》的美学观念就是尽量客观地把最真实的生活全貌展现在观众面前，不做控制和判断，让观众用自己的理性和情感进行体会，得到自己内心中的体悟。

二、影像中的隐喻符号

尽管季丹在《哈尔滨回旋楼梯》中一直保持一种若即若离的拍摄距离和拍摄关系，也尽量把自己的存在从影片中抽离，单纯用镜头说话，没有目的也不做判断，但不可否认的是作为作者，她的思想和意识还是氤氲在了整部影片

① ［日］小川绅介著，［日］山根贞男编，冯艳译：《收割电影：追寻纪录片中至高无上的幸福》，上海人民出版社 2007 年，第 56 页。

② 英未未：《和自己跳舞：对话中国女性纪录片导演》，中西书局 2012 年，第 176 页。

中。之所以用氤氲这个词来形容,是因为这种思想和意识并非是季丹有意在影片中留下的,而是一种如烟似雾般,缥缈的,若有若无的呈现。我们也可以说这是导演的无意识的一种呈现。甚至她本人都没有完全意识到它。

王小鲁说"(直接)电影重感性直觉,反对逻辑理性的介入,所谓'万物静观皆自得'"[①]。季丹形容自己在拍摄《哈尔滨回旋楼梯》的时候,是几乎凭着本能在进行拍摄的。这也是一种非理性无意识的直觉使然。而这种无意识的直觉拍摄,呈现在影片中时,就变成了一个个像诗中隐喻符号般的镜头。

我们可以在影片中发现很多这种符号性的镜头。例如影片中曾两次出现第一个家庭中的母亲从家里出来在高楼林立中两手提着重物在雪地上行走的镜头,第一次是在影片刚开始时,我们了解到她家庭的背景,丈夫入狱坐牢,只剩她一个人含辛茹苦抚养有些叛逆的女儿,而且丈夫也不体贴她的辛苦,还要求她常常准备很多东西来监狱探视自己,让她感觉非常困扰。第二次出现,是在影片接近结尾处,母亲和女儿的关系和解后,母亲提着东西照旧去看望丈夫,从片尾她的采访中,我们可以了解到她的心声:她渴望生命中有一段可以完全脱离家庭,独属于自己的时光,也许不一定是她真正想要的,但是她希望尝试一次这样的生活。这片头片尾的两个镜头几乎一模一样,相似的环境,相似的角度,相似的景别。"影片的表意从不取决于——或很少取决于——单幅孤立的影像,而是取决于影像之间的关系,取决于最广泛意义的蕴涵。"[②]这两个镜头本来看上去没有什么联系,也不起眼,但放在整部影片的段落中,在纵向时间的比较中,它们就变得鲜活起来,被赋予了意义。这个时候母亲在雪地行走就不再是一个单纯的动作或者事件,它被重新结构,获得了表意再现之外新的符号涵义:镜头中的林立高楼看上去就似是一座高高的牢笼,而母亲就像是牢笼中被束缚住、负重的囚徒。

影像不仅仅只在纵向时间的段落中被重构成有蕴涵意义的符号,它同样也在横向景框中获得符号性。例如在第二个家庭中,父亲的镜头几乎全在昏暗逼仄的小屋中,只有去医院检查病症的段落是离开了这间屋子的。在昏暗

---

① 王小鲁:《中国独立纪录片20年观察》https://chuansongme.com/n/1722357,2015.05.16。

② [法]让·米特里著,崔君衍译:《电影美学与心理学》,江苏文艺出版社2012年,第65页。

的小屋中，父亲常常坐在床上，或者是坐在屋中的那把躺椅上，无所事事，时不时点起一根烟来消磨时光。但在这些场景中，我们都可以看到镜头中父亲身后有一幅不起眼的世界地图。地图本来只是一个辨认方位的工具，但在这间狭小灰暗的屋子的景框里它也被赋予了新的符号意义，它象征着父亲向往外界的心。

“无论有意与否，我看到了一幅影像，即一个被结构的现实，一个形式。……它仿佛超越自身，成为一个概念的实在显现。”[①]《哈尔滨回旋楼梯》中最明显的影像符号就是那段老旧的回旋楼梯，两个家庭的段落总是通过在回旋阶梯上行走的镜头转换的，它似乎把两个家庭微妙地链接在了一起。灰暗纠结，看不清出路的旋转楼梯就像两个家庭的共有特点，形成了一个极具形式感的符号。这和诗歌有异曲同工之妙。在诗歌中的符号“语意密度向外辐射，成为这些彼此相触、逐渐积累、相互补充或自相矛盾的形象之和；这是一种‘情感’，它服从这句话的总含义，但是也可以包容它，归纳它，赋予它一种特殊色彩，一种更丰富和朦胧的特征”[②]。这段关于回旋楼梯的影像也是这样，它看似是一个主人公单纯在楼梯上行走，去往自己目的地的一个过程。但放在整个影片中，它既处于两个家庭剧情段落的中部，承接了两个家庭的链接作用，又多次在影片中重复出现，在剧情推动下累积出多层的意义。最后和整个影片剧情互相作用，成为象征影片主旨的符号。

在季丹的影片中。她不做主观性的判断和引导，但她让自己思维中的一部分无意识弥散在了镜头中，而这种无意识在某些时刻，甚至让影片中的某些画面看起来不明所以甚至荒诞，比如在片中周成义一家看奥运会开幕式的段落之后，有一段在露天的马路上一群人把电视放在路中间，打着赤膊围坐在一起看奥运会的画面，镜头面对众人穿过马路，在众人注视下画面渐隐。你很难去说明这个画面究竟想表达什么，它既像诗歌中“在语义上饱和”的象征符号，又像是一个梦境，“种种无意识愿望的象征性实现”[③]；既带有诗的偏离之美，又

---

① [法]让・米特里著，崔君衍译：《电影美学与心理学》，江苏文艺出版社 2012 年，第 77 页。

② [法]让・米特里著，崔君衍译：《电影美学与心理学》，江苏文艺出版社 2012 年，第 46—47 页。

③ [英]特雷・伊格尔顿著，伍晓明译：《二十世纪西方文学理论》，北京大学出版社 2007 年，第 137 页。

带有梦的迷离色彩。

三、在记录中对自我的寻找和探索

那么季丹在镜头中隐约表达的这部分自我的无意识究竟是什么呢？无论是母亲在高楼林立的雪地间行走，还是丈夫在狭小灰暗的房间中吸烟，还是一次又一次出现在影片中的回旋阶梯，都昭示着作为作者的季丹的某种态度，那就是对于生活的挣扎。季丹曾在采访中这样说到："我对贫民窟式的生活有乡愁，容易进去。"哈尔滨是季丹的故乡，片中两个被拍摄的主人公是季丹儿时的邻居和高中时的闺蜜。这似乎像是一种寻根的过程，但其实也不全然，我们可以看到在《哈尔滨回旋楼梯》中两个主角都是被生活所困扰束缚的普通人，想要努力挣脱，却被家庭、身体、金钱等各种因素所拖曳着无法自拔。他们的经历和季丹有相似的地方，但是更多的却是不同。拉康认为"自我的产生只不过是一个自恋的过程——我们通过在外部世界中的其他客体身上寻找认同感，来构建一个想象性的与整体性的自我"[①]。季丹是一个拥有着强烈的渴望认识和实现自我愿望的人，她从北师大毕业之后并没有选择像她的同学们一样进入教育师范系统，而是远渡东瀛，到日本留学。在留学时她认识了亚报的记者野中章宏，在他的影响下，季丹选择拿起摄像机回到中国开始进行拍摄。她去过西藏，到过陕北，也在北京停留过。她过着一种在普通人眼中十分动荡的生活。而像影片中两个主人公这种结婚生子安稳的普通人的日常生活，在她的生命中是一种缺席的体验。"我们的一切欲望就是在找寻自己缺乏的东西。"[②]

季丹曾经说："很大程度上，我渴望一些东西，然后，这个作品就成为一个感受过程的纪录。"季丹想要通过记录来体验他人的人生，在这些被拍摄对象的人生中重新认识和构建她自己的自我。而这种感受过程，季丹就是通过在现场将自己隐身静观获得的。季丹其实是一个拥有着强烈自我意识的人，她

---

① [英]约翰·斯道雷著，常江译：《文化理论与大众文化导论》，北京大学出版社 2010 年，第 124 页。

② [英]约翰·斯道雷著，常江译：《文化理论与大众文化导论》，北京大学出版社 2010 年，第 123—124 页。

曾经因为这一点而让她的拍摄对象受到压抑，导致她无法拍摄到真正自然的、真实的影像。为了解决这个问题她慢慢学会在拍摄时放下她的理性，放下她想要控制的欲望，放下她的执念和自我，把主导权交给自己的无意识和感性。她让自己化作现场的空气，随着现场发生的一切慢慢流动，学会去安静地感知，去静静地接受，打开自己去吸收和包容被拍摄对象的思想和情感。慢慢地，在这种静观中，她沉浸进了某个现场的“瞬间”，在这个瞬间中她接近了被拍摄对象以及自己的情感和内心世界，感受到了他们藏在最深处的自我，也发现了她自己和他们相通的自我。

结语

在《哈尔滨的回旋楼梯》中，主人公行走在灰暗、轮回、看不清出口的回旋楼梯上，人生几乎过半，但是仍旧在生活中困顿，不知道自己的选择是否正确，也不了解自己放弃的生活是否真正适合自己。这既是影片主人公的体悟，也是季丹自己的体悟。季丹在迷茫也在思索。所以她把自己的迷茫和思考投射在了影片中，用诗意的镜头语言将它们展现在观众面前。在影片中我们可以看到生活虽将人围困，但仍有出口，被生活磋磨的中年人不再像少年时尖锐地与命运对抗，而是学会了接受命运，并在其中努力坚强地生活着，寻得属于自己的那一条出路。

（谢文欣，同济大学艺术与传媒学院 2018 级硕士研究生）

The Poetic Expression of Daily Image

—About The Documentary *Spiral Staircase of Harbin* From Ji Dan

Xie Wenxin

Abstract: In the early 1990s, the rise of the " New Documentary Movement" in China also gave birth to a group of independent documentary directors. As one of them, Ji Dan was also growing up with the Chinese documentary. *Spiral Staircase of Harbin* is a breakthrough work in the transformation of Ji Dan's documentary from remote scenery to people and life itself. This paper takes the film *Spiral Staircase of Harbin* as a text analysis. From three aspects of direct cinema aesthetics, metaphorical symbols in images and the author's self-exploration, this paper analyzes that in this documentary Ji Dan insisted on the aesthetic way of being an onlooker, expressed the unconscious self with images as symbols, and searched for the missing self by the way of "static observation and perception" in the process of recording.

Keywords: Independent Documentary; Direct Cinema; Symbol; Unconscious; Self

互动纪录片叙事系统研究[①]

穆婵君

摘要:本文结合经典案例,探讨了互动纪录片叙事系统的基本构成要素及其内涵——媒介(艺术形态的核心)、作者(多重身份的书写者)、观众(真正的参与者)、作品(探索中的叙事结构)。同时,本文还结合若干经典作品,分别分析了再现型、导航型、互动型互动纪录片及其叙事系统在实践中的具体特点。

关键词:互动纪录片;新媒体;互动叙事

所谓互动纪录片(Interactive Documentary),又称作 I-Docs, Living Docs, Expanded Documentary。朱迪思·阿斯顿(Judith Aston)和山多拉·高登西(Sandra Gaudenzi)将互动纪录片定义为"任何以纪录真实为意图和出发点并且运用了数码互动技术来实现这种意图的作品"[②]。考虑到数字媒体互动技术和纪录片实践之间的联系,我们可以将互动纪录片界定为某种试图运

① 本文系上海市教育委员会科研创新项目"互动纪录片:一种全新影像类型的创作与实践"成果。

② Judith Aston, Sandra Gaudenzi. *Interactive Documentary: Setting the Field*. *Studies in Documentary Film*, 2014(06), p.126.

用传统纪录片机制来呈现、纪录、构建现实，通过网络或线下参与互动来触发互动模式的互动性艺术作品。

传统叙事是由角色、情节、结尾构成的封闭式系统，作品单向地由作者流向读者，[①]而互动纪录片叙事是由作品、媒介、作者、观众构成的开放式系统。

互动纪录片作品呈现出与传统叙事作品不同的非线性结构，如树状结构、网状结构、平行结构、即时变换结构。同时，叙事媒介也发生了变化，由传统的媒体转向新媒体数字平台，并融合了多种新媒体技术，如互联网、手机等移动客户端、艺术装置、VR设备等，开启了全新的叙事模式、叙事方法，同时也给观众提供了全新的观看、参与形式。作者在这种全新的叙事系统中也扮演着全新的角色，除了原始的叙述者之外，还身兼编程者和新媒体艺术家等多重身份，负责设定系统规则，与观众共同制定语境与情节，最终与观众共同完成互动叙事作品。

一、媒介：艺术形态的核心

"艺术形态确立的核心是媒介，媒介分类也是最科学有效的分类方法，是分析艺术的重要依据。"[②]瑞安提出了三种关于媒介与叙事关系的看法：叙事独立于媒介；叙事内容与媒介形式密不可分；叙事只在某些方面被媒介影响、塑造。[③] 对于互动纪录片而言，这种艺术体裁的出现本身就是新的媒介促成的。作为互动纪录片叙事系统存在的前提，其内涵包括了创作媒介和传播媒介（即工具和平台）。

互动纪录片创作和传播的媒介主要是互联网，因此，网络纪录片是互动纪录片的最主要形式。也有一些互动纪录片的创作扩展到手机和平板电脑等移动客户端、互动艺术装置、VR设备平台，向着多媒介、跨平台的方向大步迈进。

1.互联网

数码影音串流技术的发展，以及频宽速度加快，使得网络变成互动性影音

---

① 孙为：《交互式媒体叙事研究》，南京艺术学院博士学位论文2011年。

② 许并生：《艺术学的当代构架论略》，学林出版社2004年，第26页。

③ [美]玛丽劳尔·瑞安著，张新军译：《故事的变身》，译林出版社2014年。

发展的新场域。以网页为载体的网络互动纪录片是目前互动纪录片的最主要形式。纪录片作品实体通过同时兼具多媒体与互动性的网络来进行创作和发行。在维基百科上，对网络互动纪录片的表述则是通过运用多媒体工具如flash、H5等各种元素制作的，与运用音频、视频、图像等传统叙事元素和手段的纪录片不同。互联网和网页技术赋予了纪录片创作者一种全新的媒介去创造那些可以融合文本、图片、音频、视频、动画及信息图表等多种元素的作品。

由于互联网广泛的覆盖性和易于操作性，以互联网为媒介的互动纪录片也因此更易于广泛传播和投入到实际应用中。在一些博物馆、学校等公共场所，网络互动纪录片作为一个易于传播和观看的文本形式，发挥出了很高的科普知识互动中心教育价值。例如德国柏林的犹太人博物馆便运用了多种互动媒介装置来展示馆藏内容，尤其是进入博物馆的第一站——知识互动中心，让观众在参观的一开始就通过一系列的网络互动纪录片来全方位地了解犹太人历史，为之后的参观奠定知识基础。

知识互动中心配置了多台电脑设备，其中装载着内容极其丰富、结构相当复杂的网络互动纪录片，这些纪录片记录了整个犹太历史，片中包含大量优质的图片、文本、纪录片影像等。要把整个网络互动纪录片观看完大约需要两个小时，但游览者可以通过互动选择，相对快速、精准地在其中获取相关背景知

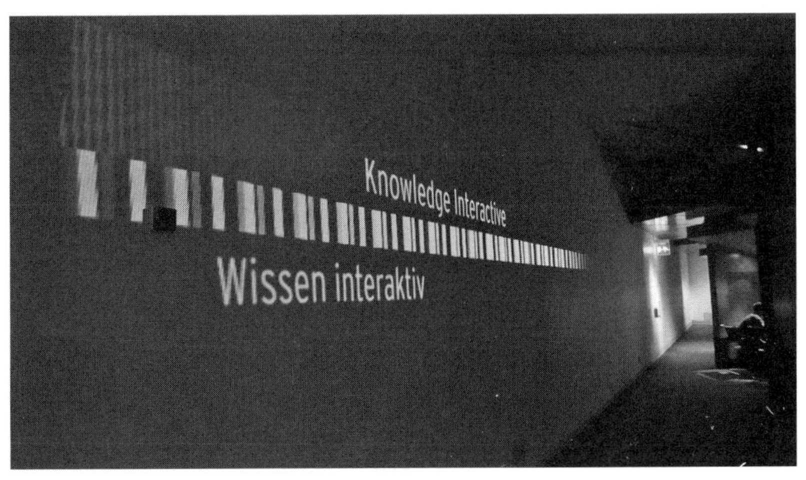

图1 柏林犹太博物馆

识，许多游客都沉浸其中。这是笔者目前见到的互动影像在公众教育方面的最佳应用范本。

图 2　知识中心的犹太历史互动纪录片播放设备及界面内容

2.移动网络客户端设备：平板电脑、手机

移动设备逐渐风靡成为当代叙事内容生产和传播的主要媒介之一，它提供了一种新的互动形式，自然带来互动影像作品的变革，并形成新的美学。移动客户端与电脑在技术上有许多不同，更小的屏幕、无鼠标、屏幕触控、重力感应等技术区别对创作者而言，代表着新的创作模式、美学模式、叙事模式以及互动设计模式；对于观众而言，则意味着不同于网页的新的观看模式和操作方法。有一些互动纪录片作品在推出网络版的同时，也以 APP 应用的形式推出了平板电脑、手机版，如互动纪录片《奥玛》（Alma）、《监狱谷》（Prison Valley）。

一些艺术机构如德国 ZKM 互动艺术中心注意到移动客户端这一媒介在互动影像开发上的发展潜力，举办了移动应用艺术大赏，并在每年评选出数十种适合于移动设备的应用。主要奖项的领域集中在四个方面[①]：

① ZKM，App Art Award 2016 大赛手册。

图 3 互动纪录片《Alma》移动客户端版本示意图

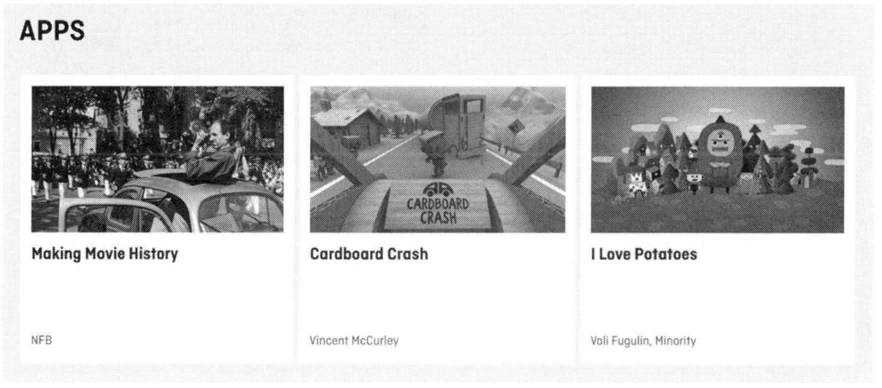

图 4 加拿大国家电影局官网互动纪录片 APP 专栏

连接艺术 Connected Art(奖给那些尝试用技术把现实生活与虚拟世界联系在一起的创意 APP,用传感器、网络通信、程序等技术和概念去解决日常生活问题)。

艺术与体验 Art+Experience(强调与虚拟现实世界的互动体验)。

虚拟现实 Virtual Reality(特设奖项,奖给能很好地借助 VR 设备与移动平板设备进行虚拟现实互动的 APP)。

分享 Sharing(顾名思义,奖给那些适用于移动平板设备的信息分享型 APP)。

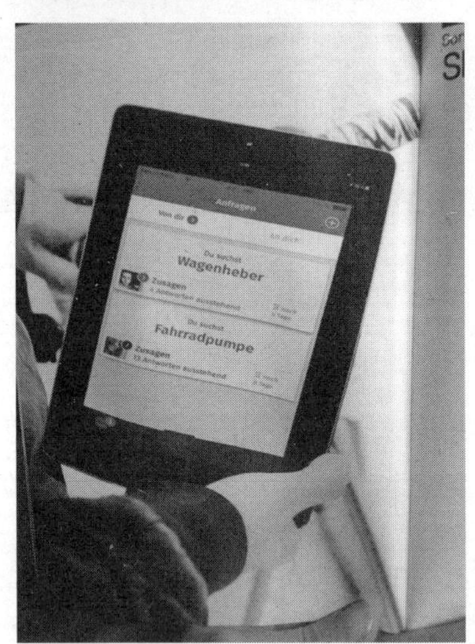

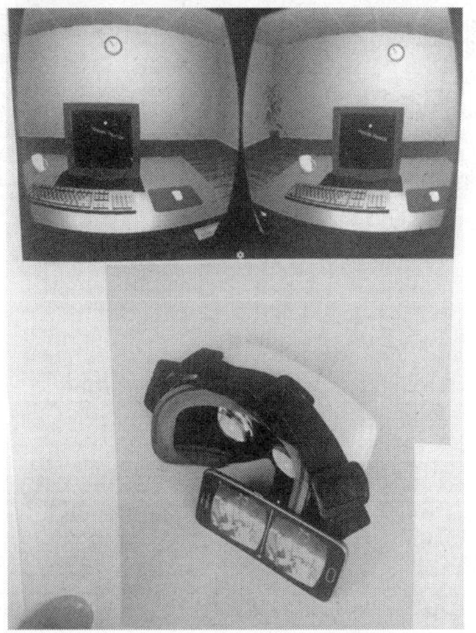

图 5　连接艺术、艺术与体验、虚拟现实、分享几种 APP 示意图①

尽管这些 APP 中暂时没有出现有关互动纪录片的类型，但却有大量获奖作品都包含了互动影像甚至互动叙事元素。这足以表明移动客户端平台上的 APP 开发，已经具备了成熟的影像呈现技术和叙事表达能力，这将是一个具备

① ZKM，App Art Award 2016 大赛手册。

进行互动影像叙事潜力的环节和舞台。

3.互动装置

互动装置相较于电脑、移动客户端，造价较为昂贵，普及率较低。通常创作者创造某一个互动装置，仅用于呈现某一特定艺术作品、表达特定艺术理念和风格，美学价值大于实用价值，并且对观众的审美能力、操作能力要求较高，受众有限。因此，这种类型的互动设备及作品通常只出现在一些艺术展览和艺术馆藏中。但它们的创作者通常是一些前沿的科学家、艺术家，因此这一类的装置作品通常代表着这一领域前沿的技术、创作理念及艺术水平。

德国的 ZKM 艺术中心是世界上第一个且唯一一个以“互动艺术”(Interactive Art)作为主题的博物馆和科技馆。它坐落于德国城市卡尔斯鲁厄(Karsruhe)，由一个废弃的兵工厂改建而成，在 1997 年 10 月正式开幕。一方面保留大部分原建筑风貌，一方面也融合了建筑大师雷姆·库哈斯(Rem Koolhaas)立方体玻璃建筑。它的建馆理念是旨在打造一个将艺术与科技完美结合的大型实验室与多媒体城，一个新媒体领域的“新包豪斯”。在这个艺术中心内，有大量的互动影像装置作品。

图 6　望远镜互动影像艺术装置

如图 6 是一个形似望远镜、又似万花筒的影像装置，通过拨动右边的蓝色转盘，观众可以从镜头中看到当时杰出的一些犹太科学家、学者的影像和图片资料，兼具趣味性和科普性。

这些装置向我们展示了互动装置在影像叙事上无穷的可能性。

4.虚拟现实(VR)设备

虚拟现实技术(Virtual Reality)又称为灵境技术、人工环境，是一种能够将用户的感知带入由它创建的虚拟世界，并让用户以为眼前的一切都是真实的技术。它是以计算机技术为核心，结合相关科学技术，生成与一定范围真实环境在视、听、触感等方面高度近似的数字化环境，用户借助必要的装备与数字化环境中的对象进行交互作用、相互影响，可以产生亲临对应真实环境的感受和体验。①

当下的虚拟现实内容，不论是剧情片还是纪录片，都以短片为主，一般不会超过10分钟，可见目前的虚拟现实技术尚无法支撑起传统影视的宏大叙事。而虚拟现实的叙述史可以追溯到皮克斯最早组建的奥库勒斯工作室(Oculus Story Studio)做出来的电脑特效和交互性视频游戏。其制片人爱德华认为虚拟现实的叙事是交互性的，虚拟现实可以视作将以往观影体验和游戏体验结合在一起的过程中"缺失的环节"。

由于虚拟现实技术日新月异，更新换代速度是所有互动叙事媒介中最快的一种。因此对基于这一媒介进行的创作或观赏互动，必须适应设备的快速更迭，具有很强的不稳定性，对这一领域的研究也需要基于这种变化及时地、不断地跟进。

二、作者：多重身份的书写者

"电脑书写以另外一种方式颠覆了作为中心化主体的作者，即引入了集体作者的可能性。"②互动纪录片作者不再是故事的主宰者，读者可能成为作品的共同创作者。但这并不意味着作者的控制权的下降、削弱，相反这需要创作者更好地把控故事的铺陈和作品的设计：他们需要在纳入观众参与互动的前提下，在互动性所带来的无数变量的前提下，完美地把故事、创作理念、艺术风格

---

① 林孟贤、吕宇翔：《从技术到内容：虚拟现实下纪录片的叙事手法》，《视听界》2016年第7期。

② [美]波斯特著，范静哗译：《信息方式：后结构主义与社会语境》，商务印书馆2000年，第137、139、153—155。

在作品中展现出来，这对他们的叙事能力、设计能力提出了更高的要求，也赋予了他们更加复杂的书写身份。

1.编程者

在对交互性叙事、角色扮演游戏、交互性电视和大规模媒体信息空间进行广泛考察之后，莫里认为数码媒体中的作者身份是编程者。这意味着作者不仅要写作文本本身，而且要写作文本所赖于呈现的规则。对参与者的行为做出反应过程中事件发生的条件。程序作者不仅创造一系列场景，而且创造叙事可能性的世界。他们确定对象的特性、确定虚拟世界中的潜在对象，以及他们相互联系的规则。[①] 随着新媒体技术的飞速发展，互动纪录片叙事手段和平台不断更新换代，VR、AR、MR 等新技术和设备出现，如果说莫里描述中的“编程者”尚具有一定的隐喻意味，那如今这一身份已可以理解为一种实际的编程者角色。除了基础的 HTML5 语言、大量的制作软件，如 3D Studio Max，Adobe Creative Suite，Revit，webGL，DepthKit，HoloLens，Adobe Creative Cloud，AnimVR，FMOD，HTC Vive，Unity 等广泛地应用于各类互动纪录片中。即便采取与专业技术人士合作的方式来进行创作，作者也必须了解他们所使用的制作开发工具基本原理才能提高叙事设计的可操作性。因此，互动纪录片作者除了原本内容设计者的身份之外，还兼起技术使用者和编程者的身份，也只有如此，作者才是真正手握了进入新媒体创作语境的密码。

2.弱化的叙述者

传统叙事学理论中，叙事者与读者处于近乎仪式化的关系中。文本由作者编织、呈现、传递给读者，然后由读者作为受述者对文本进行接收与解码。

与传统叙事上由作者建构的叙述者不同的是，互动纪录片叙事作品中的叙述者角色普遍弱化，甚至部分转移到观众身上。他们更像是目的明确、组织严密的计划者和服务者，创作出文字、图片及视频等一个个叙事元素，并精心铺排成为基本的叙事结构。他们着重考虑观众的行动、对叙事的期望，并以此来调整自己对作品的设计。因而他们只提供故事的基本背景、框架或角色等

---

① Murray，Janet Horowitz .*Hamlet on the Holodeck*.New York，NY：The Free Press，1997，pp.4—206.

基本的叙事元素，并在程序中设计好可能的互动行为，然后将剩下的叙事权交给观众，让他们在观影过程中构造自己的故事版本。观众在自己选择的故事版本中几乎感受不到创作者的视角、观点，但却又全程处于创作者的创作意图引导之中。创作者就像是一个前期编导，构思、录制好了许多叙事素材，然后将这些素材和大题构思移交给观众，同时也将叙事的角色转移给了观众。因而观众充当起剪辑师的角色，完成叙事的后半部分。

3.新媒体艺术家

新媒体技术为传统的叙事者以及技术专家提供了更加自由的创作空间和全新的身份——新媒体艺术家。艺术家与技术者双重使命驱使着他们更好地将新媒体技术融合到艺术创作中。

“跨界”成为当代艺术创作的新浪潮，纪录片创作也进入了一个“跨界”的时代。我们可以看到许多互动纪录片的创作者除了来自传统叙事行业如记者、纪录片导演，还包括拥有游戏编程、计算机等技术背景的专业人士，传统纪录片工作者也在不断地探索新的数字技术，试图打破传统叙事形式的体裁限制。网络互动纪录片、互动装置纪录片、VR纪录片等全新体裁的不断出现便是最好的印证，这说明自从文艺复兴以来彼此分离的艺术与科学重新有了沟通的基础。艺术家、设计师、工程师、技术员角色的边界被混淆，艺术以科学从未想到过的不同视角、观念框架与文化联系中加以探索。①

三、观众：真正的参与者

后结构主义学者认为，建立在结构主义诗学基础上的叙事学研究基本忽略了读者的能动性，认为读者和阅读过程是文本意义的来源。伊瑟尔则直接将作者与文本视作介质，读者通过填补文本中预先由作者设计出的“空白”来完成阅读行为并实现文本意义。

当叙事学延伸到互动领域，读者的能动性更加深刻地体现出来。互动叙

① Magnussan，Thor.*Processor Art*，*Currents in the Process Oriented Works of Generative and Software Art*[EB/OL].August，2002.http：www.runme.org/project/＃processorart/.[2003－1－8]

事系统中的读者，亦是观众/用户，他们是影响内容和针对内容的真正参与者，而不是被动接收信息的人。在互动纪录片中，观众的选择、行动直接影响到故事情节的结构、发展、结局，可以说作者为观众提供好了素材，而观众成为合作剪辑师。随着交互性作品的流行，传统意义上的读者、听众、观众日益向玩家、用户和参与者转变。

1.共同书写者

目前以网络技术为基础的互动纪录片，吸收了网络媒介的文本特征，将观众也纳入叙事的共同书写者的范畴。从互动纪录片要求观众参与的层面而言，互动纪录片叙事作品的创作权对观众是开放的，并且鼓励观众参与叙事。因此它不再像传统艺术那样仅仅由作者个人对作品负责，所有参与写作的观众都需要为自己的在互动过程中的选择和行动负责。观众不再是被动的阅读者，他们直接参与到创作之中，并且他们在观影过程中的选择直接构成故事版本的变数，故事的走向和结局都由他们的互动来书写。“超文本的读者可以在超文本的任何部分添加他们所感兴趣的评论或者做出反应，在不同的文本单位之间创造链接。文本不再是从作者流向读者的单向信息交流系统，而是作者与读者之间可以互相产生影响的双向交流系统。”①

2.消费者

互动纪录片的观众还具有另一重身份——消费者。互动纪录片作品和项目都是有一定盈利目的的，传统媒体的消费者转变为互联网时代的消费者。

在传统媒体纷纷面临整合转型的今天，许多传统强势媒体如《纽约时代周刊》《卫报》等都开始向互联网寻求新的生机和发展平台。在麻省理工学院关于互动纪录片和新闻行业的研究报告中，明确地指出了网络甚至跨媒体平台互动纪录片将是新闻业未来发展的重要方向和战场，《纽约时代周刊》《卫报》都推出了自己的互动纪录片作品试水，如《第一次世界大战》(*First World War*)、《高层建筑简史》(*A Short History of the Highrise*)。其中《高层建筑简史》取得良好的成绩，在多个电影节中获奖，对于《纽约时代周刊》这样的传统媒体转型而言是一个非常好的开端。互动纪录片的观众作为潜在的消费

---

① 孙为:《交互式媒体叙事研究》，南京艺术学院博士学位论文 2011 年。

者，他们的取向在一定程度上决定了未来网络互动纪录片的叙事模式、题材类型、创收模式。对于这些亟待转型的传统媒体而言，若要在网络平台上开拓自己的新纪元，网络观众的观看习惯和兴趣将是他们不可回避的重点探索议题。

3.角色化身

“化身”（梵文，Avatar）一词来自印度哲学，最早指的是印度教中神(Vishnu)幻化成人或兽的模样现身人世，后来逐渐被用来指代众神在地面上的肉体表现形式。该词蕴含出于特殊目的、经过深思熟虑而从较高境界“下降”“转世”的含义。[①] 新媒体艺术中，读者化身为社交网络用户 ID 符号、角色扮演类游戏主人公、虚拟现实体验主体等，并通过化身构建文本意义。

互动纪录片中观众的化身现象作为叙事技巧也十分常见，为观众设计角色身份则有利于帮助观众更好地理解文本语境，从而更快更深度地进入故事情境之中参与互动。例如 *Fort Macmoney* 中，一开始便为观众精心设计了一个语境和身份：“你正在开始一个纪录片游戏，这个游戏中的地点、事件、人物，一切都是真实的。你的任务？访问麦克默里堡，衡量什么是最重要的，与其他玩家一起参加公投投票和辩论。麦克默里堡的命运掌握在你的手中。”观众化身为访问者、记者和有公投权利的公民，通过观看和选择互动来体验整部互动纪录影像。这样一来，观众在互动过程中拥有了更为明确的动机、目标和方式策略，更加深度沉浸于互动叙事之中。

四、作品：探索中的叙事结构

从叙事特征上看，互动纪录片作品具有以下几种主要叙事结构类型。

1.树状结构

树状结构是目前互动纪录片最常见的叙事结构之一。

顾名思义，树状结构就是如树枝一样，从关键情节点向下产生分支，引向和连接不同的故事线，在不同的故事线上又产生新的节点并以指数形式进行

---

① 林晶：《数码化身：自我实现的另一种可能——新媒体艺术中的“化身”现象》，《吉首大学学报(社会科学版)》2011 年第 4 期，第 139—142 页。

单向延伸发散，只能单一地向一个方向进行分散而不能循环倒叙。每个情节点上观众可以进行互动选择，可供选项可能是两三个甚至更多，每一步的不同选择最终连接在一起便会形成整个树状地图中的某一条线路，而这条线路便是故事线索及情节，这一条故事情节最终将观众引向预设的众多结局中的某一个。因此不同选择，会使得观众获得不同的故事以及观看体验且不会产生循环。

这种结构需要注意成本控制问题，因为每增加一个情节点，故事线索便会随之呈几何倍数增长。这要求设计者预先创造大量的情节素材，无疑增加其工作量及制作成本。因此，情节点的设置需要经过细致的考量，在与剧情最大程度契合并保证最大程度多元化和可变性的前提下，合理控制情节点的数量，整合其中的某些分支甚至及时截断以免其发展到创作者力所不能及的工作量，同时避免剧情过于分散。

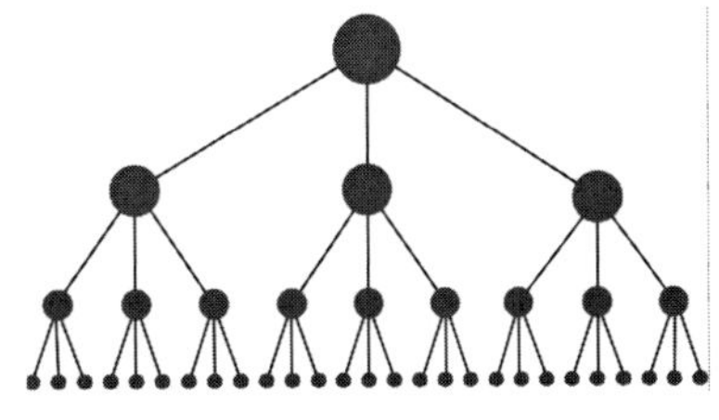

图7　树状结构示意图

2.平行结构

互动纪录片的另一种常见结构是平行结构。相较于树状结构，这种结构能有效控制叙事分支，因而便于控制成本和创作。平行结构是基于不同的视角和叙事层面的一种结构，通常有多条平行的故事线，叙事时间和空间可能有关联也可能毫无关联，各条故事线独立成事互不影响。观众可以在导演设计好的互动界面中选择进入观看任何一个故事，也可以随时退出进行自由切换。就像是平行蒙太奇，观众通过互动超链接对不同故事线和视角进行切换，从而得到不同片段信息构成的最终独特的故事版本。这种结构的优点是观众可以自由进出不同的故事线，选择从任何一个角度和层面来探索故事情节，并随时可以中止、退出。因此自由度更高、互动性更强。各个故事线叙事相辅相成，也带给观众视角更加丰富的叙事体验。但缺点在于故事情节的设计感和引导性被削弱，频繁地进出不同的故事线可能会造成重要叙事信息的遗漏和叙事结构的不完整，以至于叙事的沉浸感被削弱。

3.网状结构

网状结构是由许多个互动情节点相互连接而成的一种互动叙事结构，每一个节点都可能跟一个或者多个情节点产生双向的连接，进而像一张网一样编织在一起。这种多点双向连接意味着网状结构中的故事情节没有固定的叙事方向和逻辑，在任何一个节点上都可能产生向另外多个节点发散的故事的前进或者倒退。观众可以从任何一个节点进入故事，也可以在任何一个节点选择结束；可能反复观看某一部分的情节，也可能始终观看不到某些节点和线索，因而可能没有一个故事脉络也无法构成通顺完整的叙事意义。观众在观看的时候，可以在任何一个节点进行自由互动选择，获得不同的故事路径，具有极高的自由度来进行故事探索。这种结构的互动性比前两种更高，但挑战在于保持叙事连贯性的难度也更大。因而网状结构的互动纪录片通常呈现为一个影像资料库的形态，用于介绍某段历史或某些人物，如《卫报》出品的历史互动纪录片《第一次世界大战》（*First World War*）。

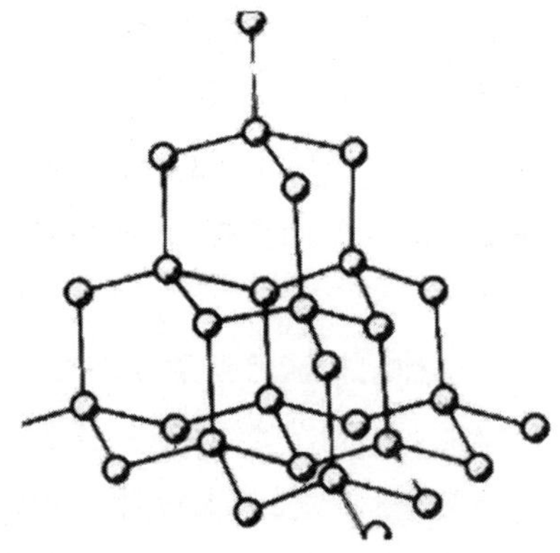

图 8　互动纪录片网状结构示意图

4.即时变换结构

即时变换结构是观众在观看互动中即时生成，其具体故事脉络具有随机性和多样性，可能生成包含树状结构、平行结构或者网状结构的任意一种或者几种。叙事的基本单元、片段和主要情节是由创作者预先设定并储备在资料库和技术系统中，观众通过观看过程中不断进行的互动选择来调取和激活需要的叙事单元，资料库和技术系统不断根据观众的互动来组织构架叙事结构，从而生成一个不断依据用户反馈来产生变化的结构。这种结构的优点是最大程度地为观众提高互动体验，同时自身的调节能力又能保证叙事结构的连贯和合理；缺点在于对叙事单元设计、技术系统编程等要求过高，且对观众的引导和控制较弱，故事的精彩和完整程度过分依赖于观众的互动质量。

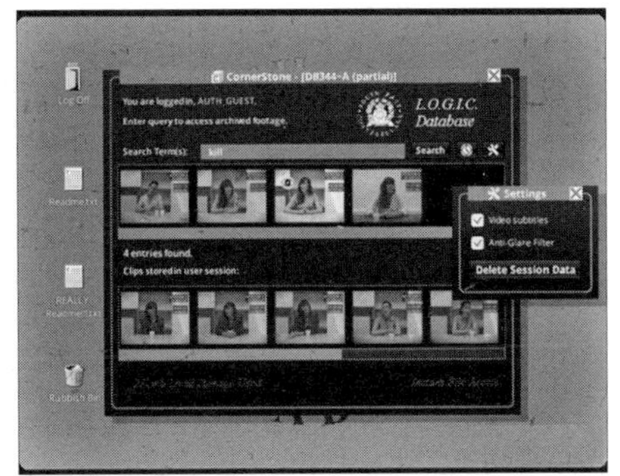

图 9 《她的故事》操作菜单及影像界面

目前这种结构只在一些包含纪录片元素的互动电影及游戏中出现，如《她的故事》(*Her Story*)。这是一款通过观看多盘录像带来寻找线索进行破案的侦探游戏。游戏中玩家进入警局寻找与案件相关的一些录像带，通过录像带中各色人物陈述的信息来进行整合、甄别，最终抽丝剥茧地揭开这个案件的真相。与案情联系紧密的关键线索和相关影像非常多，游戏还为玩家提供了一个个人影像数据库来暂时储存寻找到的影像线索，当玩家寻找到新的线索时，可以随时调取出已有的信息结合起来进行缜密分析。这个游戏中的关键字和人物线索环环相扣联系紧密，随着某一个线索的出现，便可能引出新的线索和情节，使得案情和游戏故事充满变数。不同的观众做出的不同选择，都会直接影响其破案过程和破案结果，故事中的"真相"随着观众的解谜进程而即时地、不断地发生变化。

随着互动纪录片所依赖的创作技术、平台不断革新，其创作手法、叙事手段、制作流程及观众的观影习惯不断发展，互动纪录片的叙事结构也会随着这些方面的转变而产生日新月异的变化。

结语

互动性将互动纪录片与传统纪录片分离，赋予了互动纪录片全新的特点，影响着互动纪录片叙事系统的方方面面。媒介、作者、观众、作品共同构成了互动纪录片叙事系统。在互动性的要求及影响下，它们各自呈现出新媒体时代的新的叙事特征：媒介不断革新，并为互动纪录片源源不断地提供着新的创作手段和传播平台；作者和观众身份的更加复杂化，并且开始发生重叠和转移，观众在叙事中的地位不断上升；对作者的叙事设计能力的要求不断提高、变难，作者开始获得一些诸如编程者、新媒体艺术家等新的身份；作品的叙事结构也脱离了传统的叙事结构，产生了树状、网状、平行、即时生成等非线性结构，呈现出日益丰富的形态并仍在持续推陈出新。

在国际上，对于数码互动叙事的研究也还存在很多争议。要使它真正成为一门叙事艺术，一套能将互动叙事的人文理论和信息技术理论结合起来的完整理论批判体系——互动诗学就是必不可少的。但目前包括瑞安在内，并未有学者提出过完整的互动诗学体系构思。也未结合互动电影、纪录片等的实例进行过足够的分析验证，这是一个方面。但从另一个方面来说，互动纪录片所代表的互动叙事的前景仍然备受期待和肯定。在互动性与沉浸性的矛盾、对互动叙事的分类学研究、叙事时空以及互动叙事与游戏的关系这些方面尚有很大研究空间。

（穆婵君，同济大学艺术与传媒学院设计艺术学 2017 届研究生）

A Research on Storytelling System of the Interactive Documentary

Mu Chanjun

Abstract: Based on the representative case studies, this paper discusses the basic elements and connotation of the storytelling system of interactive documentary: Media (core of this artistic genre), Author (producer with diversified identities) and Audience (the real participants). At the same time, combined with some classical works, this paper analyzes the specific characteristics of the narrative system in practice.

Keywords: Interactive Documentary; Interactive Storytelling; Digital Media Art

娱乐短视频中的“拟态生活空间”塑造与社会价值观重构

——以抖音为例

韩亚楠　刘凯文

摘要:随着娱乐类短视频的高速发展以及用户规模的不断扩大,其社会影响力也在显著增加。娱乐类短视频的观看行为对于社会价值观的重构有着重要影响。从已有研究来看,娱乐类短视频和社会价值的关系这一问题仍有探究的空间。本文以抖音为例,探讨娱乐类短视频为用户塑造的生活空间是否为“拟态生活空间”,并探讨了“拟态生活空间”和社会价值观的重构之间的关系,揭示了短视频平台塑造的“拟态生活空间”对社会价值观造成的不良影响。

关键词:娱乐短视频;拟态生活空间;社会价值;重构

2016年被认为是短视频元年。根据中国互联网络信息中心(CNNIC)2019年2月28日发布的第43次《中国互联网络发展状况统计报告》数据显示,随着移动互联网的进一步发展,短视频用户规模不断扩大,达6.48亿,用户使用率为78.2%。[①] 短视频已经成为移动互联网重要的流量入口。娱乐类短视频平台成为人们自我呈现的重要区域，其塑造的生活空间因其庞大的用户规模而对社会价值观的重构产生了重要影响。

据抖音发布的《2018抖音大数据报告》显示，截至2018年12月，抖音国内日活跃用户数突破2.5亿，国内月活跃用户数突破5亿。基于抖音的用户规模和影响力，本文将以抖音平台为例，探讨娱乐短视频平台塑造的“美好生活空间”与社会价值观的关系。

2018年，抖音启用了全新品牌标语“记录美好生活”。抖音平台通过智能推荐和分发系统、优质的用户群体和精良的视频制作模式助推了优质内容的生产，通过平台引导构建了新的价值标准，激发用户生产优质内容的热情，引导用户传播表达美好生活的内容，平台与用户携手描绘了想象中的美好生活图景，塑造了“美好生活”的空间与价值。抖音产品总经理张楠表示，全新的slogan（口号）明确了抖音的定位和对用户的价值，“抖音希望让无数个普通人，在遇到生命中那些美好的瞬间的时候，可以抓住它、分享它，让大家的‘美好’都能流动起来，让人们的生活变得越来越阳光，越来越幸福”[②]。但何为美好生活？抖音平台对“美好生活”的建构对现实生活产生了巨大影响，其塑造的生活空间是否如其产品宣传语所说，真正反映了现实美好生活的状态与价值？抖音平台所塑造的生活空间与人们追求的美好生活之间有着怎样的关系？这是本文所要探讨的重要问题。

一、娱乐短视频中的“美好生活”

美好生活就是相对于每个人而言是“自然好”（natural good）、“自然正确”（natural right）的生活，是每个人值得过的生活，也是在现实中可以体验但尚

---

① 中国互联网络信息中心：第43次《中国互联网络发展状况统计报告》[EB/OL]. http://www.cnnic.net.cn/hlwfzyj/hlwxzbg/hlwtjbg/201902/t20190228_70645.htm

② 光明网：《抖音张楠：希望帮助用户记录美好生活 温暖更多人》[EB/OL]. https://baijiahao.baidu.com/s? id=1595436490290248601&wfr=spider&for=pc

未实现的理想生活，是现实向着这个理想去超越的生活。[①] 可以说，美好生活是一种较为理想的生活状态，是对真善美价值的追求。人们的现实生活是对这种理想状态的实践化过程，在实践中逐步完成社会价值体系的建构。

抖音平台通过提供记录美好生活实践来构筑生活图景，展现美好生活的理想形态。加拿大学者欧文·戈夫曼在其著作《日常生活中的自我呈现》一书中把社会比作舞台，每个人都是表演者。日常生活的表演区域分为前台和后台。[②] 抖音可以说既给用户提供了一个在大众面前展示自我的前台，在这里用户可以对自己的生活进行美化和改编，同时，又为在真实社会中尽力表演自己的人提供了一个可以卸下面具的后台，使其修缮现实生活，达到美好生活的理想状态。用户将个人生活记录下来并进行自我筛选后，上传至抖音平台，经过平台多程序的引导，二者共同完成对美好生活的重构。

在这一生活空间中，海量短视频共同展现了“美好生活”所追求的价值。抖音作为当下最火爆的短视频社交平台之一，重构了当今社会美好生活的实践与价值。人们可以在平台中发现美好生活的具体表现和价值追求，其反作用于人们在现实生活中对美好生活的实践。

二、“美好生活空间”在娱乐短视频平台拟态化呈现

抖音用户通过现实生活中的实践在塑造一种所谓的“美好生活空间”，但在实践过程中所表现出来的种种问题和矛盾，譬如呈现方式的碎片化、传统具有深度内涵的文化的浅层化，以及营造了一种热爱学习知识的假象，等等，已经让抖音的“美好生活空间”呈现出一种拟态化的特征，这种空间并非是现实美好生活空间的镜像，而是带有虚拟成分的拟态化空间，美好生活转变为了一种“拟态生活空间”，这也影响着它对社会价值的重构。

1.用户对美好生活的建构

美国学者约翰·菲斯克在其专著《电视文化》一书中提出了“生产性受众”

---

① 金生鈜：《教育哲学怎样关涉美好生活？》，《华东师范大学学报（教育科学版）》2002 第 2 期，第 18 页。

② ［美］欧文·戈夫曼著，冯钢译：《日常生活中的自我呈现》，北京大学出版社 2016 年。

的概念。他认为，大众的构成方式是复杂的、多层次的，受众可以根据当下的需要，重新调整自己的社会从属关系。这种具有传播主体意识的受众，在接受意义的同时生产和传播意义，即可称之为“生产性受众”。[①] 而生产性受众可以根据自身的社会经验重新解构文本，生产出自己的文化。短视频用户即生产性受众，他们普遍拥有着对美好生活的追求，也愿意在平台上进行塑造，他们在发现“美好生活”的短视频的同时，也会积极地创造内容，进行美好生活实践。

在抖音的价值生产体系里，用户的地位已经从价值链末端上移至价值链的生产环节，形成以用户为中心的互动仪式市场。[②] 短视频平台也给予用户塑造美好生活的激励，例如抖音的用同一款音乐“拍同款”即可让用户使用自己喜爱的短视频的背景音乐自己来创造画面，给予了用户极大的自我创作空间。

2.表现方式碎片化

当前短视频观看趋势是碎片化的。平台所重构的“美好生活空间”也因短视频的这一基本呈现模式表现出碎片化特征。大部分短视频时长不超过15秒，在如此短的时间内，其传达的极有可能是零散的、信息要素不完整的内容。短视频传播符合现代受众的媒介消费习惯，使其充分介入到人们生活中的零散时间，反之也使得用户的时间更加分散。用户时间碎片化与信息碎片化共同建构了短视频平台碎片化的生活空间。

碎片化信息以“短平快”的方式传递简化的信息内容。信息、情感表达的碎片化潮流渗透到了抖音平台所组建的传播语境，每一条内容几乎都被分割、裁减成为碎片化的信息。受众很难形成完整的、立体的信息接受体系，只能被迫在碎片化的信息环境中展开互动、讨论。受众会逐渐失去自主性，在碎片化的浪潮中随波逐流，缺乏主见。信息发布者、接受者、参与者满足于“浏览”所带来的审美愉悦，在碎片化信息环境中共同建构起对美好生活的想象。

虽然信息碎片化是新媒体环境下的大趋势，但抖音平台短视频的呈现形式直接导致用户对形式的关注大于对内容的关注。沉迷于碎片化信息环境会

---

① [美]约翰·菲斯克著，祁阿红、张鲲译：《电视文化》，商务印书馆2005年。

② 国秋华，孟巧丽：《抖音的互动仪式链与价值创造》，《中国编辑》2018年第09期，第70—75页。

导致用户对完整信息的忽视，满足并且习惯于接受片面零散的信息，使用户变得“浅薄”，进而导致基于系统理论和独立思考的批判意识逐渐丧失，能动性大大降低。美好生活集结了全社会各阶层人群对理想生活状态的向往和对美好生活的实践，其意涵是丰富且积极的，但碎片化的表达方式却将美好生活实践简化为流于视听奇观的肤浅内容甚至是断章取义，这遮蔽了美好生活背后的深刻含义。

3.深层内涵的传统文化浅层化趋势

尼尔·波兹曼在《娱乐至死》中断言，“有两种方法可以让文化精神枯萎，一种是奥威尔式的——文化成为一个监狱，另一种是赫胥黎式的——文化成为一场滑稽戏”[①]。我们正在塑造赫胥黎所谓的“美丽新世界”，娱乐短视频平台可以撬动社会的文化认同，在全社会范围内弘扬优秀传统文化，亦可造成全民狂欢下对深层次的传统文化的浅层理解和对主流文化的消解。

“我要笑出‘国粹范’”是抖音平台 2018 年的现象级话题。京剧演员王佩瑜发布了一段京剧老生的笑声，引发了大众模仿老生笑声的风潮，该话题视频总播放量达到 26 亿次。传统文化内容的短视频虽播放量、互动量大，但短视频的核心内容却仅仅是对传统文化元素的借用，这种具有深刻文化内核的传统文化很多时候没有发挥出应有的作用，其背后承载的丰富、有价值的意义在戏谑中被忽视。在该话题中，一段老生笑声成为用户竞相模仿的音乐素材，本来承载着更深意涵的京剧国粹，被简化为了一个方便制作流传、表意浅显的声音符号。另外，在许多爆款视频中，一些年轻人身着汉服进行一些流行舞蹈动作的演绎，汉服在这里成为另一个可以被借用的元素，拥有深厚文化底蕴的中国传统服饰在短视频中化身为富于视觉冲击力的视听奇观，汉服的历史、传统被遮蔽，展现出来的仅有符号化了的文化元素。浅层化的传统文化借助于工业化形式得以快速、广泛传播，但这种浅层化内容的泛滥，终究会导致传统文化内核丢失，使传统文化演变成了一种制造喧嚣的工具。抖音的“美好生活空间”难以挖掘深层次的传统文化内涵，缺少最基本的精神力量，并非大众追逐的理想社会形态。

---

① [美]尼尔·波兹曼著，章艳译：《娱乐至死》，广西师范大学出版社 2011 年，第 162、170 页。

4.营造热爱学习假象

生活科学类内容是短视频平台中美好生活内容展现的一个重要方面。这类内容多为生活常识、百科知识,15 秒的短视频刚好可以展现一个小知识的全部内容,让受众轻松享受知识获取的快感。但在知识传播方面,短视频平台却存在着营造热爱学习的假象这一问题。

抖音账号“秋叶 word”是以 word 技巧为主要内容的视频账号,已经凭借幽默、有趣的内容吸引了 400 多万粉丝。其内容的创新之处在于抛弃了传统的生硬、呆板的讲解,而是用一种剧情式、发生在办公室里的故事吸引受众,让受众在学习过程中更有环境代入感,简短易懂并且减轻理解负担,使内容展示更为直观,方便理解。“秋叶 word”短视频的内容形式均与日常工作环境相关,且所解释的问题难度低,用受众易接受的方式进行传播,让人们在轻松的氛围中获取知识。许多烹饪教学类账号通过令人眼花缭乱的剪辑手段和特技的运用,在极短的时间内表现一道菜品的制作过程,极大满足了用户的多重感官享受。

抖音平台通过这类知识学习的短视频给用户营造了学习的氛围,却是一种假象营造,而非真正的学习。真正的学习是需要付出努力的探索和研究,通过阅读、研究、观察、理解、探索、实验、实践等手段获得知识或技能的过程,是一种使个体可以得到持续变化的行为方式。抖音中的生活常识类、技巧类信息提供的仅仅是浅显表层的知识,虽然可以让人快速掌握、理解,但并非所有视频都能留下深刻印象,由于时长限制,许多知识也呈现碎片化和娱乐化,过多地接触这类短视频容易造成思维僵化,给人带来获得知识或建构知识框架的错觉,其所营造的学习假象会影响到真正的学习行为,让用户忽视系统的知识体系的建立。

三、娱乐短视频“拟态生活空间”社会价值观的重构

价值的意义通常被理解为“值得个人或社会向往的行为或目标的特定方

式之信念”。[①] 马克思认为，价值是从人们对待满足他们需要的外界物的关系中产生的。[②] 价值观是关于价值的一定信念、主张、态度与倾向的观点，起评价标准、评价尺度、价值取向与价值追求的作用。[③] 受众在短视频平台塑造的“美好生活空间”可以理解为满足于人们需要的外界物，在这个空间中用户可以获得精神上的强烈满足感。在拟态生活空间的运行之中，自然会重构原有的社会价值，对社会价值观产生深远影响。抖音通过海量短视频试图建构人们心目中的美好生活，但蕴含于其中的价值观念却越来越显现出消费泛滥、遮蔽社会应有价值、模仿和低俗之风盛行、过度狂欢化等问题。

1.消费泛滥

法国学者鲍德里亚提出“消费社会”这一概念，消费社会是指生产相对过剩，消费成为社会生活和生产的主导动力和目标。在消费社会，人们则更多地关注商品的符号价值、文化精神特性与形象价值。鲍德里亚认为，在这种消费结构下，商品和服务的流行性越来越强，而流行周期则越来越短。

抖音中部分短视频充斥着消费主义现象，并以之作为“美好生活”的价值追求。一些彩妆、服饰类短视频针对产品特性设计故事情节，将产品推广植入短视频，视频内容界面上会有直达店铺的购买链接。这种形式的内容，将消费行为包装成日常生活的价值所在，暗示追求消费就是追求美好生活。短视频对消费行为的鼓励，引导人们把消费作为一种生活方式，把商品的购买与使用变成一种仪式，从消费中获得精神的满足。[④]

抖音平台将消费主义作为其重构的美好生活价值，树立消费主义的合法性，对人们的物质、观念、行为层面都产生了深刻影响。消费泛滥、消费主义文化的盛行会越来越在全社会范围内模糊需要和欲望之间的界限，刺激用户的享乐欲和占有欲，鼓励人们欲求他们实际需要之外的东西，把节俭、奉献的社会价值转变为普遍的奢靡和享乐之风。

2.模仿导致社会价值同质化

法国社会学家塔尔德(Jean Gabriel Tarde)提出“模仿理论”，该理论认为，

① 李醒民:《价值的定义及其特性》,《哲学动态》2006年第1期,第13—18页。

② 《马克思恩格斯全集 第19卷》,人民出版社1963年,第406页。

③ 孙杰:《当代中国社会主义核心价值观研究》,中共中央党校2014年。

④ 张坤民:《可持续发展论》,中国环境科学出版社1997年,第125页。

一切社会事务"不是发生就是模仿",纯粹的发明是少见的,大量的行为都是模仿行为。短视频平台在用户的美好生活建构模式下激发了用户创造力的同时也必然会引起更多用户的模仿行为。在抖音,同一段背景音乐便会有大量的用户使用并模仿,抖音的挑战话题也是在同一话题下用户的争相模仿的行为。曾经红极一时的"学猫叫"话题下有超过1000万人参与,而这其中大部分都是基于同一段背景音乐对同一套动作进行相同模仿。虽然引起了大规模狂欢,但大量用户投身这种一味模仿的过程,也导致了内容极度同质化,极易造成用户审美疲劳。而纵观整个平台,歌舞、恶搞、才艺等内容虽铺天盖地,但也仅限于此,这也表现出抖音平台表面上"美好空间"繁荣的背后却是在优质内容上显现出的极度匮乏。大量的模仿行为久而久之会造成抖音生活空间的单一性,更会导致社会价值的同质化和价值观的扭曲。

3.感官刺激遮蔽社会正面价值

随着网络信息的海量化,当下用户的心理越来越新潮和难以满足,新内容在引发一波流行之势后很快便会归于沉寂。感官刺激是短视频行业一个关键的催化剂,唯有新的、与众不同的、难以抗拒的感官刺激才能吸引眼球、捕捉用户注意力。抖音平台中的各种视听特效便是感官刺激的重要工具。

一些热门的"抖音变脸"特效,可以进行面部识别,为用户戴上各种变脸道具,如动物头像、脸谱等。用户制作了大量出自同一模版的变脸短视频,内容极其相似。从短视频数量和播放量来看,变脸特效和道具十分受欢迎。抖音的一系列新潮的拍摄技术如转场运镜特效、人脸识别、背景分割、创意贴纸、分屏技术等手段也给予大量年轻用户丰富的感官刺激。抖音作为一个音乐类视频社交平台,背景音乐是必不可少的关键因素。当下的许多流行音乐都出自抖音平台或经由抖音的播放而火爆。丰富、创新、受年轻人喜爱的背景音乐也强烈刺激着用户感官。

在诸多短视频中,生产者强化了感官刺激,忽视了情感、价值追求,遮蔽了社会正面价值的同时彰显了许多负面价值观。受众在接受了过多的观感刺激内容后,也更加追求瞬时的感受、刺激体验。虽然科技带来了更为丰富的视听享受,加强了刺激力度,但过多的感官刺激会大大分散受众注意力,减少理性思考,沉迷于拟态的"美好生活",停止了对现实美好生活的追求。真、善、美的传统价值观也逐渐被奇异的感官刺激所侵蚀。那些强化感官刺激的内容，使受众在快速浏览短视频的过程中，逐渐对令人眼花缭乱的特效产生依赖心理。他们的文化接受活动也逐渐从艺术享受退化为肤浅的视觉消遣和听觉消遣，这直接导致受众接受能力和审美能力弱化，一些受众甚至会因此丧失审美自主性和创造性。[①]

4.过度娱乐化的潜在后果

苏联文艺学家巴赫金的“狂欢理论”认为，那种狂欢广场式的生活是在官方世界的彼岸建立起完全“颠倒的世界”，这是平民大众的世界，打破了阶级、等级、身份的区分与界限。全民皆为平等自由参与的主体，平等交往，尽情狂欢。[②] 娱乐类短视频为用户提供了一个美好生活的狂欢广场，而这只是暂时的、虚构的乌托邦。这个正在逐步扩张的广场正在试图从多个层面消解和重构我们熟悉的社会价值。狂欢化是对现实生活的一种反叛，其实，过度的狂欢化体现的是一种无奈的孤独。短视频的火爆造就了一片大众狂欢的天地，但是人却被分离和隔阂，我们的真实社会经过长时间所产生的社会关系受到疏远。我们的确在发声，但似乎却是对着陌生墙壁的独白。短视频用户大部分是青少年群体，他们作为年轻一代具有反叛精神，注重展示个性和自我价值，但也容易遭到不良价值观的侵蚀。抖音平台的自媒体属性和匿名化特性导致不少传播失范行为的产生，一些无底线的恶搞、媚俗内容虽然可能会满足部分用户的猎奇心理，但这种低俗内容的盛行也造成了对高雅文化的消解和社会价值观的重塑，不利于正常大众文化氛围的营造。用户对平台的使用往往不经意间就耗费过多时间，沉浸于短视频的信息洪水之中，从而导致部分社会行动能力和社会批判能力的丧失。一旦整个社会形成了一种对短视频的习惯性观看，便容易造成一大批网瘾症和娱乐至死的人群。

---

① 杨建：《奇观视野下真人秀的消费主义解读》，《传媒观察》2016 年第 3 期，第 24 页。

② 马海燕：《短视频社交软件的受众心理研究——以抖音 APP 为例》，《新闻研究导刊》2018 年第 5 期，第 59—60 页。

四、结语

娱乐类短视频通过指引用户的内容生产，引导用户自己塑造“美好生活空间”，重构了人们对现实社会美好生活的想象。但是其所重构的生活空间实际上是一种“拟态生活空间”，对美好生活的实践并不符合人们的美好生活想象，所传递的价值观难以契合当今时代所弘扬的主流价值。短视频平台塑造“拟态生活空间”，存在着表现方式碎片化，具有深刻内涵的传统文化浅层化和营造热爱学习假象的问题。这种拟态化空间重构着现实社会的价值观，导致消费泛滥、过度感官刺激遮蔽了社会正面价值、社会价值同质化等一系列后果。作为娱乐短视频翘楚的抖音平台，其“记录美好生活”的标语虽吸引人，激发了用户构建美好生活形态的愿望，但如何将美好生活空间所传递的价值观真正迎合主流价值，如何形成人民群众追求的真善美的价值体系等问题上，需要再三思考。各大娱乐短视频平台需要在内容生产的引导、内容的分发的推荐机制上做出深刻改变。

（韩亚楠，辽宁大学新闻与传播学院，讲师、文学博士；刘凯文，辽宁大学新闻与传播学院2018级硕士研究生）

Analysis on the Shaping of “Pseudo Living Space” and the Reconstruction of Social Values in Entertainment Short Videos

—A Case Study of Tik Tok Short Video Platform

Han Yanan　Liu Kaiwen

Abstract: With the rapid development and the continuous expansion of the scale of membership, short entertainment videos have been seen notable improvement upon its social impact. The activity of watching entertainment short videos has an important impact on the reconstruction of social values. From the existing research, the relationship between entertainment short videos and social value needs further investigation. Taking Tik Tok as an example, this paper explores whether the living space created by entertainment short videos for membership is "pseudo living space", explores the relationship between "pseudo living space" and the reconstruction of social values and reveals the negative impact of "pseudo living space" created by short video platform on social values.

Keywords: Short Video; Pseudo Living Space; Social Values; Reconstruction

男权与资本的双重控制
——美妆视频中的病态女性形象塑造

王楠　鲍海波

摘要：美妆视频作为一种化妆教学类的自媒体短视频，在各大社交媒体以及短视频平台迅速吸引了女性用户的注意力，建构了刻板的、病态的女性形象。从2019年6月到8月对微博热门美妆视频进行为期三个月的网络观察，选取20个具有代表性的美妆博主，并对选取的短视频进行文本分析。研究认为，美妆视频塑造了这样一种女性形象，她们化妆的目的是为了取悦男性；她们沉迷于精细的身体改造；她们醉心娱乐，热衷于展示身体与财富，享受泡沫似的荣耀。此外，美妆视频中的女性只是MCN机构利益链条的一环，是被批量生产的女性。从而得出，美妆视频塑造的病态女性形象的背后是资本的操纵。这些女性沉迷符号的消费，是消费主义的俘虏。在美妆视频中女性身体和商品的意义纠缠是物化女性的过程，女性作为人的意涵有一定程度的消减。

关键词：美妆视频；女性形象；消费主义；身体消费

Web3.0时代，自媒体短视频在短时间内迅速占领媒介市场。iiMedia

Research(艾媒咨询)数据显示,2018 年中国短视频用户规模达 5.01 亿人,短视频市场规模持续增长,预计 2019 年市场规模超过 230 亿元。自媒体短视频也对个体的生活经验产生了影响,越来越多的人成为短视频的忠实观众,闲暇时间都消磨在了短视频上。另外,越来越多的人加入到短视频制作行列之中,并以此为谋生手段。

美妆视频是自媒体短视频中非常重要的一类。它面向女性受众,教授化妆技巧,推荐美妆产品,还会向受众分享博主(视频制作者)的生活和价值观。CBNdata 和微博时尚、微博大数据中心共同发布的《2018 中国时尚美妆热点趋势报告》显示,中国美妆行业线上消费稳步提升。据调查显示,有 36%的消费者表示愿意通过社交媒体获取美妆产品资讯,仅次于第三方电商。社交媒体对消费者产生的积极影响中,有 61%的受访者认同社交媒体可以"帮助我更好地购物",较 2017 年提升了 9%。社交媒体上时尚美妆博主的规模在不断扩大,美妆博主的流量和影响力也在不断提升,同比 2017 年,2018 年阅读量提升 36%,时尚美妆 KOL 的内容也更加多样化和专业化。现在,很多女性的化妆技巧都是从美妆博主处习得,美妆产品的选择也在很大程度上受到美妆博主的影响。

尽管如今社交媒体上的美妆视频种类多样,风格不同,但是这些美妆博主实际上共同建构了一种脸谱化的女性形象。美妆视频中的女性多是浓妆艳抹,专注于自身面部微小的变化,追求高昂价格的美妆产品。美妆博主多是经济独立、思想前卫的年轻女性,但是这些女性在美妆视频中的话语却显示了男权话语的特点,那就是女性要不惜一切取悦异性,获得异性的关注。

一、新媒体中的媒介女性形象

学界对媒介女性形象的研究比较成熟,最早的研究始于西方国家,在女性主义媒介批判的开山之作——1978 年出版的有关妇女与媒介的论文集《炉床与家庭:媒介中的女性形象》中,"媒介女性形象"被正式地当作传播学问题来研究，作者之一的女性主义媒介研究者盖尔·塔什曼最先提出了理论框架。[①]随着大众媒介的发展以及1995年在中国召开的联合国第四届世界妇女大会，“媒介女性形象”在中国的研究如火如荼地展开了。

有研究总结到，媒介女性形象就是社会女性在媒介平台被再现后的形象表现。[②] 现今学术界对媒介女性形象的研究多如牛毛，内容范围多是围绕影视剧、电影、小说、广告等艺术作品中的女性形象进行的研究，但是对作为媒介女性形象生产主体的自媒体女性创作者的关注不多。

大众传媒时期，诸多研究批判了大众媒介扭曲女性形象的现象。鲍海波教授在《新闻传播的文化批评》中总结女性在大众传媒中的三重缺席：一、新闻传播主体的缺席，即女性话语权的缺失；二、新闻内容的缺失，即对女性的新闻报道少；三、新闻受众的缺席，即女性看电视大多是看电视剧、娱乐、美食等节目。很多对互联网新媒体的研究认为，新媒体打破了以往大众媒介由男性话语主导的境况，并为女性表达和女性形象塑造提供了一个前所未有的自由的平台。“新媒体为更多女性提供了发声渠道和空间，赋予女性更强的表达意识和传播能力。”[③]

但是，事实确并不如很多研究所预想的那么完美，新媒体一方面为少数人群、弱势群体提供发声渠道，另一方面，在众声喧哗的互联网世界中，“沉默的螺旋”效应进一步增强，男权社会在互联网得到扩展，女性的发声受制于社会的各种权力因素。“网络技术只提供女性主义发声的渠道，并不对其传播效果做出保证。……互联网技术只是为女性制造了一场假象，可以一定程度上普及女性自主意识的知识、话语和观念，并不能真正使得女性团结一致和推动社会性别真正的发展。”[④]

学界对美妆视频的研究不多，仅有的几篇研究是从品牌营销角度出发的。

---

① ［荷］L.van Zoonen著，曹晋、曹茂译：《女性主义媒介研究》，广西师范大学出版社2007年，第22页。

② 荀洁：《基于文化批判视角的网络女性形象研究》，苏州大学博士学位论文2017年。

③ 黄雅兰、陈昌凤：《自由的困境：社交媒体与性别暴力》，《新闻界》2013年第24期，第58—61页。

④ 徐智、高山：《网络女性自治区中的性别歧视内化——自媒体美妆视频中的女性嫌恶现象及批判》，《国际新闻界》2019年第6期，第145—163页。

徐智和高山的论文《网络女性自治区中的性别歧视内化——自媒体美妆视频中的女性嫌恶现象及批判》以B站美妆视频评论为研究对象，深入探讨了美妆视频这一网络女性自治区的“厌女症”现象。本文将研究焦点放在美妆视频的主体即女性美妆博主身上，探究美妆视频塑造了什么样的女性形象，进而叩问这样的塑造过程背后有着什么样社会因素和权力因素。

本文采用文本分析的研究方法，从2019年6月到2019年8月进行为期三个月的网络观察。本研究选择微博热门美妆视频作为研究对象，每周三次观看微博热门中的美妆分类下的美妆视频，一次观看10个视频，并做记录。美妆视频的受众以女性为主，美妆视频的制作者也大多是女性，虽然也有一些男性美妆博主，但是数量较少，而且不在本次研究范围内，因此研究会过滤掉男性美妆博主的视频。本研究从观看的视频以及网上的美妆红人榜单，挑选出20位有代表性美妆博主，其中包括贫民窟美妆博主“帅你一脸毛蛋”、可爱学生风格博主“不困小姐”、优雅知性风格博主“易烫YCC”、技术流博主“大佬甜er”，甚至还有搞笑美妆博主“lori阿姨”等。进一步观察不同定位的美妆博主所呈现的女性形象。

选择微博而并非其他短视频平台的原因是，多数短视频平台有精确的年龄和阶层的定位，比如哔哩哔哩网站和抖音年轻用户较为集中，快手、火山小视频等平台的用户则多来自乡村和小镇，中年人较多。相比之下，微博的用户更加广泛，不管是年龄还是阶层都和其他短视频平台相比拥有受众多样化的优势。也正是如此，在微博可以看到针对“贫民窟女孩”的平价化妆品测评，也可以看到“贵妇级”的美妆教程。

二、美妆视频中的病态女性形象特征及形成机制

（一）取悦男性的女性：男权话语的内化表达

美妆视频中的女性不惜一切将自己打造成使男性赏心悦目的工具。自媒体营销过程中把非常能够凸显女性气质的口红色号称为“斩男色”，之后，一些美妆博主也专门制作了“斩男妆”视频。比如，2019年8月微博名为“iambibi李大胆”的美妆博主发布了一条美妆视频，标题为“七夕必备，温油清纯斩男

妆”。“斩男”的意思就是俘获异性的目光，也是美妆博主的一切努力的目标。在这种“斩男妆视频”中美妆博主一边化妆一边作讲解，“温柔的西柚色会让他神魂颠倒”“眼线下拉会有无辜的感觉，会激起男生的保护欲”。这种向男性审美看齐的话语不只出现在“斩男妆”视频中，在很多美妆视频中受众都会听到类似的言论，尤其在美妆教学视频中，美妆博主不仅在传授美妆技巧，还传播在男权社会受到的思想浸染，即“女为悦己者容”，女性化妆的目的不是所谓的“取悦自己”，而是取悦异性，让自己在供男性挑选的女性市场中脱颖而出，成为男性目光凝视之处。

美妆博主在短视频中竭尽所能掩盖自身面部缺陷，迎合大众审美。大部分美妆博主经常将“美白”“变白”等挂在嘴边，俗话也说“一白遮百丑”，但是大部分亚洲女性的肤色并不符合这种审美，于是很多美妆博主用各种美妆产品遮盖自身肤色，甚至追求像白种人一样的肤色。“遮瑕”也是化妆流程不可或缺的一步，痘印、黑眼圈、法令纹、雀斑，这些都是美妆人士避之不及的痛点。她们利用各种方式遮盖面部瑕疵以及改变肤色的行为，都是对女性身体价值的质疑和否定，潜台词是女性也许生来不美，但是可以通过物理手段改善面部状况，这样女性就趋于“完美”了。美妆视频中传递的这样一种女性形象，一方面是对女性身体和尊严的蔑视，另一方面也传递了女性达到面部和谐美丽，就是女性的终极目标了。

这与美妆博主在自己的视频中宣扬的“独立女性”形象自相矛盾，大部分美妆博主都可以通过自己的短视频盈利，也是大众口中的“独立新女性”，她们在视频中强调“女人化妆是取悦自己，增加自信”，但是这和美妆视频中暗藏的男权话语是背道而驰的。美妆博主受到男权话语的浸染，内化的性别歧视言论频频出现在视频中，但美妆博主自身却不自知。“美妆作为一种隐喻，强调女性依靠化妆产品和技巧去维系‘美’的样子，但这种‘美’的标准却来自长久以来男权社会的定义。美妆的实质是一种对女性身体的规训，只不过自媒体的视频让这种规训过程更加透明化和社会化，但女性身体规训背后仍是对‘父权制'的取悦。"[①]

(二)愚蠢懦弱的女性:被他者化的绝对客体

波伏娃阐释女性如何被"他者化"时说,男人宣告自己是主体和自由者的同时,发明了"他者"的概念。从此他与他人的关系就发生了转变:他者是危险的并构成了一种威胁。女性作为父权社会男性的他者是"构想成恶的信徒",是一种"异己的、同他对立的力量",常常被塑造成愚蠢滑稽的刻板印象。[②] 到了自媒体时代,女性成为塑造这一刻板印象的主体,成为生产性别歧视话语的主体。

自媒体美妆视频博主共同显映的是这样一个女性形象:她的世界极其简单,每天的烦恼是穿什么衣服,画什么样的妆。她花两个小时的时间来化妆,在最微小的细节花费大量的精力。只要品牌方推出新品化妆品她就会毫不犹豫地购买,尽管她已经有相当多类似的产品了。她们是愚蠢的,她们享受即时的欢愉,没有对未来的思考,甚至没有思考。她们也是懦弱的,占据了自媒体的流量高地却选择放弃对女性价值的宣扬,专注于遮盖自身瑕疵以迎合男性的目光。

这样的女性形象在相当程度上符合波伏娃的女性主义,她认为,女性被"他者化"首先就是将女性看作"非本质存在"生存客体。女性被认为是没有创造性的,按照社会要求的方式生活,按照大众审美和习俗标准来评判自己。在父权社会中,女性得到了更多的包容和照顾,久而久之,她们自己也放弃了创造的本能,放弃了尊严的争取,"附属性在她们身上已经内化……自由意味着自食其力,许多女性宁愿选择带着镣铐跳舞,也不愿挣脱沉重的枷锁。即使她们表面上能够自由行动,她们仍然不能摆脱整个社会所带来的精神奴役"[③]。美妆视频中看似个性十足的美妆博主,实际上依然是父权社会中唯唯诺诺的传统女性形象。她们全身心投入到精细的身体改造之中,远离权力的厮杀和

① 徐智、高山:《网络女性自治区中的性别歧视内化——自媒体美妆视频中的女性嫌恶现象及批判》,《国际新闻界》2019 年第 6 期,第 145—163 页。

② 吴志远:《寻找"中间领域":反思"MeToo"运动中的"他者化"情感政治》,《新闻界》2019 年第 3 期,第 51—61 页。

③ 张骞:《西蒙娜·德·波伏娃"他者"思想研究》,西北大学博士学位论文 2017 年。

争夺，生活在男权社会的庇荫之下。自媒体看起来为女性提供了一个自由的"乌托邦"，但是这个空间却受到社会以及男权的严密监控，这个空间中的女性将附属性内化并不自知地生产着性别歧视话语。

（三）肤浅狂欢的女性：伪语境下的美妆话语

新媒体在短时间内占据社会多数人的多数时间，网络成瘾不再仅发生在青少年群体中，手机成为无数人的闲暇消遣，最终让每个人都离不开手机。仅仅是互联网为人们生活提供的便利并不能造成社会中大多数人的手机依赖症，手机或者说移动互联网为多数人提供的更像是欲望满足工具。自媒体短视频将传统大众媒介"娱乐至死"的特性发挥到极致，如果说电视将人变成不会思考的"沙发土豆人"，那么自媒体短视频就让人加入到狂欢的生产中，意义被消解，目的被遗忘，一切所作所为都是为了娱乐而娱乐。美妆视频就是在这样的媒介环境中诞生，它的终极目标就是娱乐。

尽管美妆视频为受众提供美妆知识和美妆技巧，但是从深层角度来看，美妆视频提供的信息是无用的、无意义的信息。首先，很多美妆视频的评论页面都可以看到这样的言论"我的脑子告诉我学会了，但是我的手说，并没有"，这种评论信息经常获得高赞，也就是说，即使"干货满满"的美妆视频也并没有给受众带来相当程度上的帮助，技巧性的化妆手法并不能通过几分钟的短视频迅速让受众掌握其中诀窍。其次，即使受众在美妆视频中获得了有帮助的信息，但是归根结底，美妆视频的信息是教女性如何得到异性的关注，这样信息从文化角度来说，仍然是无意义的。最后，实际上，大量自媒体美妆视频的内容不是旨在传播，而是为了展示，展示美妆博主姣好的容貌和身材，展示占有的不计其数的美妆产品。受众观看美妆视频也并不是完全为了获取信息，更大程度上则是凝视，这种凝视充满了对外貌和财富的欣羡。

尼尔·波兹曼在阐释大众媒介"娱乐至死"的特性时提到了"伪语境"的概念，"伪语境是活力之后的文化的最后的避难所"，"伪语境的作用就是为了让脱离生活、毫无关联的信息获得一种表面的用处"，这时"信息的价值不再取决于其在社会和政治对策和行动中所起的作用，而是取决于它是否新奇有趣"。[①]

① ［美］尼尔·波兹曼著，章艳译：《娱乐至死》，广西师范大学出版社2004年。

伪语境之下的信息除了娱乐功能一无所有，正如美妆视频中的女性，除了娱乐，其他一概漠不关心。美妆博主在视频中对美妆产品侃侃而谈，有时还会分享生活中的小事，这些内容多是围绕令人困扰的感情纠葛，朋友间的小摩擦，也有抱怨学习和工作中遇到的挑战。令人失望的是，很少能够看到美妆博主分享她们的专业知识或者她们的价值观念。

大众文化下，文化权利下移，精神诉求被欲望取代，自媒体短视频一片狂欢景象，美妆视频也是其中一员。美妆视频中的女性醉心娱乐，热衷于展示身体与财富，享受泡沫似的荣耀。这不仅是大众文化的弊病，对于美妆视频塑造的女性形象来说，女性成了“娱乐至死”的代表形象。

三、美妆视频与资本勾结：被消费的女性

大众对于女性的刻板印象之一就是“爱花钱”，不理智消费和无节制购买被认为是女性的一大特征。很多美妆博主的梳妆台和收纳箱都被不计其数的美妆产品占据，美妆视频中的女性也呈现了沉醉于商品之中的形象。美妆视频塑造了僵硬刻板的女性形象，更值得关注的是其背后的权力的博弈。相比于其他媒介对女性形象的塑造，美妆视频受到了来自资本的影响和操纵。无论是美妆视频的主体——美妆博主，还是美妆视频中的产品，都紧紧和资本联系在一起，尤其在如今社会新的资本环境和消费文化之下，美妆视频中的女性形象受到来自资本的控制。

（一）被操纵的美妆博主

如今活跃在自媒体平台上的美妆视频，很多都不再是简单意义上的自媒体了，而是加入 MCN 机构，成为其内容创作、分发和变现的利益链条的一环。

短视频经历了 PGC、UGC，如今进入了 MCN 产业化生产的时代。MCN（Multi-Channel Network）的概念来自国外，是一种多频道网络的产品形态，它将不同类型和内容的优质 PGC 和 UGC 联合起来，在资本的有力支持下，为内容创作者提供内容运营、版权管理、宣发推广、商业营销等专业化服务，保障内

容的持续输出，从而实现商业的稳定变现，获取广告或销售收益分成。[①] 近两年 MCN 公司呈爆发式增长，逐渐成为网红经济的核心。以 MCN 机构快美为例，通过其成熟的红人培养体系及商业变现链条，快速孵化了许多优质的红人账号，同时通过对红人品牌的打造，为红人明星化进行规划运营，延长美妆红人的生命周期。[②] MCN 机构通过数据分析等专业手段为美妆博主精准定位，告诉美妆博主粉丝喜欢什么样的造型，青睐什么样的行为，为美妆博主的一举一动提供商业建议。

美妆视频不再单纯是女性传授美妆经验、分享人生感悟的空间，而成为资本集团的文化产品。作为 MCN 机构的签约艺人，美妆博主已经不再是实际意义上的“自媒体”制作者了，她们的身后是机构和资本的运作。很多美妆博主的收入来源于广告，然而和广告商的合作完全由 MCN 机构代理。美妆博主分享的产品不再是她们用过的产品，而是她们需要宣传的产品。在这一过程中，美妆博主的对于产品的经验和感受不再重要，甚至美妆博主的价值也不再重要，重要的是产品通过对美妆博主的消费得以推向更广阔的市场。

在一系列由男性话语掌控的商业运作中，女性美妆博主在资本的挟持下丧失了话语权，在 MCN 机构中生产的女性形象必然经过男权主义的审查，符合父权社会的审美。这时，女性美妆博主已经无法代表大多数女性，更加无法展现客观的女性形象。美妆视频中所显映的女性形象是资本操纵下的量化生产的女性，真实的女性心声不可能在美妆视频中表达。

（二）沉迷符号的女性

美妆视频中的女性是消费主义的俘虏。美妆博主“不困小姐”在她的视频中坦诚“女生就是对可爱的东西没有免疫力，就算用不着我也想买来看着”，很多美妆博主在介绍产品时都会把包装和造型作为评价产品的标准之一。除此之外，美妆产品分为“平价产品”和“贵妇产品”，对奢侈品牌化妆品的追求始终渗透在美妆视频的话语中。尽管很多美妆博主为了留住“平价线”粉丝，接连推出平价美妆产品的介绍视频，但是在化妆视频和 vlog 视频中，她们都会选择

---

① 瞿旭晟，宣亚玲：《MCN——短视频产业的工业化生产趋势》，《新闻知识》2018 年第 10 期，第 53—56 页。

② CBNData：《2018 中国时尚美妆热点趋势报告》[OL]. https://www.cbndata.com/。

大牌化妆品。

不管是对产品外形的着迷还是对大牌化妆品的追捧，都是对物的“符号”的消费，如鲍德里亚所言“符号消费中，消费的对象不仅是物体，是使用价值，还涉及了文化符号及符号间的交互关系。消费者将商品看作具有象征意义的物品，消费不仅是经济行为，更是文化行为”[①]。美妆博主“不管用不用得到，反正我要拥有它”的消费理念，不在乎商品是否有使用价值，更重要的是对商品符号的占有，对商品附着的社会文化意义的享受。如此一来，商品的使用价值逐渐消失，成了符号的交易，也就是符号消费。对符号的消费使得“商品都被蒙上了一层虚假的使用价值”，目的是为主体身份编码。[②] 拥有了带着奢侈品LOGO的美妆产品似乎就能拥有相应的社会地位和崇高的身份，虚假的满足感使符号的消费更加普遍，正如罗兰·巴特的符号消费理论，神话的传播体系带给人们的不仅是物的概念，更多的是一种观念和欲望的引导，促进消费者对于符号和意义的追求与崇拜。

对符号的过度消费是美妆视频传达的对于女性特质的表述，事实上，不仅是美妆视频，很多自媒体短视频都热衷于讲述女性“拜金”的故事。比如，女孩儿因为男朋友不能给她买奢侈品而分手；相亲时的女性“致命三问”：有房吗？有车吗？工资过万吗？除此之外，一些年轻女性因奢侈浪费最后不得已裸贷的新闻在网络上也随处可见。美妆视频塑造的女性形象是愚蠢的，女性过度追求品牌价值，实际上是在传达女性是受虚荣心主宰的生物，没有独立判断，也没有坚定的价值取向。

美妆博主的炫耀式的消费行为是消费社会的产物，同时这种行为塑造了美妆视频中的女性形象。女性比男性更加容易受到符号消费的劫掠，更容易对虚假的满足感投降，但是事实是否如此还需要客观、公正地研究。

（三）被物化的女性

“在消费社会，当身体从生产主义的牢笼中解放出来，身体审美逐渐成为

---

① 廖宜凌：《国内户外音乐节的符号消费体系研究——以草莓音乐节为例》，华东师范大学博士学位论文2019年。

② 荀洁：《基于文化批判视角的网络女性形象研究》，苏州大学博士学位论文2017年。

人们日常审美的一个关切的话题。”[①]尤其是女性的身体，在一个视觉导向的社会中，加上媒介技术的高度发达，使得女性身体从私有领域走向公共视野，并成为“最美的消费品”。打开社交媒介和短视频APP到处都是女性身体的展示，从时装表演、跳舞、健身等公共场合到化妆、卧室直播等私人领地，女性身体的暴露无所不在。陈元贵在他的文章中借用舒斯特曼的理论返观当下的社会现实，说是“思想退隐，身体登场”，而说到现在的短视频，“近年蔚然成风的自媒体短视频更是屡屡将思想诉求降格为肉身操演，从而最大程度地刺激受众感官，让他们沉溺于形色各异、与意识形态无涉的戏仿与恶搞之中，由此成为这个时代最为流行的文化症候”[②]。

在消费身体的社会中，女性无意识被“规训”，开始试图改造自己的身体以达到社会普遍标准，因为这是女人们“基本的、命令性的身份”。遮瑕、阴影、高光等化妆手段都是美妆博主为了迎合社会标准审美所做的身体改造。身体的展示和肉身的操演掩盖了更重要的思考的维度，美妆视频是更像是一场纯粹的女性身体展示，五官被无限放大，女性美丽的秘密被揭示，美妆视频的全部价值都来自女性的身体展示。

在这场美妆狂欢中，女性身体被物化，女性作为“人”的意涵被掩盖，取而代之的是空壳化的身体和无意义的符号。美妆视频中常常有这样的画面，美妆博主将美妆产品放到镜头前面，展示产品的品牌和细节。还有，许多美妆视频中，制作者会将美妆产品的图片、品牌和具体价格放到视频中人脸的一侧，图片大小略小于人脸。这些美妆视频中的画面里，女性也就是美妆博主和美妆产品的意义纠结在一起，人与物的价值产生了混淆。美妆视频中最常见的环节是“口红试色”，美妆博主将不同颜色的口红涂抹在嘴唇上，提供对比图给受众。这时，女性的身体即唇部不再是焦点，口红才是，物成了超越身体本身的存在。

新媒体迅猛发展的近几年，网络上的身体物化的例子不胜枚举，比如“A4

---

① 林滨，邓琼云：《消费意识形态视域中的身体消费审视与解读》，《东北大学学报（社会科学版）》2019年第4期，第337—343页。

② 陈元贵：《喜剧狂欢·身体美学·欲望消费：审美文化视角下自媒体短视频论析》，《现代传播（中国传媒大学学报）》2019年第6期，第99—104页。

腰”“硬币放锁骨”“反手摸肚脐”，这些将身体与物做对比，用物的标准来审视女性身体，是典型的身体的物化。女性身体作为消费品，作为可供交易的物，失去了鲜活的生命力，成了文化工业的批量生产的产品。正如阿多诺的批判："群氓文化轻而易举地对种种程式、惯例和标准进行着持续的再生产，这导致绝大多数人就连说话的方式都像是一个模子里刻出来的。"[①]

四、结语

自媒体美妆视频看似为热爱化妆的女性提供了分享的平台，但是因为涉及产品的销售，巨大的利益吸引了资本持有者。资本进入美妆视频后，美妆视频原本为女性提供交流空间的功能被消解，成为资本控制下的批量生产的文化产品。由于这个过程男性话语占主导地位，因此，美妆视频中呈现的女性形象是病态的。美妆视频在网络上收获了大量的关注度并取得可观的收益，但这是以生产病态的女性形象为代价的。美妆视频中的女性多以狂热的、不理智的形象出现，她们的所有精力都用在精细的面部整理上，热衷于占有美妆产品。尽管美妆博主多是独立的“新女性”，但是她们在视频中显现出了男权话语内化的表现。美妆视频是 MCN 产业链上的一环，美妆博主是受到资本控制的傀儡。美妆视频中的女性一方面沉迷炫耀式的符号消费，另一方面她们的身体被当作物品来消费。女性的身体被物化，女性的价值被掩盖，美妆视频呈现、塑造的女性形象无疑是病态的，和现代社会“新女性”的面貌是南辕北辙的。

美妆视频中病态的女性形象展示让受众感到困惑。数据显示，社交平台上的美妆兴趣用户呈年轻化趋势明显。90 后占据了美妆兴趣用户的半壁江山，00 后的人数比例稳步提升，成为关注美妆的第三大人群，其人数增速远高于 80 后和 90 后。[②] 除此之外，数据也表示，越年轻的消费者越容易受到网红博主的推荐影响。也就是说，越来越多的年轻用户，尤其是年轻女性用户会受

① [英]约翰·斯道雷著，常江译：《文化理论与大众文化导论》，北京大学出版社 2010 年，第 78 页。

② CBNData：《2018 中国时尚美妆热点趋势报告》[OL]. https://www.cbndata.com/。

到美妆视频的影响,受到美妆视频中的女性形象的感染。这对新一代年轻女性认识自己、认识社会,树立正确的价值观无疑是一个阻碍。

(王楠,陕西师范大学硕士研究生;鲍海波,陕西师范大学教授、博士生导师)

Dual Control of Male Power and Capital: The Image-shaping of Sick Female in Make-up Videos

Wang Nan Bao Haibo

Abstract: As a self-media, make-up videos which teach people how to make-up have quickly attracted the attention of female users in major social media and short video platforms and constructed a stereotyped and morbid female image. Through the observation of popular make-up videos on Weibo, using text analysis research methods, a three-month network observation was conducted from June to August 2019, and 20 representative bloggers were selected for analysis. It is believed that make-up videos have created such a female image. The purpose of their make-up behavior is to please men. They are addicted to make their face look nicer. They are entertained, passionate about showing body and wealth and enjoying the glory of a bubble. In addition, the women in the make-up videos are just a part of the MCN institutional interest chain and are mass-produced women. So we can draw a conclusion that behind the image of sick women shaped by make-up videos is the manipulation of capital. They are addicted to symbol consumption and considered as a prisoner of consumerism. The entanglement of the meaning of women' s body and goods in make-up videos is the process of materializing women, and the meaning of women as human beings was weakened to an extent.

Keywords: Make-up Videos; Female Images; Consumerism; Physical Consumption

“抖音”的形态演变及传播研究

王一涵

摘要：“抖音”生于 2016 年短视频的极速风口期，经过三年的蜕变目前已成为国民级 APP。本文对“抖音”形态演变及“抖音”的视频内容进行了梳理归纳，从传播学角度分析了“抖音”传播机制的两个显著特征：大数据内容分发机制和 UGC 主导的去中心化模式。并在此基础上对典型传播个案“多余和毛毛姐”进行了文本化的重点分析。与此同时，本文对“全民‘抖音’”的狂欢奇观下受众逻辑思考、深度阅读、认知能力的退化以及信息茧房的形成等现象进行了反思。

关键词：“抖音”；短视频；传播机制；UGC

引言

“抖音”是今日头条旗下一款诞生于 2016 年 9 月的创意社交音乐短视频 APP。该 APP 以“记录美好生活”为品牌定位，一经打开，短视频即以全屏呈现的方式占满整个手机屏幕，给用户以沉浸式体验。“抖音”用户通过拍摄 15—60 秒或更长的短视频并添加背景音乐、滤镜、特效等上传至平台实现与其他用户的互动。

根据2019年8月30日中国互联网络信息中心（CNNIC）第44次《中国互联网络发展状况统计报告》显示，截至2019年6月，我国网民规模达8.54亿，手机网民规模达8.47亿，网民通过手机接入互联网的比例高达99.1%。网络视频用户规模达7.59亿，用户使用率为88.8%。[①]“抖音”国内日活跃用户数突破3亿，月活跃用户数突破5亿。[②]可以说“抖音”已成为国民级APP，其动辄百万点赞量的短视频和动辄千万粉丝量的用户堪称媒介奇观。这一现象级软件背后的形态演变和传播机制颇值得探究，同时，“抖音”爆火带来的注意力退化和信息茧房的形成等问题也应引起反思。

一、“抖音”的形态演变

（一）“抖音”诞生——媒介融合下短视频的兴起

人类的阅读媒介形态不断演变：文字产生后以霸主地位支配了人类的阅读方式长达千年；工业革命后，照相、摄影等影像技术的发展使得图片开始进入人们的视野；而如今，随着电子信息技术的飞速发展，传统的文字和图片形式已无法满足人们的需求，媒介融合势在必行。美国新闻学会媒介研究中心主任Andrew Nachison将媒介融合界定为“印刷的、音频的、视频的、互动性数字媒体组织之间战略的、操作的、文化的联盟”[③]。集媒介联盟之大成的短视频借WEB2.0时代到来之机，实现了井喷式发展迭代。数据显示，目前短视频独立用户数已经达到5.08亿，占国内网民总数的46%，即平均每两个网民中就有一个有观看短视频的习惯。[④]“抖音”正是生于短视频的急速增长风口期，但

① 中华人民共和国国家互联网信息办公室：第44次《中国互联网络发展状况统计报告》（全文）http://www.cac.gov.cn/2019－08/30/c_1124939590.htm

② 6月5日，在字节跳动旗下短视频熟人社交APP“快闪”的发会上，“抖音”总裁张楠宣布截至2019年6月初“抖音”在国内日活突破3亿，月活也已经突破5亿。http://www.junmoseo.com/29745.html

③ Andrew Nachison. *Good business or good journalism? Lessons from the bleeding edge, A presentation to the World Editors' Forum*. Hong Kong, June5, 2001

④ 卡思数据，火星文化，新榜研究院：《2019短视频内容营销趋势白皮书》[R/OL]. 知识库，[2018－12－13].https://www.useit.com.cn/thread－21508－1－1.html

它并没有因为行业的井喷式发展而盲目扩张。相反,“抖音”扎根产品本身,以平均两周更新一个版本的频率紧跟用户体验及市场需求。小到交互按钮,大到产品定位,“抖音”依靠不断提升自身的市场适应性,始终走在流行的前沿,用不到三年时间便超越了由 GIF 转型而来的短视频巨头——快手,成为最具影响力的短视频 APP。

(二)“抖音”演变——自我完善的三个阶段

首先是关注产品功能与发展方向的探索期。2016 年“抖音”诞生之初软件名称为:A.me。作为一款音乐社区移动端应用,A.me 将受众定位到了“90 后”及“00 后”的年轻人身上。在这一阶段,“抖音”的产品演变主要体现在以拍摄功能为主的自身产品功能完善及产品发展方向探索两个方面。在经历了 1.0.0—1.2.1几个版本针对“一键回到顶部”“页面刷新”“视频分段删除拍摄”等基本功能完善,以及视频画质的提升之后,在 1.2.2 版本,A.me 正式改名为“抖音”。至此,产品的市场定位变得更加清晰和明确,这一转变不仅使音乐社区的品牌概念更加直观地体现在产品名称上,由英文转变为中文的表达方式也极大地提高了 APP 的传播力。此后,“抖音”版本更新的侧重点依旧是围绕着用户体验反馈而进行的诸如评论@好友、添加音乐收藏等产品功能方面的完善,以及包括增加滤镜和强化特效在内的拍摄效果的升级。在运营方面,“抖音”在探索时期的运营重点主要是推动内部用户的自传播,大型的外部推广活动屈指可数。反倒是相声演员岳云鹏在 2017 年 3 月 13 日的一条带有“抖音”水印的微博“无心”转发产生了意料之外的效果,使得“抖音”在一夜之间获得了大量新用户。这一事件也让更多的明星以及他们的粉丝逐渐开始关注“抖音”短视频平台。截至 2017 年 4 月 27 日 1.4.0 版本发布,“抖音”已经基本完成了新产品的冷启动环节,在摄影与录像 APP 下载榜上位列第 9。

其次是重点强化产品运营和传播的增长期。随着 1.4.2 版本的到来,“抖音”由最初的探索期进入到增长期。在这一阶段,“抖音”继续提升产品性能,并更加关注产品的运营和传播。在产品方面,除了完善现有的视频效果,“抖音”还增加了 3D 特效、跳舞机、AR 等新玩法,不断提升用户的产品体验。更重要的是,“抖音”通过新增“附近”“微博绑定”“直播”以及“百万英雄有奖问答”等功能,强化用户的交互性体验,为推动产品传播、促进用户增长提供了基础。在运营方面，“抖音”一改之前的运营策略，依托于产品诸多的新增功能从各渠道引流获客并通过营销活动和投资综艺的形式实现用户的拓展与增长：为鹿晗新歌发布策划的营销活动，借助明星的流量及作品扩大平台的传播和影响力；通过赞助《中国有嘻哈》这一与产品调性相近的音乐类节目，引导观众在“抖音”中参与到以网络综艺节目中大热的音乐作品为依托的视频观看和创作中去，加速自身产品的普及与市场覆盖率。截至 2018 年上半年，“抖音”已经完成了品牌的传播和用户的积累，一跃成为摄影与录像 APP 下载榜第一名。此时的“抖音”，受众已由最开始的 90 后、00 后扩大到了全年龄层。

最后是强调监管和战略的成熟期。增长期的迅速扩张为“抖音”带来了大量用户的同时也导致了诸如视频质量参差不齐、评论及互动区域不和谐等一系列环境问题。与此同时，用户数量的增长所带来的用户群体多样性所引发的问题也日益明显。因此从 1.6.8 版本开始，步入成熟期的“抖音”开始通过出台一系列包括优化评论和举报功能、上线反沉迷系统、封查不良账户等监管措施，提升平台视频内容质量，净化平台环境氛围。针对用户群体扩大所导致的不同群体间差异化问题，“抖音”从战略角度出发，调整自身定位，在聚焦年轻人的同时，也意图覆盖全年龄层的用户，让尽可能多的用户参与其中。如在平台范围内发起“记录美好生活”的主题活动并将其作为自身的品牌定位，使平台的调性从新奇有趣变得趋于多元。在近期更新的版本中，“抖音”还迈出了平台社群化的第一步以应对日益增长的不同属性用户群体的差异化需求。截至 2019 年的上半年，“抖音”长期“霸占”APP 商店免费榜前三，摄影与录像 APP 下载榜第一的位置。

二、“抖音”的分类

（一）“抖音”内容分类：垂类细分与典型归纳

在“抖音”短视频内容矩阵当中，以小姐姐、音乐舞蹈、搞笑段子、小哥哥、时尚美妆、萌娃萌宠、游戏、美食、文化教育、生活休闲、社科军工等 14 种垂类细分为主，百万级“大 V”的内容基本囊括其中。这些丰富的内容类别，共同构成了“抖音”的多元化内容生态。上述海量内容使“抖音”短视频的内容生态同时具备新鲜性、观赏性、趣味性、交互性、共享性等特点，并在整体上呈现出生态化、年轻化、娱乐化、社交化、个性化、潮流化、创意化、“魔性化”的社区氛围，使内容和受众之间产生或感动、或开心、或欣赏、或赞美、或敬佩的情感联结，形成强烈的情感共鸣，有助于增强用户黏性。

表 1 卡思数据 2019 年 7 月“抖音”红人全景月报

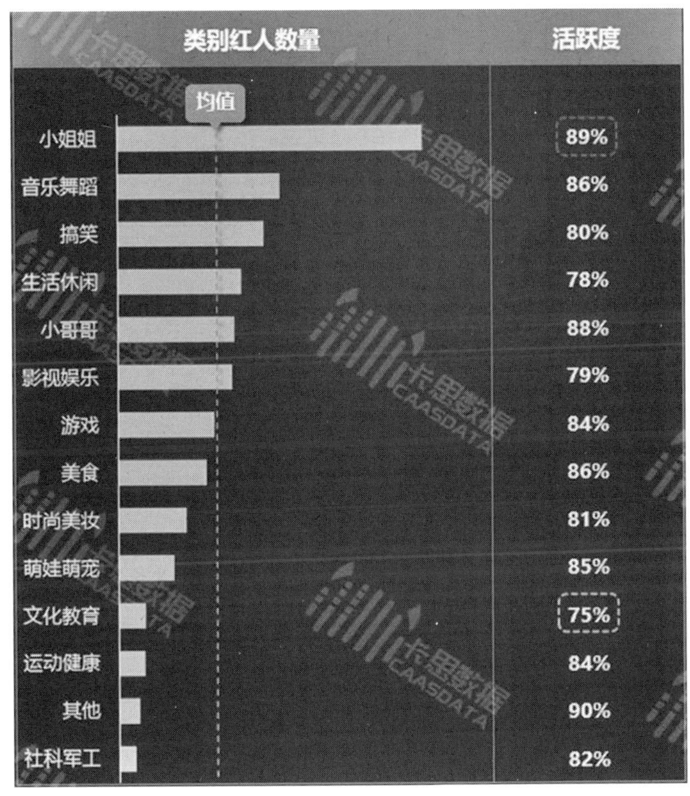

截至 2019 年 7 月，根据卡思数据的统计报告，“抖音”的类别红人数量小姐姐数量最多，活跃度达到 89%。其余内容数量按降序排列分别为音乐舞蹈（活跃度 86%）、搞笑（活跃度 80%）、生活休闲（活跃度 78%）、小哥哥（活跃度 88%）、影视娱乐（活跃度 79%）、游戏（活跃度 84%）等。从以上十四种“抖音”视频中可总结归纳出以下五种典型类别：

表 2 “抖音”视频的五种典型分类

维度 类别	产生原因	特点	账号举例
高颜值＋才艺类	“抖音”竖屏播放的模式将发布者的面部比例放大，使得形象好的“抖音”用户更易吸引大量粉丝而走红	他们的“抖音”视频内容大都简单且同质，以展示自己的外貌为主，配上一段动感的背景音乐和简单的舞蹈动作，甚至只是对着镜头笑一下，便能轻松得到成千上万的点赞	“抖音”女神“代古拉 K”，以充满亲和力与感染力的笑容、“魔性”的舞蹈吸引了 2362.4 万粉丝，和 2.1 亿获赞量；“抖音”红人“摩登兄弟”拥有 3648.4 万粉丝，凭借“小奶狗的长相，小狼狗的嗓音”翻唱一首《讲真的》获得了 872.3 万的超高点赞量
萌娃萌宠类	大卫·奥格威的 3B 原则认为 beauty（美女）、beast（动物）、baby（小朋友）容易引起人们的喜爱和注意①	与俊男美女类视频的套路相似，萌宠和萌娃类短视频数量巨大且题材同质化严重	“抖音”用户“丁丁当当小宝贝”拥有 515.5W 的粉丝和 3552.6 万获赞量。配合歌曲《你有什么资格说我胖》的表演机灵活泼，让人捧腹；萌宠类“抖音”号“会说话的刘二豆”共有 4608.8 万粉丝，其作品通过宠物出演和人声配音构成有脚本的情景短剧
搞笑段子＋情景剧类	“抖音”的搞笑短视频内容具有感官刺激性、娱乐性和庸俗性特征，能够满足受众的娱乐、减压的需求	搞笑段子类视频大多采用反转的手法，但能够长期不按套路出牌，而且始终在观众的接受阈值之内，不会让观众审美疲劳。这类短视频往往埋伏很久包袱，通过一瞬间的爆发带给观众极大的惊喜	“抖音”用户“大头大头下雨不愁”，长相普通，但却有 1251.4 万的粉丝和 1.1 亿获赞量。其视频内容以“整蛊他人”或者“被他人整蛊”为主，煞费苦心地布阵捉弄自己的家人，或反过来被他们套路

① 解金鹏、邓永芳：《从受欢迎短视频看当代年轻人心理特征——以“抖音”APP 为例》，《教育传媒研究》2019 年第 2 期，第 90—92 页。

续表

类别＼维度	产生原因	特点	账号举例
音乐BGM+创意动作类	"酷炫""新潮"音乐APP的时尚型性、便捷性、短时性和非连续性恰好能填补用户的碎片化时间	内容制作者通过添加艺术字符、图案的文化符号等形式进行加工后广为传播。这一类型的短视频通过简单的语言进行重复编排,伴随音乐节拍,将韵律传递给受众	"我们不一样""海草海草""一起学猫叫""鬼步舞""C哩C哩"等。歌手林俊杰的《醉赤壁》中的两句"确认过眼神,我遇见对的人"在"抖音"上空前火爆,传唱度极高
正能量资讯类	传播优秀文化、弘扬社会正能量的温情故事是政务资讯类"抖音"号的重要内容组成	记录生活中点滴真情、温馨感人事件。积极向上、温暖人心的内容是这类视频的"最大公约数"。短视频中军人与孩子、妻子等短暂相聚的瞬间,以及在细腻情感传播中折射出的英雄气概常常让人动容	人民日报作品"男孩落水被冲走,民警开车狂追。生死关头,车没停稳,民警冲下车不顾一切跳下去救人。记住这些为你拼命的叔叔啊!"获得467.5万点赞量;"孩子别怕,叔叔的安全帽给你戴,叔叔拼了命,也会把你救出去!没什么可说的,致敬!"获得124.8万点赞量

(二)"抖音"用户分类:身份区分与行为归类

作为一个成熟的短视频平台,"抖音"短视频的传播不是一个简单的单向传播过程,而是一个完整的闭合回路,这也导致"抖音"的受众与传播者之间的边界变得十分模糊。在这种前提下,"抖音"用户在传播过程中至关重要:既是单向传播者或单向受众,亦可以两者兼具。

从基础属性上来看,"抖音"用户的男女比例基本持平,男性占48.03%,女性占51.97%,略高于男性。在年龄分布上,"抖音"用户的年轻化趋势明显,25—30岁的用户占比最高,达到了29.03%,紧跟其后的是24岁以下的人群,占比也达到了20%以上。从地域分布上来看,"抖音"的主要用户集中在一二线城市，占所有用户的61.49%。[①] 作为一款主要以原创或模仿他人作品而分享短视频的APP，“抖音”的用户还可以从用户APP内部行为特征来细分为如下三类：

表3 “抖音”用户内部行为特征分类

用户类型	用户特点
创作型用户	以创作者的形态出现，通常是“抖音”传播过程中的“传播者”。类似于独立音乐人，即不使用“抖音”平台提供的背景音乐、特效等，独立制作音频，通过剪辑和加工，制作出原创背景音乐，并以此为依据进行视频脚本的创作和拍摄。该类用户往往是拥有制作团队的较为专业的资深用户
模仿型用户	这类用户主要依托“抖音”平台所提供的资源实施创作，在“抖音”的传播过程中，由于该类用户没有绝对的原创能力，因此其角色通常在传播者和传播受众之间游离。“抖音”为该类用户提供了极其简便的拍摄模板，在每个“抖音”短视频的下方，会显示背景音乐的来源，点进去以后，便是使用此音乐的所有视频作品和一个显眼的“拍同款”拍摄按键。生产的该类视频的模仿型用户往往同质化严重，缺少创新和创造力
沉默型用户	主要是指不发表任何作品，只进行点赞、转发或很少互动的观看型参与者，这类用户在“抖音”的传播过程中主要作为受众出现。当然，在他们进行转发操作时，依旧会扮演传播者的角色。通常来讲，这类用户大多把“抖音”当作日常生活的消遣，极度依赖平台为其推荐内容并沉浸于自己感兴趣的视频领域之中

总体来说，“抖音”的用户可以按照其APP内部行为特征分为以上三类，并呈现交叉的现象。就数量而言，模仿型用户的数量最高，但不论用户属于哪一类角色，都在“抖音”的传播过程中自得其乐。

① 艾瑞数据 https://index.iresearch.com.cn/new/#/app

三、"抖音"的传播机制

"抖音"的传播机制有两个显著特征:一为大数据算法的内容分发机制;二为 UGC 为主导的去中心化模式。二者相辅相成,充分利用互联网技术发展所产生的相关成果,将关注的焦点放在了用户身上,形成了"抖音"独有的高效传播机制,保证了"抖音"平台短视频的精准快速传播。

(一)大数据算法——内容分发机制

"抖音"短视频依靠今日头条的大数据支持,采取的同样是算法内容分发机制,当用户对某个视频进行观看、点赞和转发等操作时,系统便会基于此数据向用户推荐同类型的视频。当用户看到不感兴趣的内容时,只需要用手指向下轻轻一划,便可进入下一个视频。用户无需费心去寻找自己感兴趣的内容,只需要等待一个个视频的精细化匹配推送,并通过手指滑动做出选择。

在算法分析上,"抖音"系统通过收集用户对平台的使用行为和内容偏好数据,加以整理和分析,为每一个用户打标签,勾勒出独一无二的用户画像。在此基础上,为用户推送其极有可能感兴趣的内容,引发用户的进一步点击甚至模仿与创造。即利用海量的数据资源根据用户的浏览习惯和感兴趣内容给用户推送相关信息。这样的模式下,相关视频内容就可以更加精确地到达目标用户的使用终端,让用户产生一种技术能够"理解"自己的体验,甚至把推荐内容的性质跟主体本身的特质等同起来,从而对其更易产生信赖感。同时,"抖音"的运营方还可以利用大数据统计和分析用户的性别、年龄分布、平均使用时间等,并针对采集到的数据做数据建模来提高内容分发的准确度,从而提升用户的体验与活跃度。

除了为不同偏好的用户分发不同类型的视频之外,"抖音"还将大数据算法运用到热门视频的分发过程中,使高质量的、被大多数用户喜爱的视频可以获得更多的流量。其机制为:当某短视频作者发布作品之后,平台首先会结合视频关键词及用户画像将视频分发给 200—300 个"可能感兴趣"的在线用户。通过用户的互动以及视频播放等维护来进行判定,反馈好的视频会被叠加推荐,而反馈差的视频则会停止推荐。对于匹配用户精度较低的情况,系统会启动相应的补偿机制，以此对视频做二次推荐。在叠加推荐后，反馈好的视频将被放入热门流中，获得大量的曝光。此时系统会对视频的内容把关，对于内容未被举报或被举报申诉成功的视频，系统会将其判定为优质视频并将其持续推荐给用户标签相关的用户，持续时间为1天到1周不等。在曝光期过后，视频热度逐渐冷却，推荐量逐步递减。

热门视频分发的传播机制极大地促进“抖音”用户的活跃度。一方面，作为传播者，普通用户发布的内容可以被更多的人看到，人人都能成为“流量明星”，用户拍摄发布作品的积极性大幅提升；另一方面，作为受众，用户可以观看到自己感兴趣且更为优质的内容，获得更好的使用体验。

表4 “抖音”内容分发机制

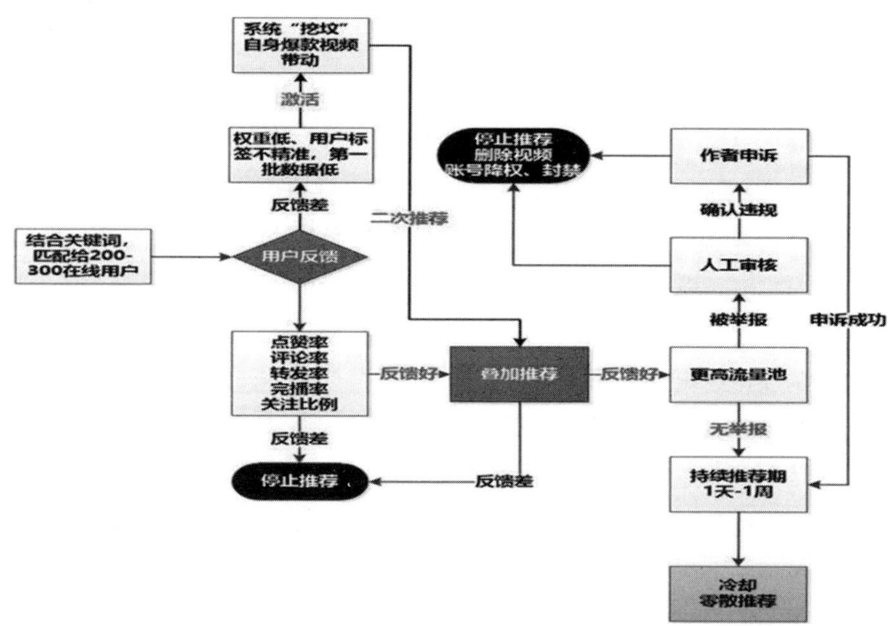

(二)UGC为主导——去中心化模式

“抖音”短视频传播机制的另一特征为：去中心化背景下的UGC(User Generated Content，用户生产内容)＋PUGC(Professional User Generated Content，专业用户生产内容)＋PGC(Professional Generated Content，专业生

产内容)的内容生产、内容分发及内容消费。[①] 其中UGC在传播中占据主导地位。

原创内容是短视频平台的命脉所在,"抖音"UGC为主,PUGC、PGC为辅的原创模式保证了短视频平台中有着丰富的、不断更新的原创内容。它允许每个用户创作和分享自己的生活,在为更多有才华的草根群众提供展示平台的同时,也通过引入专业视频制作用户及团队保证了传播内容的高质量。

这一模式的实现首先得益于"抖音"对用户的技术赋能和权利下放。一直以来,以高成本、高技术、高分工为基础的电影、电视拥有强大的表现力,但由于技术的限制,普通用户难以承担起这类视频表达之"重"。因此,视频传播内容一直是以PGC为内容主导的中心化传播。但如今,依靠一台智能手机,每个人都能成为导演,技术门槛几乎不再成为阻碍,传统的视频传播模式开始转变。"抖音"为用户提供了模板音乐、滤镜、特效、速度设定等各种功能,用户不需要考虑任何技术上的问题,可以随时随地进行拍摄。同时,"抖音"给予普通群体自由发言和个性表达的机会,调动了用户的主动性并突出个体对自我表达的渴望,通过点赞、评价、关注等交互方式,提升视频创造者内在的创新驱动力。除了视频拍摄的低门槛准入,"抖音"在特效功能方面也投入了大量精力,激发普通用户的自我表达欲望,以产出更多的UGC内容。由此而形成的UGC为主导的去中心化模式让每个用户都成为传播网络体系中的重要节点,也让平台内的短视频内容在用户的带动下实现井喷式传播。

四、"抖音"传播个案分析

"多余和毛毛姐"在"抖音"平台坐拥3265万粉丝和3.1亿获赞量。主要通过角色扮演并通常以"今天我们来说一下"为故事的开头讲述生活中的搞笑场景来吸引粉丝。他通过典型的UGC《城里人和农村人蹦迪有什么区别》搞笑段子类内容获得272.2万点赞量而一夜爆火,吸引了大量一、二线城市的年轻粉丝。其中的经典语录"好嗨哦,感觉人生已经到达了高潮,感觉人生已经到

① 陈奇妍:《传播学视域下短视频生态研究——以"抖音"为例》,《中国传媒科技》2019-06-15。

达了巅峰"，被无数网友引用和模仿，甚至吸引了不少明星的模仿拍摄。

"多余和毛毛姐"作为"抖音"发布者，其最终目的是提高点赞量和增长粉丝数。因此其在"抖音"短视频平台发布内容的关键不在一次内容的质量，而是通过系列内容定时定量有规律地推送才能被更多的粉丝看见。"多余和毛毛姐"通过系列内容的制作（即垂直内容）将粉丝固定在某种情境中受到感染，使内容传播更加迅速，来吸引粉丝聚集。

（一）人物设定——强个性化的市井特色

人设形象是将人物身上众多信息浓缩成的标签，帮助人们在互动过程中快速形成记忆符号。重视人设形象的打造是速食化时代的必然趋势。在注意力极度稀缺的"抖音"，没有鲜明的人设形象，很难从内容红海中脱颖而出。"抖音"用户庞杂、素质参差不齐，接地气的人设可以最大化迎合观众喜好，满足观众需求。"多余和毛毛姐"男扮女装时并不精致的外形、刻意使用的贵州口音，以及过于夸张、外放的性格都是在塑造一种接地气的人设。

在以秒为时间单位的"抖音"，用户通常没有时间去详细解读一个人，也缺乏耐心在一堆风格模糊混乱的内容中分辨和挑选，受众更喜欢看到简单粗暴、扁平化的标签，这种标签可以有效减少他们的精力成本。"多余和毛毛姐"固定的橙色假发、夸张的表演风格都是为了在短时间内在观众的大脑中形成记忆符号并不断深化。镜头里的"多余和毛毛姐"一人分饰多角，主要以"毛毛姐"（女）、"多余"（男）、三姐（女）等人设形象出现并演绎生活中大家有共鸣的问题。风格夸张的表演、犀利幽默的吐槽与他自身端正的形象形成了强烈的冲突。这种特色鲜明、辨识度极高的人设形象，是他能迅速被人记住的关键。

由于"抖音"的目标用户主要是一、二线城市人群，用户对视频中充满烟火气息的市井生活饱含期待且充满共鸣。"多余和毛毛姐"的视频中出镜率最高的场景主要有"火锅店""电影院""办公室""商场"等，常见情节多为恋爱、减肥、分手、蹦迪等。虽然琐碎，但每个细节都源于他对日常生活细致的观察和积累，因此他将市井生活日常搬到"抖音"上吸引了大量粉丝。

（二）语言异军——贵州方言的鲜明标签

从 2016 年短视频萌芽期至今，方言都是主打轻松休闲类内容的热门语言。内容创作者凭借各自的地域坐标，用熟练的方言吐槽、演绎日常生活的种种见闻为观众带来诸多乐趣。搞笑类的内容在方言的加持下能够在嬉笑怒骂中获得更好的传播效果。除拉近与观众的距离外，方言在气氛营造方面也功不可没。方言的文化气质可分为五类：强悍型、庄重型、敦实型、狡黠型、柔和型。[①] 当内容气质与方言相匹配时，语言就能够渲染出更多的特定情绪。

“多余和毛毛姐”短视频中的贵州话已经褪去了加密的属性，改良为携带地域口音的普通话，而且在可能会出现理解困难之处均标明字幕。说方言通常被认为是放松的表达状态，受众接收到已进入发布者“私域空间”的信息，便能够给予他们更多的信赖。相比之下，普通话有“正式”的属性，天生具备疏离感，不利于培养感情。毛毛姐极具搞笑风格的“贵普”已成为“抖音”上其独一无二的方言标签，是其吸粉的利器。

(三)剧情作品——内容垂直化模式

“抖音”短视频的叙事内容有明显的时间限制，垂直化的内容切入既有利于在杂乱的竞争红海中提升辨识度和不可替代性，也有利于形成更精准的用户群，方便后续的商业化。即使“抖音”算法推荐大行其道的当下，保证优质内容的持续输出也一直是所有创作者最终的竞争关卡。在娱乐内容泛滥成灾的“抖音”，搞笑类内容非常容易被淹没。但从创意性角度来看，在“抖音”以模仿、拍同款为主的玩法背景下，反而为有创意和特色的好内容提供了一个更易凸显自己的机会。所以只要有能力持续输出创意性内容，就有足够大的概率成为焦点。

“多余和毛毛姐”账号的内容多围绕生活中的日常趣事展开，同时由于受众对滤镜类精致内容的疲软，其反传统的“粗糙感”吸引了大量观众。如用背景墙上贴的歪歪扭扭“巴黎”等字样代替精良摄影棚逼真的环境，简单粗暴的方式使人们的注意力完全集中于毛毛姐精准而搞笑的表演。且这种风格几乎贯穿其全部视频，形成垂直性系列内容。另外毛毛姐还有很多分栏目拍摄，如《毛毛姐出其不意的更新》《毛毛姐飙戏时间》以及“大型穿越宫斗剧”《毛毛传》。垂直化的内容不断培养和加深粉丝对毛毛姐形象的印象和依赖，从而为其增强粉丝黏度。

---

① 张公瑾、丁石庆：《文化语言学教程》，教育科学出版社2004年。

（四）毒舌搞笑——夸张犀利的吐槽方式

“抖音”的用户整体偏年轻化，年轻人思维活跃，接受新事物、新观点速度快。所以，毒舌吐槽类内容有很大的需求空间。“多余和毛毛姐”人设形象中很重要的一个特点就是吐槽犀利。浮夸的演技、低俗的台词、夸张的道具等表演元素迎合了受众庸俗娱乐的喜好。毛毛姐视频中撕渣男、斗恶女类惩恶扬善的剧情颇受欢迎。

在视频《不许插队》中，毛毛姐用大喇叭扩音器简单粗暴教训插队者的表演让人忍俊不禁的同时大呼过瘾，赢得 278.2 万点赞量；在作品《男孩子有女闺蜜，还特别亲近正常吗？》中，毛毛姐用透明胶将不断向自己示威的男朋友心机“闺蜜”和男朋友两人绑在一起，并配台词“你们两个穿一条裤子长大的，你们两个永远在一起吧！”，大快人心，赢得 243.6 万点赞量；《刁蛮婆婆遇上麻辣媳妇》视频中毛毛姐面对不讲道理提出各种无理要求的未来婆婆机关枪般爆炸回撑，撑完告知准婆婆已买好单并宣告分手潇洒走人，这一系列毒舌吐槽获得 240.2 万点赞量。

（五）运营发酵——名人效应与二次传播

“抖音”的模仿式内容创作方式，为优质内容的传播提供了一个非常有利的条件。好内容刚刚表现出走红趋势时，其他观众的模仿、二次传播，表情包制作等是推动好内容持续发酵的关键。在“多余和毛毛姐”的走红过程中，明星助力和其他“抖音”用户的翻拍，起到了很重要的作用。筷子兄弟肖央和“多余和毛毛姐”的内容合作，使得内容传播度明显提升；迪丽热巴、张卫健等明星后续的翻拍玩梗，更是将毛毛姐那句经典台词“好嗨哦，感觉人生已经到达了高潮”的影响力大大提高。

五、关于“抖音”的反思

（一）碎片化阅读：注意力退化趋势蔓延

“碎片化”一词指的是原本完整的事物散落成零件，最初多见于 20 世纪 80 年代的“后现代主义”文献中。美国文化理论批评家詹姆逊认为，后现代文化的特征主要包括零散化、碎片化、缺乏连贯性，给人以廉价的拼贴感、深度的浅薄感和断裂性等，碎片化这一特征集中体现在传媒艺术中。[①] 新媒体的便捷改变了人们获取信息的习惯，微媒介的信息以"轻"和"快"为特征，读者的注意力一直处在较为浅层次和不连续的过程中，难以构成完整的阅读和思考体验，从而对读者的注意力造成干扰。"抖音"为大众提供了不断更新的新鲜信息，其直观的传递方式、不间断的场景转换和主题刷新，让人乐在其中，甚至上瘾。而随着上瘾时长的增加导致用户注意力退化，甚至逐渐丧失逻辑思考能力的问题日益凸显。

(二)文化工业入侵:全民狂欢下的精神麻痹

巴赫金的"狂欢"理论主要展现了两个维度：首先，全部个体均为平等与自由的参与主体；其次，与传统世界完全颠倒的充满戏谑的乌托邦形式。在这个形式下，现实社会的各个阶层打破了传统社会中的身份认同，短暂实现了平等自由的对话机会。[②] 与巴赫金狂欢理论中"第二世界"的比喻有着很高的相似性，"抖音"中的UGC模式为用户提供了平等的发声权利和自由的狂欢广场，创造了一个人人参与、同时具有极大影响力的媒介奇观。虽然"抖音"中的狂欢在一定程度上满足了大众娱乐放松的需求，但这些粗浅、低维的内容极易让人沉迷。长时间被简单信息包裹的用户可能会慢慢丧失深度阅读和认知的能力，尤其是思辨能力尚未完全成熟的青少年群体，更易在狂欢中精神被麻痹。

(三)信息茧房形成:智能算法推送的同质化倾向

凯斯·桑斯坦提出的信息茧房概念指出：在信息传播中，因用户更为在意自己选择的信息和令自己身心愉悦的领域，他们自身对信息的需求并不是全方位的；长此以往，会将他们桎梏于像蚕茧一般的信息"茧房"中。[③] "抖音"的大数据算法虽能根据用户浏览、点赞、评论等数据综合分析照既定的方向推荐它认为用户喜欢的内容，节省了用户搜索感兴趣内容的时间，但用户在长时间沉浸于自己感兴趣的方面，与算法技术形成了积极"互动"，长此以往将很难再有机会接触到"茧房"以外的信息内容，这可能造成个人信息结构的失衡，甚至

---

① 陈莉：《碎片化与意识形态批评——詹姆逊后现代文化批评研究》，《阜阳师范学院学报(社会科学版)》2007年第2期。

② [苏]巴赫金著，李兆林、夏忠宪译：《拉伯雷研究》，河北教育出版社1998年。

③ [美]凯斯·R.桑斯坦著，毕竞悦译：《信息乌托邦——众人如何生产知识》，法律出版社2008年。

影响用户的认知及行为方式。

（四）低俗与暴力："抖音"传播存在诸多有害内容

"抖音"是彰显青春、追逐时尚、大刷存在感的舞台，他们分享自己的有趣生活、展现自己的乐观心态。但随着"抖音"流量和曝光度的剧增，不法分子乘虚而入，虚假、夸张、低俗、暴力等有害内容夹杂其中。部分不法商家为谋取利益，利用"抖音"视频为媒介进行虚假宣传，误导观看者；部分用户为吸引粉丝眼球，使用夸张、低俗的表演方式，夸张的表演可能给模仿者以不当引导，而低俗的表演可能造成不良社会风气蔓延等。"换衣门""厕所门"等低俗作品的出现，说明相关部门监管不力和监督不足。

（五）监管把控：内容混杂与用户结构复杂化的挑战

大众传播时代，传播媒介通常充当着"把关"的角色，而在自媒体时代，出现了明显的"把关弱化"。为了迎合当代大众注意力碎片化趋势，满足使用者"即传即看"的便捷性要求，自媒体短视频平台往往将把关审核这一环节推后，甚至丢弃。"抖音"以 UGC 为内容生产来源的平台，其爆发式的增长、病毒式的传播使多样化内容缺少规范，复杂化的用户结构缺乏有针对性的引导。"抖音"虽出台了举报功能，但网络的虚拟性、入口的多样性和内容的娱乐性，增加了内容监管难度。触及政府监管的红线必然是关停整改，触及用户对内容创新性、娱乐性的需求必然造成用户流失，其在内容多样化和用户结构复杂化下监管度的把控为"抖音"带来了巨大挑战。

（王一涵，北京师范大学文学院硕士研究生）

The Morphological Evolution and Propagation of Tik Tok

Wang Yihan

Abstract: Born in the rapid growth period of short video in 2016, Tik Tok has become a national-level APP after three years of transformation. This dissertation summarizes the morphological evolution of Tik Tok and the video contents of Tik Tok. Moreover, the dissertation also analyzes two significant features of its communication mechanism from the perspective of communication: big data content distribution mechanism and UGC-led decentralized model. On the basis of this, this dissertation makes a textual analysis of the typical transmission case "Duoyu and Maomao". At the same time, this dissertation reflects on the degeneration of the audience's logical thinking, deep reading and cognitive ability, as well as the formation of information cocoon under the carnival spectacle of Tik Tok.

Keywords: Tik Tok; Short Video; Transmission Mechanism; UGC

论观察类综艺节目的空间与角色

林芳毅

摘要:综艺节目作为大众文化重要文本,与大众关系十分紧密,能有效反应一定时期内大众的审美取向和精神状态,也能折射出当下大众文化的关注热点。本文选取当下热播且具有代表性的观察类综艺节目为分析对象,主要从空间的建构和角色的表征来分析观察类综艺节目是在媒介运作和商业操作的双重逻辑下日益火热,以及在传播过程热媒介和受众心理所起的双重作用,在二者的双向互动下,综艺节目表面上向大众传递正面、积极的价值观,而实际却在商业模式操纵下形成价值导向的错位,进而思考观察类综艺节目真正的价值和意义。

关键词:空间建构;角色设计;观察类综艺

引言

综艺节目,是电视文化的重要载体与表现形式。综艺节目作为一种文本,与大众关系十分紧密，它依托电视、电脑、手机等“热媒介”[①]向大众传递讯息，在被建构与被解读的过程中为大众提供丰富的意义，同时，它通过空间重构与不同角色的设定深受青年群体追捧。自2014年，我国综艺节目经历了引进版权、吸收借鉴、改进融合的阶段，从而进入了综艺节目发展快车道。近两年来，我国各种综艺节目呈“井喷”式地活跃在各大卫视、各大网站（优酷、爱奇艺、腾讯、芒果TV等）、手机平台上（APP客户端）。在以竞技、选秀、音乐等为代表的“快综艺”热潮退却之后，“慢综艺”衍生观察类节目近来风头正盛，当观察类节目日益走俏而掀起热潮，其火爆的原因和传播的价值对大众的影响值得反思。

观察类节目由真人秀“慢综艺”演化而来，传统“慢综艺”观察类节目主要是在一个相对宽松的环境里拍摄明星们的日常状态，节目的流程不受节目组的干预、无剧本、无戏剧冲突、不做游戏、弱化竞技，力求展现明星们真实自然的婚恋、交友、日常状态，观众可以直观地看到明星生活中的真实行为。“2.0时代：互联网革命性的时代，起源于IT行业版本的一种习惯称呼。其核心是以个人为中心和以自组织为中心，是一个新的升级版本的经济时代。”[②]在互联网技术的革新与引领下，观察类综艺节目也进入新纪元：起源自日本《改变人生的一分钟深刻佳话》即“真人秀＋观察室”模式的观察类真人秀进入大众视野，深受好评。这一观察类节目主要记录明星、素人的真实生活，并邀请特殊嘉宾在第二现场（演播室）进行观察研究、展开话题探讨评论。目前，具有代表性的观察类节目主要有：《妻子的浪漫旅行》《我家那闺女》《女儿们的恋爱》《做家务的男人》《恋梦空间》《心动的信号》《女儿的男朋友们》《真心大冒险》《做家务的男人》等。相比于过去的“真人秀”，它更强调“真人”而不是“秀”，在风格上更显“生活化”，在记录方式上呈现“纪实性”，在呈现方式上倾向“慢节奏”和“治愈性”。

因此，本文拟采取文化研究与媒介批评的方法，并从中选取当下备受关注

---

① ［加］马歇尔·麦克卢汉著，何道宽译：《理解媒介：论人的延伸》，商务印书馆2000年，第70—71页。

② https://zhidao.baidu.com/question/1774401.html? qbl = relate_question_0&word = 2.0%CA%B1%B4%FA。

的几个综艺展开讨论，探讨节目的空间逻辑、人物设定来分析观察类节目的叙事特点，并试图思考观察类综艺节目热潮对受众造成的影响及节目本身的价值。

一、观察类综艺节目的空间逻辑

观察类综艺节目与传统“慢综艺真人秀”相比具有一定意义的颠覆性，在与“音乐类”如《声声入耳》，“文化综艺”如《见字如面》，“偶像养成类”如《创造101》，“演技类”如《我是演员》，“经营类”如《中餐厅》，“户外游戏类”如《奔跑吧！兄弟》等综艺节目的激烈竞争中突出重围。据不完全统计如下图 1[①]：

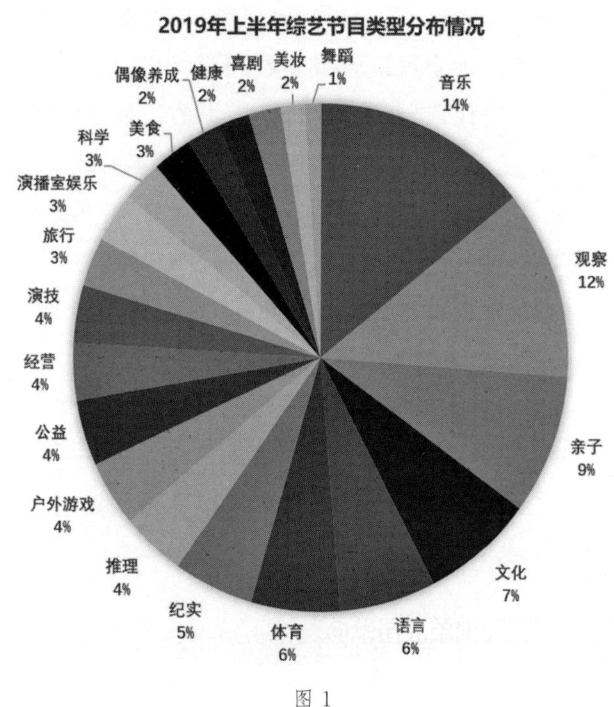

图 1

① 来自知乎华谊兄弟 2019 综艺盘点报告 https://zhuanlan.zhihu.com/p/76232794。

观察类节目按照不同题材可以分为：婚恋交友类，代际沟通类，纪实体验类，分别以《心动的信号》《我家那闺女》《妻子的浪漫旅行》等为代表，不同题材类型所占比例大致如下图2[①]：

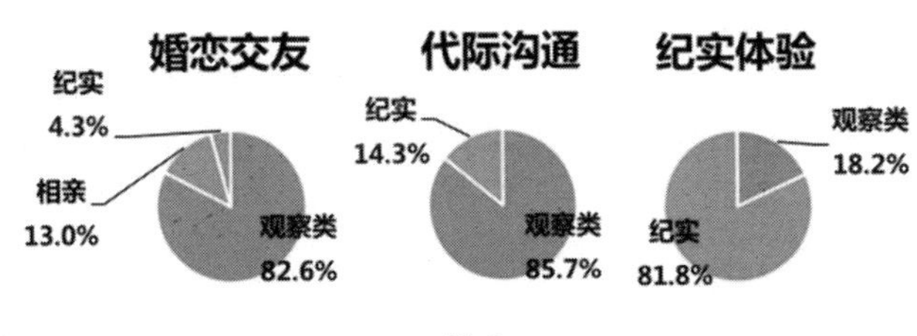

图 2

观察类综艺节目持续走红的原因除了题材的选取引人注目之外，还得益于节目的制作，它通过重构叙述空间，以新颖的叙事策略、特殊的观察视角设置，以及多重人物角色设定，改变了单纯"隔岸观火"的观看模式，从而引发了社会热议和观众的收视热潮。

"空间"(space)，康德早在《纯粹判断力批判》对"空间"就有过相关论述，大卫·哈维在《地理学中的阐释》将康德对"空间"的理解概括为："他指出，地理学和历史学充填了我们的四周：地理学所讲的是空间，历史学所讲的是时间。"[②]空间是一个地理性的存在，作为地理的概念主要反映物质存在的形式。随着媒介技术的日渐发展，20世纪六七十年代，列斐伏尔、福柯、吉登斯、索亚等提出相关理论，"空间转向"在文化批评领域逐渐展开，使得空间挣脱原有的物理属性与自然属性。由此，"空间"演化为媒介技术变化发展的产物，作为媒介延续现实空间的存在。

20世纪90年代以来，文化的大众化转型带动了娱乐产业的快速发展，在泛娱乐化与信息化的当下生活中，随着网络传播媒介对生活的介入和影响，"慢综艺""真人秀"的已经无法满足人们的需求。因此，观察类节目建构了多重空间，即地理意义上的观众直观"真人秀"特定场景的第一空间，语境意义上

---

① 来自百度百科深度文娱报告 https://baijiahao.baidu.com/s? id=1625311568930416645&wfr=spider&for=p。

② [英]大卫·哈维著，高泳源等译：《地理学中的解释》，商务印书馆1996年，第96页。

演播室里嘉宾观察讨论的第二空间，虚拟开放的观众观看“真人秀＋演播室”并参与弹幕的第三空间，使得节目内容更加丰富更立体可感。

（一）呈现慢节奏的第一空间

慢节奏的背景生活空间既是一个地理性的真实可感的存在，也作为叙事环境的表现形式之一，慢节奏的生活空间对叙述事例中的人具有可感知性和思维启发。节目组设置第一现场空间从外在转向内在，从公共空间转向私人空间。

第一，原生态的背景空间。观察类节目有一个共同的特点：将被观察者活动范围圈定在一个无任务、无竞争、无目标、自然环境秀美恬淡的生活空间。“慢综艺”节目题材上偏向于纪实体验类，例如《向往的生活》第二季在湖南拍摄呈现的是人们向往的田园牧歌般的生活画面、《亲爱的客栈》在泸沽湖拍摄呈现的是桃花源般的民俗生活、《幸福三重奏》在京郊小村拍摄呈现的是已婚夫妇的甜蜜二人世界，此类原生态的背景环境不仅为节目增加烟火气息，也使得“真人秀”更加真实。观察类节目大多也沿用了这种自然景观的空间景物为背景，为节目增添真实感。

第二，自带话题感的日常居家背景空间。背景环境本身即为节目“看点”。例如《心动的信号》中被观察的 8 位素人男女分别先后入住一个大别墅，别墅远离市中心，环境优美安逸，呈现小清新治愈系画风。单身男女活动空间主要有厨房、花园、健身房、客厅、房间。他们通过在几个空间的接触，比如组队做饭、聊天、看书等行为方式来观察彼此之间的性格爱好，感受对方的恋爱信号。此外，节目利用大众对于明星的独居空间的窥探的好奇心，如《我家那小子》《我家那闺女》《女儿们的恋爱》等为代表。在高清镜头下观众可以直接看到明星们做饭、买菜、逛街、遛狗、化妆、旅行、恋爱、吵架……诸如此类的生活细节使得节目更加贴近大众，这一过程正如韦伯所说的祛魅化过程，让受众认识到，无论是明星还是普通人，真实的日常生活其实都差不多。

第三，构成系列叙事的转换式背景空间。婚恋观察类节目另辟蹊径，采取“夫妻合体撒糖”——妻子团旅行＋丈夫观察团的形式，例如《妻子的浪漫旅行2》，剧情随着背景空间的转换而推进，妻子们体验在长白山冰雪世界和墨尔本浪漫海滩的美景中旅行，不同的地点和风景转换能引出不同的明话题，不断推进节目的叙事。将被观察对象作为个人领域空间抛入公共视野，很多日常琐碎的行为逐渐生成意义，并成为一个产生资本的空间。

(二)特约嘉宾观察团与第二空间

爱德华·苏贾在《后现代地理学》中提出："空间是一种语境假定物。从唯物主义的视野来看，一般意义上的空间都表示了物质的客观形式。"①这一观点延伸了空间的非物质属性，空间既包括个体存在，也涵盖了关系构建。空间既是物质，又是非物质的，是一种动态的、变化的环境状态。观察类节目除了真实地向观众展示日常生活，提供一个被审视与被观看的空间之外，同时也形成了一个观看、评论的观察室。由节目组邀请的特约嘉宾有明星，也有被观察对象的"亲友团"，观察室各种话题建构话语方式的第二空间。

在《妻子的浪漫旅行》节目中，丈夫团主要通过镜头语言观察捕捉妻子旅行团中的细节，观察妻子在旅行中的状态，妻子团互相交流谈论各自对于育儿、夫妻相处之道的看法。由主持人提出问题或者发起话题，观察室里的丈夫团就第一现场进行讨论，每个丈夫发表关于"婚姻家庭"或"夫妻相处方式"话题的看法。

而在《心动的信号》中，嘉宾团是由主持人、情感分析师、明星共同组成。观察室里的明星和专家主要"围观"素人的试恋过程，在观察过程中不断推理并制定一个奖励机制，猜测男女双方是否互生好感，以真爱原石获得的数量分输赢。往往会提出涉及比如颜值、身材、性格、学历、背景等在择偶中哪些更重要的问题。

在《女儿的男朋友们》《女儿们的恋爱》《我家那闺女》《我家那小子》中邀请明星、特别观察员以及父母观察团，节目录制每个明星子女的独居故事，已经录制好的故事分期播放。观察室里的主持人适当针对某一话题，或者某种行为对父母们及特邀嘉宾进行提问，演播室中的父母们通过儿女及其恋人的行为举止挖掘其心理，进而呈现镜头画面现象背后的意义。

"列斐伏尔在《空间生产》中提出空间是一种生产，空间本身是一种强大的

① [美]爱德华·苏贾著，王文斌译：《后现代地理学：重申批判社会理论中的空间》，商务印书馆2004年，第120—121页。

社会生产模式和知识行为，他认为空间是实践者同社会环境之间所存在的活生生的社会关系。他还指出空间不仅是物质的存在，还是形式的存在，是社会关系的容器，空间具有物质属性，但它决不是与人类社会实践不相关的孤立存在。相对于真实的、有形的第一空间，第二空间的认知，则是对第一空间所塑造的客观性质的反动。简单说来，用精神对抗物质，用主体对抗客体。”①可感知的、客观的空间要素在第二空间中已经不那么重要，话语的构建则成为第二空间形成的关键。

（三）建构虚拟开放群体的第三空间

如果说第一、第二空间都是被观看的空间，那么第三空间则是一个由广大受众群体组成的一个虚拟的“观看性”社交群体性空间，节目开播时各大网站几十万会员观众同时在线，就自己的观看体验通过电脑或者平板发出弹幕，加入话题群聊。这个大群体内部又以支持自己喜欢的素人或者明星分成不同的粉丝群体，一边观看节目的同时一边发弹幕就自己感兴趣的话题发表看法，它与直播间最大的区别在于，它是一个没有等级制的社交群体，通过弹幕它呈现出的是一种全民狂欢化的状态。因此，以综艺节目建立起来的社交群体，大众可以自由地穿梭在虚拟与现实群体中，以集体情感为纽带，从而实现某种意义上的群体认同和群体归属。

观察类综艺节目三重空间的建构，为受众提供了双重叙事视角，节目以上帝视角记录第一空间，以限知视角讲述第二空间，而受众以第一视角可以参与第三空间的建构。多重空间感与多重视角的呈现，反映当下青年猎奇与窥视心理，实际是一种极端化的情感宣泄。值得一提的是，此类节目第一空间的呈现，在某种程度上可以表明综艺节目叙事正由“宏大叙事”向“个人叙事”的转变。正如利奥塔在《后现代状态：关于知识的报告》中所预测的，综艺节目这一消费叙事性文本正以微小叙事的方式解构宏大叙事。在视觉图像需求旺盛的当下，青年群体“看”的欲望似乎胜过抽象思维引导下的“读”。

---

① 转引自邵培，杨丽萍《转向空间：媒介地理中的空间与景观研究》，《山东理工大学学报（社会科学版）》2010 年第 3 期。

二、观察类综艺节目的角色表征

观察类综艺节目作为一种与大众关系密切的文本，在角色设计上也具有鲜明特色。人物角色的设定是此类节目的特色也是深受热捧的另一个重要原因。人物设定（角色设定）简称“人设”，起源日本动漫文化，指对动漫人物的设计，包括身高、年龄、性格、爱好、背景等的设定。而随着媒介技术的进步和社会经济的发展，大众的精神娱乐的需求日益增加，在此背景下，它的使用范围逐渐扩大，从影视剧到综艺节目再发展到现实生活。正如鲍德里亚所言“想要成为消费对象，物品必须成为符号”[①]，由此衍生了“明星人设”，主要通过明星制造团队以及大众媒介长期运营宣传，塑造给大众一种辨识度极高、标签化的形象。此类明星人设与90年代初以来的偶像不同，人物设定从大众偏好和需求入手，具有正面性、亲民性、互动性、趋同性的特点。

每一档节目根据内容与性质的不同塑造不同“人设”，从观察与被观察的角度可以分为以下几类：

（一）被观察者的人物设定

代际沟通类节目中，被观察的对象往往是明星或星二代，在《我家那闺女》《我家那小子》《女儿们的恋爱》中，儿女们有“乖巧孝顺者”，有“努力拼搏事业者”，有“不婚主义者”，还有“吃货”和“女汉子”，等等。例如，明星们有的讲究养生，有的喜欢点外卖，有的常与好友讨论婚恋话题，有的习惯健身，等等，但总的来说，通过不同的细节塑造优秀的“国民闺女”和“别人家的儿子”人设，被观察的人物，带有极为明显的人设标签，主要是为了生成与之相关的话题，成为争议的对象，而最终的目的是在各种话题之下，增加节目的收视率。

纪实体验观察类节目中，例如《妻子的浪漫旅行》，已婚女性则主要塑造一种独立的当代都市女性形象。在日常生活中她们的表现既有丢三落四也有温柔细腻，既有撒娇卖萌也有神经大条，既有贤惠敦厚也有不拘小节的性格特征。总之，节目致力于塑造温柔“好太太”和“好妈妈”人设的同时，也要凸显时

---

① ［法］让·鲍德里亚著，林志明译：《物体系》，上海人民出版社2001年，第223—224页。

代女性的独立，包括精神独立和财务独立，旨在为女性树立时代标杆。

恋爱交友观察类节目中，例如《恋梦空间》《心动的信号》和《遇见你真好》等，单身女性根据不同的出场顺序、服装、职业、性格等塑造了例如“御姐范”“小清新”“软萌可爱”“知性温柔”等人设。相对而言，单身男性的人设主要有“霸道总裁”“文艺青年”“大暖男”“大直男”等几类。未婚男女的人设旨在满足观众的好奇和补偿心理，每个观众仿佛都能在观看节目的同时，在节目找到自己的影子，同时补偿现实生活中缺失的那部分隐秘的情感。

被观察者的人物设定是节目成功与否的决定性因素，也是节目话题的来源，不论明星还是素人，他们都有自己的标签和言说方式，节目弱化了竞技性，而强化了表演性。因此，作为被观察者人设，实际上更具有商品性和表演性。

（二）观察者的人物设定

在观察室里的观察者们的选择也尤为重要，根据节目的策划，特约嘉宾们也有特定的人设，并在推进节目的进度和增加节目效果中发挥重要的作用，他们在观察的同时，负责爆料、制造笑点或煽情。

主持人是整个观察室的掌控者，除了宣读节目流程与节目规则之外，主持人还要负责调控节目的氛围，制造幽默与笑点，确保节目的娱乐性。此外，主持人既要参与节目游戏与讨论成为嘉宾的带领者，还要担任话题的“发起者”，成为观众的“代言人”。主持人作为第二现场的掌控者，承担一定的话语权威，同时也是建构话语场域的负责人。

明星观察团是节目的“流量”“收视”担当，观察团中的明星团体有已婚、未婚和单身三类，他们在观察节目的同时从自己的身份立场出发，发表自己的观点看法，一定程度上塑造大众代言人的人设。而从自己的人生经历和情感体验出发，发表对第一现场画面直观感受的同时也塑造一个“知音”的人设。就第二现场观察团的明星而言，通过自己发表的新颖的观点和看法，一定程度上是配合主持人发起的话题讨论，但也通过自己的独特的观点成为自己“吸粉”的有效方式。

专家也是观察类节目中的亮点。心理专家从专业的角度观察第一现场的细微的动作和语言，运用心理学的相关知识，描述画面呈现内容背后的深层意义，企图塑造一个从更客观角度观察节目的“专业分析师”人设。

值得一提的是，无论是素人还是明星，人物设定是观察类节目自身的重要组成部分之一，人物设定与人物话语息息相关，是为了帮助偶像在激烈的流量市场竞争斩获一席之地，也为节目收视提供保证。因此，人设背后隐含着的话语权力与真实性是长期以来为受众所忽略的。

（三）节目中的“人设”是媒介与受众双重建构的结果

综艺节目文本中标签化人物设置，隐含了媒介与受众双向建构的关系。异于传统偶像崇拜时代，造星思维发生转变，根据受众喜好塑造人设，即“需求——生产”模式，在此机制中，明星制造团为了满足受众的精神娱乐需求，借助媒介技术，将偶像人设的生产权交还给受众。从某种意义上说，大众成为主导——“消费者生产”，明星制造团追逐的仅仅是经济利益。而利益来源于消费者的自由消费，随着市场经济体制改革和互联网技术的日益发展，消费者不但拥有了自由表达意愿的权力，也拥有了自由消费的权力。借助大数据分析技术，受众的追星意愿可以及时、清晰、准确地传达，同时媒介技术也使得受众话语变得可读，例如微博热门话题、微博热搜等。媒介既为大众消费和表达情绪提供保证，也为造星厂制作宣传和人设传播提供技术保障，大众则在话语和行为上为造星厂建构人设提供市场。在双向互动双向建构中，不论明星还是素人都无一例外地沦为“商品”，其过程是一个消费过程，极大地满足了受众的消费心理需求。

观察类综艺节目“人设”热，映射出以血缘、地缘为纽带的共同体式微的现实。各种“人设”的出现，深受追捧，实际上是受众（广大青年群体）力图建立起新的情感共同体，建立个体（自我）与群体（他者）之间的关系。塑造一种“人设”，例如“吃货”“女汉子”“女学霸”“暖男”，在现实生活中往往有受众自动对号入座，以简单的标签化群体中的一员自居，并试图向他者展示自己相似的性格特点建构自身形象。随着经济快速发展进入现代文明，在以个体为单位的现代都市里，需要以新的方式建构情感共同体。而“好男人”“霸道总裁”人设，则受到广大女性的追捧，在众多受众共同追捧的过程中，往往将这类人设称为“老公”，“老公们”的出现实际反映一种理想与现实错位的补偿心理，从而建立起一种情感共同体。涂尔干的理论认为，在原始部落中将个体整合起来主要通过“集体意识”和“集体欢腾”，但“当常规行为成为一个时代的秩序，在这种平淡无奇的时期里，又有什么把人们整合起来呢？哈布瓦赫给出了答案，是集体记忆填补与维持了存在于欢腾时期与日常生活时期之间的空白，它使得单调乏味的日常生活在常规的实践中保持新鲜与活力”①。综艺节目里的人物设定，既是受众某种补偿心理的映射，也是受众群体集体记忆的化身。

三、观察类综艺节目的价值导向及思考

观察类节目作为大众文化形态的一种，深受广大青年群体喜爱，它紧贴人们的日常生活与精神生活，此类节目也在潜移默化地塑造、引领受众的人生观、世界观、价值观。

纪实体验题材观察节目以《妻子的浪漫旅行》为例，女性成为凝视的对象，“女性意识”“女性地位”等成为节目延伸的话题。借用西蒙·波伏娃的理论，“女人是由男人决定的……男人是主题，是绝对的，女人是他者”②，女性的从属性、边缘性从“他者”“第二性”中可以看出。而此类节目的核心价值“尊重女性，关爱女性”通过一系列的话题制造“妻管严”“怕老婆”等实现合理化，向受众传递女性的家庭地位和社会地位得到很大提高的信息，表现女性随着经济地位的提高变得独立自由，并以夫妻双方回忆讲述恋爱过程，家庭相处的日常方式，来传递女性地位与传统“男强女弱”相悖，并制造系列男性“妻管严”的笑点，旨在向受众传播当代正面女性价值观，必须要实现经济独立的观念，因为经济独立个性独立是收获浪漫爱情的基础。

代际沟通类观察节目，主题为“亲情＋成长”。《我家那小子》《我家那闺女》《女儿们的恋爱》等，其中明星或星二代是观察的群体，在记录他们的日常生活的同时，聚焦两代人在婚恋观上的代沟。从父母的角度去审视儿女的生活和精神状况，两代人就不同问题不断碰撞出火花。但是总体而言，传播了光环下的明星青年群体的孤独和焦虑，而更多的则是传达他们积极乐观、热爱生活、精致独立和孝顺父母的生活态度。

---

① 高萍：《社会记忆理论研究综述》，《西北民族大学学报（哲学社会科学版）》2011 年第 3 期，第 112—120 页。

② ［法］西蒙娜·德·波伏娃著，郑克鲁译：《第二性》，上海译文出版社 2011 年，第 9 页。

婚恋交友观察类节目，以《心动的信号》为例，采取的是“CP+恋爱社交”的模式，由于素人的职业不同，且覆盖面广，可以提高受众的代入感和参与感，在观看节目的同时在其中找到自己的影子。相比于传统相亲类婚恋节目，观察类节目记录精致而独立的素人同住一个屋檐下的日常生活，观察互生好感的对象双方恋爱信号的发出与接收，近距离的接触，在择偶上更注重的是性格的契合度，而不以物质条件为单一的评判标准。节目旨在传播自我主体意识增强、健康良好、单纯治愈的恋爱观，颠覆传统片面的审美、速成式与拜金主义的恋爱观。

观察类节目之所以火爆或许与节目制作价值导向密切相关，大众之所投入大量的休闲时间、碎片时间在此类节目上，就某种意义而言，除了节目本身的娱乐性、真实性、可参与性之外，其价值导向本身，是当下都市青年生活的模板，为其提供可借鉴的典范，也给予他们某种程度上的精神慰藉。此外，也反映了青年一代审美价值的转向。借用欧文·戈夫曼的戏剧概念，社会化媒体一直试图将一切都纳入“前台”，而“后台”在不断被挤压，逐渐消失。[①] 如今，明星前台与后台界限被打破，逐渐跨界、越级、融合，前台领域不断扩大侵入至后台，明星、素人的私人空间不断公共化，在综艺节目中呈现集体狂欢化趋势，也在某种程度上表明大众不再盲目崇拜经过包装后闪亮而单一的个体明星，更加渴望从他们的私人生活、家庭的整体，包括背景、成长经历、教育过程、家庭关系和内涵气质等内里部分寻找价值，通过观察了解来寻找与自身的同一性。

观察类综艺节目在竞技、音乐、益智、选秀等类型节目中脱颖而出，成为收视日益居高的一种类型节目，归因于此类节目的多重空间设定、变换叙事以及典型化的人物设定。在受众与媒介的双向互动下，此类节目的热度也居高不下，面对依托热媒介发展火爆的综艺节目，我们有必要保持理性和冷静的思考。

“娱乐至死”的可能。纵观所有观察类节目，不难发现，无论节目本身在何种价值导向的驱使下，其娱乐性并没有改变。无论是搞笑的金句还是个人化

① [加]欧文·戈夫曼著，黄爱华等译：《日常生活中的自我呈现》，浙江人民出版社 1989 年，第 22 页。

的鸡汤总结,都难掩其娱乐化。综艺节目将一切内容,包括恋爱、成长、亲情、婚姻、教育等都以娱乐的方式在传播,引致大众对明星私人生活鸡毛蒜皮般的小事的热衷。节目以搞笑、作秀的方式吸引大众注意力,看似在传递正面的价值观,引发受众对话题思考,却导致受众对当下社会严肃敏感话题视而不见,缺乏对现实的合理解读,实则弱化了受众的思考,窄化了思考的空间。正如尼尔·波兹曼在《娱乐至死》中提出的:"电视展示给观众的主题虽多,却不需要我们动一点脑筋,看电视的目的只是情感上得到满足。就连很多令人讨厌的广告也是精心制作的,悦目的图像常常伴随令人兴奋的音乐。""电视无法延伸或扩展文字文化,相反电视只能攻击文字文化。"[①]随着热媒介日益中心化,观察类综艺节目依靠媒介的传播成为热潮,正在某种程度上影响着受众的认知能力和思维结构。不得不警惕的是波兹曼的预言"我们将毁于我们所热爱的东西"。

个体意识逐渐弥散的虚伪"人设"。当下,观察类综艺节目以呈现"真实"内容为旨归,但在消费文化的影响下,为凸显节目的娱乐性和戏剧性的效果,保证收视率,节目组在后期利用剪辑或特效进行二次加工。无论是画面感的呈现还是人物的设定,在貌似真实的表象下,实际却是消费思潮影响下设置的"伪真实"的消费陷阱,致使主观真实与客观真实不统一。在观察类节目中,明星热衷于全方位暴露自我,呈现一种与受众零距离无陌生的全暴露状态,成为一种主动的暴露者。在综艺节目强商业化特点引导之下,观察类节目自身多重空间的设置,致使被观察者具有展示与观看双重身份,节目播出后,根据看到的受众可视化意愿展示自身,并投射到受众身上;又通过受众的反馈重新塑造自身。近来,"人设崩塌"事件屡见不鲜,或许正是明星人设与现实生活中真实感产生过大偏差而导致。综艺节目最大化遮蔽原始真实的人物形象和人物性格,努力设置讨喜人设,鼓励粉丝群体消费,是为了捞取其中资本利益。当感叹综艺节目里的人物"真可爱""真呆萌""演技真好""真耿直"时,不妨思考"真"在何处。依托电子媒介传播的综艺节目正与日剧增地改变着人的存在方式和个体的主体意义。

---

① [美]尼尔·波兹曼著,章艳译:《娱乐至死》,中信出版社 2015 年,第 102 页、105 页。

消费思维下的价值导向与偏差。观察类节目，聚焦真实的日常生活，一定程度上契合了都市群体“归园田居”“梦幻爱情”“浪漫旅行”“婚姻美满”的逃离都市喧闹、摆脱孤独焦虑的梦想，但其主打的“慢节奏生活”“奢侈旅行”和“完美恋情”，却与普通大众的当下生活相距甚远。仔细观察不难发现，此类节目有着浓郁的商业气息与颜值崇拜，节目中充斥着大量的植入广告，使得节目在表达价值导向时往往受赞助商的品牌价值左右，所展现的明星们的日常生活明显有助理帮助的痕迹，实在很难相信其真实性。恋爱题材类节目中，素人不断提及自己出国经历，秀英语、秀职业等，其实都是一种变相的炫富。看似传播正能量、健康积极、真实意义的节目，却沦为商业的幌子，实际在消费思维的逻辑下运行，以偶像文化为基础，紧紧把握受众的颜值崇拜心理，依靠媒介宣传和渲染从而达到明星带货的商业效果。

结语

媒介革命之后，综艺节目依托热媒介实现了更大范围的传播，也成为当下大众文化中极具代表性的一种呈现方式。而在消费主义观念的主导下，为了获取商业价值，综艺节目打上了价值传播和审美的标签，但消费主义和浓郁的商业气息却贯穿其中，综艺节目带给当代青年群体的是暂时的快感和慰藉，建立虚拟的社交空间，设定虚假的人设。当关上综艺，人孤独焦虑的现实状态依然无法消解，或许只有理性地看待它“真实”与“好笑”之后的娱乐性和商业化的本质，才能合理地思考观察类综艺节目的价值。

（林芳毅，北京师范大学文学院硕士研究生）

On the Space and Role of Observational Variety Programs

Lin Fangyi

Abstract: As an important text of popular culture, variety shows are closely related to the public, which can effectively reflect the aesthetic orientation and spiritual state of the public in a certain period of time and also can reflect the current focus of attention of popular culture. This paper chooses the current popular and representative observation variety shows as the analysis objects, mainly from the construction of space and the characterization of the role to analyze the observation variety shows which are becoming more and more popular under the dual logic of media operation and commercial operation, as well as the dual role of hot media and audience psychology in the process of communication. Under the two-way interaction, the variety shows seemingly convey positive values to the public, but in fact, under the manipulation of the business model, they form a dislocation of value orientations. And then this paper will reflect on the real value and significance of watching the variety shows.

Keywords: Space Construction; Character Design; Observation Variety Program

类超文本与可见的声音

——《声临其境》的文本建构与声音景观

张斌　刘玲

摘要:《声临其境》是2018年湖南卫视推出的全国首档原创声音魅力竞演真人秀,该节目播出后获得了极大的成功,网络播放量已超10亿。本文从文化研究的路径出发,分析了《声临其境》的电视文本建构特点,即通过吸纳互联网超文本的特性对其进行仿拟建构出一个"类超文本",从而创造出了一种能够突破电视剧收视群体圈层的新文本,体现了互联网思维在电视节目创新中的重要意义。同时,本文还分析了《声临其境》通过类超文本的形式,将声音景观建构成可见影像的策略以及其中体现出来的文化政治。

关键词:《声临其境》;类超文本;文际性;声音;景观

《声临其境》是由湖南卫视2018年1月6日推出的一档国产原创综艺,节目播出后豆瓣评分8.3,同时段收视率稳居第一,网络点击量破10亿,成为一档现象级电视综艺节目。2019年,《声临其境》第二季开播,在节目形式上与第一季相同,新增了由张国立、张铁林、王刚所组成的"铁三角"声音指导团。《声临其境》独辟蹊径以配音为题材，用"类超文本"的形式把声音可视化，通过文本建构为观众呈现出独特的声音景观，为电视综艺节目的创新探索了新的路径。

一、类超文本：《声临其境》的超文本仿拟

在"互联网+"时代，电视媒体与互联网竞争激烈，电视节目如何创新从而吸引不同年龄层的观众是保持竞争力的关键。互联网思维的融入为传统电视媒体的节目制作提供了新思路。《声临其境》通过对互联网超文本结构形式的仿拟，通过碎片化、非线性、交叉性的内容拼贴设置，以一种"类超文本"形式建构了一种新的电视节目。

（一）从超文本到类超文本

超文本是20世纪60年代中期由美国学者德特·纳尔逊（Ted Nelson）提出，在纳尔逊看来，超文本指的是"非相续著述，即分叉的、允许读者做出选择、最好在交互屏幕上阅读的文本"，"大量的书写材料或图像材料，以复杂的方式相互联系，以至于不能方便地呈现于纸上"。[①] 随着互联网的出现，超文本的概念日益广泛地运用于电子出版物，具有非线性、交叉性、动态性等特征，通过"热链"（hotlink）实现文本间的跳转。"这种超文本是这样一种电子文档，其中设置的文字（或图片等）包含有可以链接到本文档内的文字段落或者其他文档的链接，允许从当前阅读位置直接切换到超文本链接所指向的文字段落（即文档内部的跳转）或其他文档（即文档外部的跳转）。这些字、符号或短语起着'热链'的作用，通常使用超文本标记语言（hypertext markup language）书写。"[②]

随着互联网的发展，电视观众群体的平均年龄不断提高，而伴随互联网成长的"网生代"青年观众群体则不断远离电视。这个观众群体从小在互联网的浸润中成长，形成了在超文本的语境中进行"阅读"的习惯。这给传统电视媒

① 黄鸣奋：《超文本诗学》，厦门大学出版社2002年，第258页。

② 费多益：《超文本：文本的解构与重构》，《哲学动态》2006年第3期，第43—47页。

体节目的制作提出了极大的挑战，生产者不得不思考怎样的节目构成方式才能与年轻人的文化消费习惯与审美偏好相适应。在"互联网＋"的历史语境下，一个顺理成章的逻辑是向互联网的文本建构方式学习，增强电视节目文本与观众之间的互动，即在对互联网超文本特征的理解下，传统电视媒体的节目文本对互联网超文本进行仿拟，从而建构出一种与传统节目文本不同的文本，我们将之称为类超文本——通过多种文本、符号的堆叠穿插构建出的与超文本相似的文本。

具体而言，所谓类超文本，是指在"互联网＋"时代，传统电视媒体在互联网思维的启发下，电视文本通过对互联网超文本特性的仿拟，以声音、图像、文字、符号等多种文本形态拼贴而成的电视文本，具有碎片化、开放性、交叉性、交互性等特征。"类预示着一种亲密关系。强调各部分之间的关联，却同时有'错误'与'不规范'之意。在社会科学的用法中，'类××'描述的通常是模仿或衍生的特征，而非事物的基本属性。"[①]类超文本是对互联网超文本属性的模仿，但是也有所差别。

(二)《声临其境》的类超文本形态与特征

由于《声临其境》这种类超文本形态是对互联网超文本形态的仿拟，因此其具有与超文本相似的部分特征，如开放性、交叉性等，同时又有所差异，如类超文本所具有的虚拟交互性和"动态热链"设置等。

第一是开放性。《声临其境》的初级电视文本中包含了台词文本、声音文本、影像文本等多种文本，还包含了竞演嘉宾和新声班等符号。第一种是台词文本，《声临其境》中所涉及的台词可以分为话剧台词和生活台词两类。第二种是声音文本，作为一个以声音为主题的节目，其声音文本也是多样的，包括竞演嘉宾的原声、竞演嘉宾演绎的声音以及影视原声。第三种是影像文本，其中可以分为电影文本和电视剧文本。其中又包括经典影像文本和当前热播的影像文本。第四种是人作为符号在节目文本中存在。配音演员与演员，老戏骨、中生代和新生代这些不同的符号组成了节目中的文本符号。这些不同的文本和符号都处于《声临其境》的初级文本之下，通过"热链"这样的一个节点

① [美]卡茨：《媒介研究经典文本解读》，北京大学出版社 2011 年，第 143 页。

链接成了一个开放性的语义系统。观众在阅读初级文本时可以在不同的文本间自由穿梭,不同的文本和符号之间没有严格的先后顺序的界限,打破了传统阅读中规定的页码、线性的文本阅读方式。

第二是交叉性。在《声临其境》中,类超文本的交叉性主要体现在外部不同文本之间的交叉和文本内部的交叉。声音文本、台词文本、影像文本、符号之间彼此交叉,影像文本中既包含台词文本又包含声音文本,声音文本中也包含台词文本,等等。文本内部的交叉则为声音文本内部不同声音音调、音色、节奏的交叉等。

第三是虚拟交互性。互联网的出现使超文本的概念有了物理形态,读者可以在计算机上实现交互阅读,在超文本系统中实现物理空间中的文本形式的切换,用户通过对文本进行自主的选择调用从而进入个人的阅读路径,将分离的、不同的文本连接起来形成独一无二的阅读经验。类超文本是传统的电视文本对超文本的仿拟,因此既有部分新媒介文本的特征,也留存着传统媒介文本的特征。这主要体现在两方面:第一,部分观众主要通过电视观看节目,在阅读《声临其境》的初级文本时,初级文本下不同文本之间的切换这一行为是发生在观众的头脑之中的,通过观众的想象发生,并不存在物理空间的实际操作,是一种虚拟的交互性;第二,随着互联网视频网站的发展,部分观众也可以通过网络平台观看节目,通过网络平台观看节目的观众便可以进行实际的交互性操作,通过网络实时进入其他相关文本。总之《声临其境》的初级文本并未实现完全的物理交互性,严格地说仍旧是一种虚拟的交互性。

第四,《声临其境》这一类超文本具有"动态热链"。在超文本的文件中必然存在某些单词、短语、符号显性地起着"热链"的作用,读者通过点击这些"热链"从而实现文本的跳跃。"热链"显突出了文本间性,大大地便利了读者的视野在文本间的迁移,也让读者意识到了他的行为实现了文本跳转。在《声临其境》这一类超文本中并没有明确规定是什么符号、短语充当"热链"。观众在观看时根据自己已有的文本知识识别初级文本中可能充当"热链"的符号,然后通过自己识别的"热链"进入其他文本,这相对充分地体现了观众的能动性。并且这些"热链"的存在形式会随着观众既有文本知识的不断扩展而发生变化,在观众观看节目的过程中,始终呈现为一种动态的变化过程。同样一段

《声临其境》的初级文本，不同的观众会根据自己既有的文本知识捕获不同的关键词或符号将其作为“热链”，然后进入其他文本。

《声临其境》这一类超文本中短小、碎片化的文本构成使其文本间的开放性和交叉性变得十分明显，而传统媒介与互联网新媒介本体上的差异，使得类超文本又存在着虚拟交互性和动态热链的个性特征。这种类超文本是对传统节目文本的一种突破，它打破了传统阅读中“连续性”这一特征，而代之以“碎片化阅读”，切合了快节奏社会下读者（观众）获取信息（娱乐）的阅读习惯，使得观众可以不必了解整个电视节目的内容，仅从节目片段便可获得观看的快感。[①]

二、类超文本的文际性：《声临其境》文本建构的双重维度

在类超文本这一庞大的文本网络之下，文本之间的界限消除，多层文本之间互相交叉，文本之间互为文本，因此类超文本也是一个庞大的互文系统。在这个互文系统中，“任何文本的构成都仿佛是一些引文的拼接，任何文本都是对另一个文本的吸收和转换”[②]。这种影响按照美国学者约翰·菲斯克的分类可以分为水平文际关系和垂直文际关系。水平文际关系指的是或多或少有明显联系的初级文本之间的关系，这类文本通常是沿类别、人物、剧情的水平轴发生联系。垂直文际性指的是一个初级文本（如一个电视节目或系列剧）和直接提到它的不同类别文本之间的关系。[③]

《声临其境》这一类超文本利用水平文际关系中多重文本间的文际性，既让观众快速熟悉《声临其境》的节目模式，又在与其他文本的对比中寻找创新点。在垂直文际关系上，《声临其境》的电视文本通过初级、次级和三级文本间的纵深交错，深化《声临其境》这一类超文本的文化意义。

---

① 在网络播放平台，《声临其境》既有节目的完整版，也有若干精彩片段可以观看，观众可以选择自己感兴趣的片段来观赏而不必看完整期节目。

② [法]朱莉娅·克里斯蒂娃著，史忠义等译：《符号学：符义分析探索集》，复旦大学出版社 2015 年，第 146 页。

③ [美]约翰·菲斯克著，祁阿红、张鲲译：《电视文化》，商务印书馆 2005 年，第 156 页。

(一)多重文本流中的创新定位:《声临其境》的水平文际性

在当前创新力不足的电视节目制作环境下,综艺节目同质化现象严重,如何创新成为一个难题。《声临其境》的初级文本的节目类别、节目中的人物都与其他电视节目文本、电视剧文本、电影文本间有着很大的联系。正是这多重文本间的联系使得观众在解读《声临其境》的文本时产生更多的文化意义,凸显节目的创新之处。

1.尊师重教,回归传统

类别是一种文化实践。为了方便制作者和观众,它试图为流行于我们文化之中的范围广泛的文本和意义构建起某种秩序。[①] 从《声临其境》初级电视文本的形式特征来看,它与许多舞台竞演类的综艺节目的初级电视文本相似,比如湖南卫视的《歌手》、浙江卫视的《演员的诞生》等,这些初级电视文本的形式特征都是邀请明星上台竞演,通过选手和嘉宾的表演评选、淘汰,其竞技性质突出。由于有了多档舞台竞演类综艺节目的初级电视文本在前,当《声临其境》播出后,观众便能够快速地熟悉并接受《声临其境》的节目规则,从而帮助观众更好地解读它的初级电视文本。

类别一方面满足了商品标准化和熟悉度的需要,但是同时也容易陷入皮埃尔·布尔迪厄(Pierre Bourdieu)所批判的“千篇一律和平庸化”[②]。电视综艺节目不仅是文化产品,也是商品,具有商品属性,因此类别也追求商品的变异性。《声临其境》的总导演徐晴表示:“自古‘文无第一武无第二’,这其实也是文化综艺的内在规则,所以《声临其境》所做的并不是能力高下的PK,而是专业技术的切磋。类似于华山论剑,高手过招,不是说谁赢谁输。对于配音这个职业,不管是节目组还是其他工作人员,都是怀着敬畏之心的。这是一种信念,所以更无谓有比拼这种元素在里面。节目想传达出的是用声音塑造角色,

---

① [美]约翰·菲斯克著,祁阿红、张鲲译:《电视文化》,商务印书馆2005年,第157页。

② 许钧:《关于电视·译序》,载皮埃尔·布尔迪厄《关于电视》,南京大学出版社2011年,第22页。

用台词来飙戏,让表演更加具有实力。”[①]因此《声临其境》第一季的初级文本弱化了竞技性,改变了以往舞台竞演类节目的“导师点评制”,更无淘汰这一环节。在节目中设置了芒果新生班,通过学员向竞演嘉宾请教专业问题的方式与新生班和观众互动,在每一期尽可能让每一位竞演嘉宾都得到充分展示,减少了竞演嘉宾的心理压力,也减少了观众的心理压力,增加了节目的娱乐性。在《声临其境》第一季中,舞台上的嘉宾是被请教、为人师的角色,他们在节目中以自己的丰富经验在专业上言传身教,亲身示范了“师者,所以传道授业解惑也”的古训,将中国尊师重教的传统文化在节目中呈现出来,同时也体现了节目对真正的表演艺术家的极大尊重。在《声临其境》第二季中,尽管有声音指导团的设置,但是更多的是在现场为观众解读配音技巧,让观众与嘉宾的表演产生共振,让声音的魅力更大化地凸显。

2.声音破题,回归听觉

1970 年代,美国学者丹尼尔·贝尔在《资本主义的文化矛盾》一书中就指出人类社会已经进入了视觉文化为主导的时代,法国学者居伊·德波则将其命名为景观社会,曾经主导人类社会交流和娱乐的声音则退居其后,作为图像的辅佐存在。尤其随着数字技术的快速发展,影视作品都开始追求更加奇观化的视觉效果,声音本身给观众带来的审美效应往往不被重视。

与其他节目文本不同,《声临其境》独辟蹊径选择以配音为题材制作节目,让配音这一一直以来藏于幕后的艺术与职业首次被放置到了舞台中央,使声音成为节目文本中的主角。《声临其境》的第一环节是通过声音辨别竞演嘉宾身份。观众通过声音的音色、音调判断嘉宾的身份,让观众在节目一开始便把注意力集中到声音上,打破了以往影视剧、综艺节目将重点放置在视觉上的习惯,召唤观众充分调动听觉这一感官。节目在“魔力之声”环节中充分发挥声音的魅力,设计了有趣的声音播报、台词 PK 等环节,通过多种形式展现声音的可延展性,为观众呈现一幅用声音绘出的精彩画卷。

如果说《声临其境》的前面两个环节都是在呈现声音的内在性和可延展性

---

① 《北京青年报》:《〈声临其境〉:用声音塑角色,用台词飚戏》,http://m.people.cn/n4/2018/0115/c32—10397644.html,2018—01—15。

的话，那么节目文本的最后一个环节“声音大秀”则回归到了《声临其境》这一舞台竞技类节目形式本身。通过现场的舞台设计、竞演嘉宾的形象设计等为最后一部分的声音大秀做准备，观众在更加具有代入感的场景中聆听竞演嘉宾对经典文本中角色的表演，竞演嘉宾对角色配音的演绎则调动了观众听觉的感性维度，在节目文本中的竞演现场与前文本的经典影像画面来回切换的时候，节目竞演现场的声音的意义便不再只是一段表演，开始具有对经典文本进行再次解读的文化意义，深化了声音对于情感的表达。

3.戏骨坐镇，回归实力

在“流量时代”，电视综艺节目的制作难免受到市场影响，许多综艺节目都倾向于邀请流量大咖，例如当红的“小鲜肉”等，期望通过嘉宾的热度吸引观众眼球。《声临其境》一反常态，邀请的多是未曾在综艺节目上出现过的老戏骨，如王劲松、赵立新、唐国强、梅婷等。他们都是在话剧、影视剧中身经百战的老演员，对剧本、台词的琢磨有自己独有的一套方法，节目中呈现了他们在正式竞演前研读台词的场景，也呈现了他们在配音时为了营造出与原场景相同的声音而改变姿态的场景。当这些老戏骨出现在《声临其境》的舞台上时，他们的意义并不在他当前的屏幕亮相上，而在文际性中。这种文际性是他们所有屏幕亮相的集合，也是一个屏幕亮相的重要组成部分。观众会根据他们在当前节目中的表现而将他与其他文本联系在一起。不同的观众会根据对节目中人物的文际体验而产生不同的文际集合，从而获取不同的文化意义。同时节目对于嘉宾的选择也体现了节目的内容走向。像赵立新、唐国强这些老演员，他们的存在并不只是一个嘉宾的存在，他们的意义在于他们自身长久以来的专业理论和专业实践的熏陶对于节目内容的呈现，他们的敬业精神和专业态度也为《声临其境》的初级文本增加了文化内涵。《声临其境》中竞演嘉宾在节目中当然也是一种表演，这种表演是和他们自己塑造的大众形象相近或相左，他们的这种表演则成为节目文本的一部分内容，与他们的其他屏幕亮相联产生文际关系。节目制作方对于竞演嘉宾的选择从侧面也反映了他们在节目内容上的选择——选择专业性强的老戏骨也就更加凸显节目内容的专业性。如在“恋爱之声”这期节目中，专业配音演员边江的加盟就是这一特点的集中体现。边江曾为多部热播剧中主角配音，如《何以笙箫默》何以琛、《楚乔传》宇文玥、《三生三世十里桃花》夜华等角色。观众在听到他的声音时便会将他和这些电视剧文本联系在一起，而当他以自己的专业身份——配音演员，亮相在节目中时，《声临其境》这档节目的文化意味更加明显。

《声临其境》的初级文本与其他电视综艺节目文本、电视剧文本、电影文本间的文际关系体现了《声临其境》这一类超文本在形式和内容上的创新，从水平文际关系的维度凸显了《声临其境》这一类超文本与其他文本之间不可割裂的交叉性。

(二)多种文本间的意义深化:《声临其境》的垂直文际性

约翰·菲斯克认为，电视文本是由初级文本、次级文本和三级文本组成的。初级文本即是“播出的图像”——电视业生产的各类节目，它是意义的潜在体；次级文本是由完整的媒体宣传产业所生产的诸如记者述评、明星传闻、电视迷杂志、电视剧本的“小说化”、广告、招贴画、节目宣传等，它们常常被观众带回到初级文本中进行解读；三级文本是指作为“社会主体”的人们对电视的解读、谈论和闲聊等，它是观众根据电视节目来生产其他互文性文本的一部分，是电视文本实际构成的决定性因素。正是在以上各级文本之关系的空间中产生了电视文本的互文性。互文性不仅是电视文本的当代特性之一，也是其文本意义生成的关键。[①]

1.初级文本的内部互文

《声临其境》作为一档电视综艺节目，每周播出一期，每期各有一个主题。因此每一期电视节目便是一个初级文本，《声临其境》的初级文本便是一个类超文本，它作为一个周播节目，节目各期之间也存在着文际性，各期的初级文本互为文本。例如第一期的竞演嘉宾周一围，他参演的《九州海上牧云记》硕风和叶的一个影像片段成为第二期竞演嘉宾陈建斌配音的一个影像文本；第五期的竞演嘉宾郑恺的“小笨蛋”与第三期朱亚文的“宝贝”在节目中产生互文。这种异时的文本互文体现了类超文本叙事的跳跃性。

2.次级文本的传播扩散

按照约翰·菲斯克对次级文本的理解，电视综艺节目即将播出和播出后，

---

① 汪振城:《电视文本的特性——约翰·菲斯克电视文本理论解读》,《文艺争鸣》2007年第5期，第40—43页。

媒体宣传产业会通过新浪微博、微信等新媒体平台发布预告片、短视频和宣传海报等。通过这些次级文本,引发观众的关注欲望,获知更多关于节目的信息。在《声临其境》首期播出前两周,《声临其境》的新浪微博官方账号就已注册,开始发布节目宣传视频、海报、竞演嘉宾视频、节目门票抽奖等微博内容,为《声临其境》节目宣传造势。同时《声临其境》的官博还在新浪微博上打造超级话题#声临其境#来讨论关于节目的相关内容,增加与节目内容相关的话题阅读量,扩大节目知名度。节目组的宣传方凭借新浪微博这个极具交互性的新媒体平台,在节目播出前、播出期间至播出后一直与用户(观众)建立亲密联系,也为三级文本的产生积累了素材。同时,《声临其境》也联合了全国最大的全民短视频平台之一的快手短视频、喜马拉雅 APP 进行宣传。快手短视频囊括了各个阶层、年龄段的用户人群,节目组通过短视频平台发布节目相关优质短视频吸引快手用户,使快手的用户反输至节目端,进而更加关注节目,成为节目的忠实粉丝。喜马拉雅 APP 作为国内领先的音频分享平台,用声音分享人类智慧、用声音传递美好生活的发展理念与《声临其境》的节目理念有异曲同工之妙,两者都是用声音传递信息,用声音塑造人物形象。《声临其境》第二季通过和喜马拉雅 APP 的合作都致力于增强人们对于声音的审美体验。

3.三级文本的意义深化

在当下,电视节目的三级文本的形式愈发多样化,节目实时弹幕的发送、社交平台言论的发布、自媒体文章评论的发布等都是观众根据节目文本生产的与其他文本形成互文的三级文本。

当前,新浪微博的热搜榜已经成为一个可以直观体现当前用户关注度、参与度、搜索量的榜单。在热搜榜内,既包含官方发布的内容,也包含用户观看节目后发布的内容。《声临其境》第三期朱亚文的“宝贝儿”、第四期韩雪《海绵宝宝》的配音等均登上微博热搜榜。《声临其境》第二季的春节之声一期中,节目组请来了倪萍和赵忠祥这两位老艺术家。在播出后,新浪微博上话题为#声临其境赵忠祥倪萍#的阅读量达到了 5.4 万。众多网友纷纷感叹看到两位老艺术家出场便泪目。经过节目次级文本的传播,节目关注度提高后,节目的初级文本和次级文本发布的配音片段、嘉宾的表演、主持人的经历、新生班成员的表现都在次级文本的发酵后引发全民大讨论。这些话题衍生成为节目的三级文本，从而进一步增强节目的声量。此外，受众自发运用快手和喜马拉雅等APP进行配音表演，或选择节目中出现过的片段，或进行自主创作，这些受众与节目相关文本的互动都与节目的次级文本或初级文本形成了互文，直接或间接地传播了节目内容，增强节目的影响力。节目的初级文本与三级文本以及节目之外的其他文本的流转交汇共同给观众带来丰富的审美体验和文本意义的深化。

《声临其境》初级文本碎片化的构建方式，使得文本的接受者更为随意、自由。这些不同文本之间的交叉间隙成为召唤观众阅读并思考的机制，如在节目“经典之声”“魔力之声”“声音大秀”这些环节之间的间隙，在竞演嘉宾配音中断的间隙，观众就会用想象性和创造性进入初级文本，进行“缺席”写作，以此参与到初级文本的虚拟生产中。通过这些召唤读者阅读的结构机制，不断唤起读者基于既有视域的阅读期待，并打破期待，以获得新的视域。而《声临其境》在快手短视频APP内的＃声临其境＃配音体验活动专区则恰好与初级文本中的召唤机制无缝接轨，满足了用户意图参与到初级文本的建构中来的欲望。用户在＃声临其境＃专区展示自己的配音技能，生产出与初级文本产生互文的三级文本，并与节目中的配音片段进行比较，深化了节目的意义。在当前电视节目制作中，三级文本已经成为电视制作者的一个很重要的参考。例如，东方卫视的《极限挑战》将节目投放到了B站上播出，而这档节目的制作者们则通过收集B站上观众在观看节目时的弹幕制作花字。电视制作者对于三级文本的采纳，能够提高观众的生产者式活动，提升观众积极参与的意义与快感。

正是初级文本、次级文本为用户提供了生产三级文本的材料，使得用户在重读初级文本的过程中产生新的阅读体验。同时文本的意义在初级文本、次级文本、三级文本之间穿梭流淌，并深化与传播，这也是类超文本在“互联网＋”语境中的弥散与再混合、再生产的结果。

三、可见的声音：《声临其境》文本中的声音景观

《声临其境》的类超文本形态通过将多种文本纳入同一个初级电视文本之

下，以“未见其人先闻其声”的节目模式，设置悬念，强化声音在观众心中的印象，并借动画、声音话剧等形式把声音可视化，从幕后到台前为观众呈现出了戏剧性的声音景观。《声临其境》的电视文本通过类超文本的构建方式，在听觉的维度中，引发观众的形象记忆与联想，利用类超文本的开放性在观众的头脑中召唤起一幅具体的生动情境和感性的虚拟影像，动态地引导观众的感知，从而使声音的意义、文本的意义得到扩展和延伸。

（一）从幕后到台前：声音的多重表演

声音与影像一样具有记录和表达人类的感知经验、情感态度的特性，声音通过自身的描述创造不同的意义，同时也和时间上相邻的声音一起构成多重意义的关系网。在《声临其境》节目中从幕后到台前，声音的表演、节目中空间转换所带来的表演的变化、声音表演和图像呈现之间的复杂关系都为节目增添了层次感和厚重感。

首先，配音作为一种艺术和职业，通过《声临其境》这一节目从幕后走到了台前。《声临其境》第一季第一期的初级文本中有一个先导片，这个先导片中出现的是许多经典影视片段的幕后配音演员的画面，这些配音演员包括原八一电影制片厂解说员吴俊全、著名配音演员徐涛和曲敬国等，在以听觉为主的广播时代，他们用声音塑造了观众所感知的世界。在《声临其境》中，声音本身即是一种表演。竞演嘉宾们用不同语调的声音塑造出了不同的人物。例如，在第一期中，潘粤明用搞笑的声音表演将原剧中性格暴躁的马景涛塑造成了一个搞笑的人物；在《声临其境》第一期的“魔力之声”中，张歆艺、赵立新等播报新闻，通过音调的起伏变化为观众呈现出了一幅恍若亲临现场的画面。这种将配音演员在幕后是如何配音的状态直观地呈现在节目中，而这种状态在节目中又是一种表演。

其次，《声临其境》在空间设置上遵循了配音这一艺术种类在影视制作中的所属位置的原则，竞演嘉宾在配音前的准备和正式配音时相对现场的观众而言都是在幕后被隐藏着的，然后在配音表演结束后，由观众和芒果新生班选择出他们想要看到的嘉宾，嘉宾通过一个直梯，从幕后来到台前，再次进行声音表演。

这其中复杂的空间关系和表演的关系既体现了配音这一艺术种类在“互

联网+”时代的身份变化，也包含了节目制作单位对老一代配音演员的工作环境的致敬。通过密闭房间、一根立麦、一个视频监控器的空间设计，将配音这一幕后职业呈现在观众视野中，唤起了观众对以前听广播、观看进口译制片的“集体记忆”，具有文化隐喻意义。

(二)听声惊奇:声音的悬念与竞争

悬念是舞台竞技类综艺节目的一大看点。在《声临其境》中，竞演嘉宾之间能力切磋的悬念设置相比其他舞台类竞技节目相对弱化一些，导演为了突出声音的意义并未设置观众或导师紧张刺激的投票环节。但是在节目的过程中随处可见悬念设置。《声临其境》每期节目伊始的一些带有悬念性质的短片，吸引观众猜测本期竞演嘉宾的真实身份；在节目的“经典之声”和“魔力之声”环节，竞演嘉宾的真实身份对于现场的芒果新生班和观众也是悬念，他们仅能从嘉宾身形的金属粒子特效和嘉宾的声音及他们所取的代号进行猜测，从节目开始至最后四位竞演嘉宾完全亮相之前这个悬念一直存在；在每期节目结尾都会由观众投票得出一个“声音之王”，这位“声音之王”最终属谁则是每期节目最大的悬念。从节目开始至节目结尾，《声临其境》的悬念设置环环相扣，引人入胜。

在文化意义上，节目也具有声音带来的悬念。在《声临其境》的节目中，竞演嘉宾突然被主持人点到，要求配一段自己未曾配过的影像片段时，竞演嘉宾看似毫无准备的状态下带来的配音片段可以给观众带来另类的解读意义，这样的节目文本在《声临其境》的各期初级文本中都有出现，增加了节目的戏剧性。

除了节目形式设置引发的悬念，节目中竞演嘉宾自身也是悬念的一部分。在《声临其境》中许多嘉宾都较少出现在电视综艺节目中，比如赵立新、王劲松、梅婷等，这些演员对于观众来说，有一定程度的陌生感。观众对他们的未知造就了他们在节目中的悬念。利用这种未知性，观众在听到赵立新说出四国语言时，在张铁林仿若孙悟空原声时，在韩雪一人配八角时都获得了意料之外的惊奇满足。观众对竞演嘉宾的陌生感增加了节目的悬念，也强化了声音之间的竞争。

（三）去中心化与再中心化：声音的权力政治

《声临其境》的初级文本作为一个开放性的类超文本，其充分鼓励发展读者的阅读潜能，为读者提供个性化阅读，因此《声临其境》的观众在观看过程中可以获得不同的观看体验，最终可能出现“各说各话”的结果。正是在多样化的解读中，类超文本消解了传统文本阅读中的权威性，实现了一种去中心化的状态。但是在《声临其境》的初级文本中，在每期节目文本的最后都会给出一个现场观众的票选结果，这一结果引导观众相信票数最高的那位竞演嘉宾的表现是最优秀的，从而在另一种意义上重新确立了新的中心。

1.去中心化

我们把《声临其境》看作一个独立的电视文本，但同时也应该将它纳入整个电视文化生产的范围内进行考量。声音尽管在人类发展史上是最早的信息传播方式，但是随着印刷术的兴起，再至当前互联网的迅猛发展，图像、视频发挥着越来越重要的作用。在当下以视觉逻辑生产为主的环境中，《声临其境》用声音作为主角进行电视节目制作本身即为一种对主流、对中心的挑战，是一种去中心化的行为。在这样去中心的背景下，《声临其境》在文本上的去中心化一方面表现为类超文本本身所具有的开放性、交叉性所带来对传统文本意义单一解读的消解；另一方面则是由于《声临其境》文本的碎片化、拼贴化所带来的对原作权威的消解。

《声临其境》这一类超文本所具有的交叉性、开放性等特征使得观众在阅读时可获得完全不同的阅读体验，不同年龄、不同阶层的观众在阅读文本时，“动态热链”会将观众导向不同的阅读路径，从而产生不同的阅读体验。观众阅读的过程也是文化生产的过程，意义在节目与观众之间流通，观众获取了愉悦感，同时也进入到了文化经济的生产再循环过程中。观众的多样化解读消解了文本阅读下单一解读的权威性，同时《声临其境》的初级文本是碎片化的文本拼贴，观众可以自由地从某一个文本处离开，而后在从其他文本处进入，实现非线性阅读，却并不影响观众的阅读体验。传统文本阅读中的中心在类超文本的阅读中消失不见，观众可以在类超文本中找到自己感兴趣的点，将其作为自己的阅读中心从而扩展开来。观众可以在类超文本的文本大地上自由游荡，获得游牧者和生产者式的快感。

《声临其境》是由多种文本拼贴而成的一个类超文本。节目的初级文本呈现出的影像文本、声音文本都是对影像、声音原作权威的消解。例如在节目第一季的第5期“恋爱之声”经典之声部分,主持人凯叔要求竞演嘉宾张若昀和专业配音演员边江分别用《新月格格》和《还珠格格》里的台词进行台词PK,男性去演绎女性的台词。嘉宾对于经典影像文本的这种另类演绎也是对原作权威的消解。而嘉宾则在面对这种挑战的状态下在节目中呈现出了更大的可塑性,让观众看到了嘉宾的另一面;同时嘉宾在选择参与这类文化类综艺节目时便是一种文化资本的积累,相较于参与其他诸如《奔跑吧兄弟》等游戏竞技类节目,《声临其境》这类内容更加趋向专业性的综艺节目更能够为影视剧演员带来专业声望,扩大知名度。韩雪就是一个明显的例子。

2.再中心化

尽管《声临其境》以声音做主角,以类超文本的形态建构文本,但是它仍旧是一档在观看的逻辑范围内建构听觉元素的电视节目,它仍旧无法摆脱视觉中心化的逻辑,是一种去中心化后又再中心化的形式。在这样的逻辑范畴下,《声临其境》再中心化在文本建构上一方面表现为“声音之王”的权威再确立,另一方面则表现为评价标准最终仍旧回归原作。

《声临其境》的初级文本在每期节目的最后都会由观众票选出一位“声音之王”,参加“年度声音大秀”。“声音之王”便是文本中权威的确立,《声临其境》这一类超文本实现了再中心化。尽管在节目的初级文本中节目制作方通过环节设置有意地弱化竞技性,着重展现声音的延展性,但作为一档竞技类综艺节目,胜负之分不可避免。

声音作为节目的主角,从整个节目文本来看,各期的声音文本内容繁多,其表达形式的多样性、风格的多变性在节目中都得到了最大化的展现,不管是潘粤明版搞笑的马景涛,还是郑恺方言版的配音。但是在竞演嘉宾正式配音表演时,主持人、芒果新生班、观众等人在心中的评价标准仍旧是原作,竞演嘉宾在进行配音表演时也是尽量在声音、行为上去还原当时原作中的音色、气息等,这无疑是节目再中心化的体现。

由此可以看出尽管《声临其境》的电视节目制作借鉴了互联网逻辑的思路,但是其仍旧是处于电视制作的本体逻辑之下的;当下互联网的兴起、视频网站的迅猛发展为传统电视媒体带来了猛烈冲击，电视节目制作者可以借鉴和运用互联网思维进行电视节目制作的创新，但是却不能放弃电视媒体的本质特征，更应思考如何将电视与互联网的优势结合得更好。

当前，“网生代”已经成为观众的主体构成，他们更多的是从互联网的“超文本”网络中“冲浪”“巡航”，从而获取意义的快感与满足。《声临其境》这样一个类超文本的建构方式，典型地体现了互联网思维在电视节目创新中的作用，对电视综艺节目的文本建构路径具有很大的参考意义。

（张斌，上海大学上海电影学院教授、博士生导师；刘玲，上海大学上海电影学院硕士研究生）

Hypertext-like with Visible Sound
—On Text Construction and Sound Landscape of *THE SOUND*

Zhang Bin　Liu Ling

Abstract: *THE SOUND* is the first original reality show about sound launched by Hunan TV in 2018. The program was very successful after it was broadcast, and the network broadcast volume has exceeded 1 billion. Based on the approach of cultural study, this paper analyzes the characteristics of the construction of text in *THE SOUND*, that is, by simulating the characteristics of Internet Hypertext, it constructs a "hypertext-like", thus creating a kind of the new text that can break through the circle of television audience and reflects the importance of Internet Thinking in TV program innovation. At the same time, the article also analyzes the strategies of constructing the sound landscape into visible images and the cultural politics embodied in *THE SOUND*.

Keywords: *THE SOUND*; Hypertext-like; Intertextuality; Sound; Landscape

萨义德的"理论旅行"与中国跨文化传播研究的问题省思

汪 罗

摘要:作为一种对具体的历史情境和社会场景的映射和回应,萨义德的"理论旅行"强调了理论或学说在穿越时空的基础上获得的延伸和发展,也强调了理论或学说要经过解构与批判,才能获得意义和价值。本文以萨义德的"理论旅行"为切入点,在分析和阐述中国跨文化传播研究的现状和问题的基础上,对"抵达"之后的中国跨文化传播研究如何重新出发的路径进行了初步思考。

关键词:"理论旅行";中国跨文化传播研究;运作机制;主体性

一、"理论旅行"与中国跨文化传播研究的现状

在著名的文学批评家和文化理论家爱德华·萨义德(Edward W. Said)看来,任何一种理论或是学说都是一种对具体的历史情境和社会场景的映射和回应,他主张用"理论旅行"(traveling theory)来描述"相似的人和批评流派、

观念和理论从这一个人迈向另外一个人、从一种情境抵达另外一种情境、从此时转向彼时"[①]的演变规律和发展脉络，认为"理论旅行"维系了"人类文化事实和智识生活"[②]所需要的养分，它一般囊括以下几个步骤：首先，一个理论或是学说必须有一个发端的原点（point of origin），以使理论或学说进入相应的话语空间；其次，从发端原点转向另一个终端所需之横向距离（transverse distance），此中，理论或是学说需要穿越各种阻碍传播的机制和要素，使其在新的话语空间中重新凸显、合理落地；再次，新话语空间中，一系列或可称为"接受/接纳"的伴随条件和抵抗条件；最后，理论或学说完全地/部分地与新话语空间接合，从而具备了一定的位次，继而作用于新时空，获得新的意义和新的价值。不难发现，萨义德的"理论旅行"首先揭示的是理论或学说在穿越时空的基础上获得的相应延伸和发展；与此同时，理论或学说需要经过解构与批判，其意义和价值才能得以彰显。

若以 1959 年人类学家爱德华·霍尔（Edward Hall）编撰出版的《无声的语言》（*The Silent of Language*）为时间起点，跨文化传播诞生至今已逾 60 载。作为世界范围内跨文化传播研究领域最早且最为重要的奠基性文本，霍尔在《无声的语言》一书中以"文化"为基本分析单位，首次将 intercultural 和 communication 两个词并置，创构了"intercultural communication"（跨文化传播）这样一门研究领域之后，跨文化传播又在诸多学者的努力之下，成功地迈向了全世界，成为新世纪以来最受关注的学科门类之一。一般认为，"跨文化传播研究在当代中国的兴起，与 1978 年以来'改革开放'的社会实践紧密相连"[③]，以此时间节点为界，由西而来的跨文化传播进入中国也超过了 40 年。在这 40 年间，不同研究领域和学科资源的介入使得中国跨文化传播研究初具面貌：

从研究背景来看，中国跨文化传播吸引着来自不同学科、不同领域的总结

① [美]爱德华·W.赛义德著，谢少波、韩刚等译：《赛义德自选集》，中国社会科学出版社 1999 年，第139 页。

② [美]爱德华·W.赛义德著，谢少波、韩刚等译：《赛义德自选集》，中国社会科学出版社 1999 年，第139 页。

③ 胡正荣、姬德强：《跨学科视野中的中国跨文化传播研究：进程与问题》，《现代传播（中国传媒大学学报）》2011 年第 3 期。

与概括，呈现出差异化的研究特征。姜飞将其描述为"三岔口"，此中，"语言学领域使用'跨文化交际'，侧重于人际关系层面；国际关系领域使用'跨文化交流'，侧重于国家/地区对话层面；新闻传播领域使用'跨文化传播'，同时包含人际、国家/地区和组织层面，侧重媒体和信息传播实践和视角"①。从研究旨趣来看，中国跨文化传播始终在为自己找寻一条"正名"的学术路径。所谓"名不正，言不顺"，正是中国跨文化传播始终面临的窘境之一，它在"中国学科体系、学术体系中站位模糊、定位尴尬……想通过学科化、规模化、合法化等诉求摆脱过度依附于相应文化逻辑的现状"②。欧美国家有关跨文化传播研究的思想资源和理论资源被不加甄别和批判地直接代入到所谓的"中国场景"之中，忽视了不同文化间"同"与"异"的差异，致使中国跨文化传播研究中"问题意识"以及由此产生的"中国跨文化传播研究的主体性"等学术命题至今没有探索出一条合适的路径。从研究成果的侧重点来看，理论建构有之，实践面向亦有之，但能够为研究者共同认可的理论框架和研究范式尚付阙如。譬如，现有的中国跨文化传播研究成果中，或过于强调文化，形成所谓"文化中心主义"的研究偏向；或过于强调媒介（传播），跌入"媒介（传播）中心主义"的窠臼；或过于强调语言，走向"语言决定论"的极端。从研究潜力来看，较之于日益繁盛的跨文化传播实践，中国跨文化传播研究的理论建树显然后劲与动力不足。当然，这种对接不一致的状况并非一无是处，它一方面能够给中国跨文化传播研究增添些许动力与刺激，也将对从事中国跨文化传播的研究者提出了更高的门槛和要求。它需要研究者"理解语言及语言背后文化逻辑，洞悉文化研究、哲学和历史等学科之于跨文化传播研究的交叉点，感知政治学和国际关系领域内'权力逻辑'的变迁与发展，娴熟地掌握不同主体间信息流通的内在理路与基础结构"③。

在2019年，中国跨文化传播研究继续从历史中气势恢宏地走来，又到了

---

① 姜飞：《走进中国跨文化传播研究的密林》，载于姜飞主编《中国跨文化传播研究年刊》，中国社会科学出版社2015年，第16—17页。

② 胡正荣、姬德强：《跨学科视野中的中国跨文化传播研究：进程与问题》，《现代传播（中国传媒大学学报）》2011年第3期。

③ 姜飞：《中国跨文化传播研究三十年探讨（1978—2008）》，《新闻与传播研究》2008年第5期。

一个学术发展与回顾、实践导向与研判的关键节点。古语“四十而不惑”，意指摆脱穷困失意，变得有信心、有希望，更有尊严和精神状态。我们需要深思，是否可以用“不惑”来描述中国跨文化传播业已成型的研究状态和研究气质呢？基于这样现实语境和问题意识，以萨义德的“理论旅行”的理解视角来透视中国跨文化传播的研究现状及其存在的问题就会发现，中国跨文化传播研究在相当程度上只完成了“理论旅行”的前两个阶段，即从一个发端原点行至另一个接收原点，没有在新的场景中获得相应的意义，更没有对中国跨文化传播研究的站位与姿态进行解构与批判。

二、“理论旅行”的陷阱与中国跨文化传播研究的问题

历史学者黄宗智在分析“学术理论与中国近现代历史”的研究议题时谈到了“理论旅行”过程中广为存在的话语陷阱。在他看来，“对理论的运用将像一次艰难的旅行，其中既充满了令人兴奋的可能性和报赏，也同样充满了陷阱和危险”[①]，其中，最为突出的四个陷阱即是“不加批判地运用、意识形态的运用、西方中心主义和文化主义”[②]。现下，广泛存在于中国跨文化传播研究领域内的局限和问题，与“理论旅行”中遭遇的情境关联甚密。

从理论上看，中国跨文化传播研究的范式危机首先与传播学的学科局限性有很大的关系。姜飞认为，“中国跨文化传播研究与其母学科（传播学）一样，正处于一个中外学术对话性质的本土化过程之中”[③]，这样的论断清晰地言明了跨文化传播“理论旅行”时遭遇困惑的绝大部分缘由。就“中外学术对话”这一维度，它直接接合了跨文化传播多学科介入、多主体参与的学科特性；就本土化进程这一维度，它则把“西方－本土”“全球－地方”等一系列二元对立的话语互相串联，经由知识生产一般逻辑的调适与改造之后，成为中国跨文化传播研究竭力达成的目标。另外，传播学进入中国“绝非一个纯粹的学科发展

---

① 黄宗智、强世功：《学术理论与中国近现代史研究》，《学术界》2010 年第 3 期。

② 黄宗智、强世功：《学术理论与中国近现代史研究》，《学术界》2010 年第 3 期。

③ 姜飞：《中国跨文化传播研究三十年探讨（1978—2008）》，《新闻与传播研究》2008 年第 5 期。

与单向度的学术积累的结果，它在很大程度上是一个关涉文化政治的问题”[①]。由是观之，诞生于特定的历史时期，彰显了西方国家特定目的、特定意志，且以“‘战争－控制’和‘冲突－理解’”[②]为基本学科关键词的跨文化传播进入中国之后，也势必与其母学科传播学一般，演变成为一个极为复杂的“多元共生（混合）体”，成为多学科角逐的学科场域。

跨文化传播的理论来源十分多元，来自不同学科知识的不同原点，但其中一些极为重要的思想资源却被中国跨文化传播学术界忽视。譬如，跨文化传播有着很明确的（文化）人类学背景，但中国的跨文化传播研究却“从根源上主动（或自动）绕过这样的文化背景，忽视了几百年的西方殖民主义以及当前美国为主导推行的文化新殖民主义”[③]。在此情况下，中国跨文化传播研究将原本充满殖民性质的理论转换为主体间交往、协商与互助的解释图式，将充满内在张力的、抽象的理论重新归置于新文化场景中行为主体的日常交往之中，探究其在语境转换时所承受的结构性压力。跨文化传播同样也是“语言的竞技场”，此中，语言不可能变成某个或某类人的特权，语言彰显的话语身份及话语政治同样不容忽视，讲述一种语言同时也要面对语言所裹挟的意识形态的浸润和涵化。就如美国女性主义理论家贝尔·胡克斯（Bell Hooks）在其著作《语言，斗争之厂》中谈到的一般，“在所谓‘新世界’的非洲黑人口中，英语被改变、创造，成为不同的言语……被奴役的黑人说着断断续续的英语，不完整的只言片语，弄成了一种反语言”[④]。另外，在概念使用的自觉性与规范性层面，中国跨文化传播研究也同样危机四伏。就现有的情况看，中国跨文化传播研究援引的核心概念本就寥寥无几，无外乎爱德华·霍尔的“高、低语境文化”（high-and-low context culture），霍夫斯泰德的“文化维度理论”（cultural dimensions theory），萨姆瓦和波特、古迪孔斯特的“焦虑/不确定性管理理论”（anxiety

---

① 李彬、刘海龙：《20世纪以来中国传播学发展历程回顾》，《现代传播（中国传媒大学学报）》2016年第1期。

② 姜飞：《跨文化传播研究的思想地图与中国国际传播规划的转向》，《暨南学报（哲学社会科学版）》2016年第1期。

③ 姜飞：《中国跨文化传播研究三十年探讨（1978—2008）》，《新闻与传播研究》2008年第5期。

④ ［美］贝尔·胡克斯：《语言，斗争之场》，载于许宝强、袁伟选编《语言与翻译的政治》中央编译出版2001年，第111页。

uncertainty management theory），约翰·贝利的“文化适应理论”（acculturation），等等理论资源。在具体的研究实践中，鲜有研究成果能够对除却这些理论资源的逻辑缘起、具体内涵、历史脉络及价值意蕴进行创造性转换、创新性发展，一味在形式逻辑层面精益求精，只重视概念与概念之间的线性对接，未能合理地预估概念与所描述对象之间原本就存在的差异性可能给中国跨文化传播研究带来的种种弊端。另外，由中国学者作为主力军，立足于“中国场景”创构的中国特色的跨文化传播理论和学说更近乎是一个难以企及的学术梦想。

从实践上看，跨文化传播在中国发展的四十年，正是中国不断融入和参与全球体系，以开放的姿态接纳错综复杂且高度异质的文化主体进行文化交流和文化碰撞的四十年。在这其中，面对来自不同原点的跨文化传播理论，对于其接受、调适、借用、融合的动因差异，将直接影响“理论旅行”的结果。跨文化传播“理论旅行”至中国后，给研究者带来了诸多新鲜感和活力，但也造成了研究者研究焦点的游离。一些研究者热衷于对跨文化传播某一个理论、方法、路径进行粗劣和简单移植，不加批判与反思地援引一些滋生于与“中国情境”截然不同的社会文化土壤中的理论范式，使得“主义与问题”对接中的灵性与质感消散无疑。以“跨文化传播与中国社会”为例，尽管这一议题已然成为中国跨文化传播知识生产进程中的主导问题类型，但它同时也面临着“如何能够充分而恰当地描述社会现实”①的困惑。这种困惑与跨文化传播的研究旨趣直接相关，跨文化传播着力于考察各类文化主体、文化信息和文化要素在不同社会场景的流动与共享，其中涉及的众多变量及零星事实的复杂性使其难以被有效且有机地框定在社会的整体结构之中，更难以让跨文化传播研究聚焦研究视域，用合乎实际的研究方法和研究策略去观照和阐释它们。

跨文化传播的概念和命题在跨越了原先的社会语境和知识语境之后，在接受方共同体成员（亦即“理论旅行”后达致的地方）的改造后偏离了其“固有的”和“本质的”生发语境，而被重新赋予了语境化的意义。就如萨义德所言，新的概念和新的命题“在某种程度上被新的用法，以及在新的时空中的新的位

① 孙英春：《跨文化传播研究面临的“知识整合”》，《浙江学刊》2007年第3期。

置所改变”[①]。从萨义德的观点出发，我们必须得思考“何种主体能够决定跨文化传播‘理论旅行’的时段、方式与朝向？何种理论能够踏上‘理论旅行’的列车？‘理论旅行’后的理论与在地经验的对接、适应状态如何？‘理论旅行’中研究者的能动性与主体性又将如何体现？”等问题，因为尽管中国跨文化传播研究在结构和体量上取得了很大的成就，但上述问题至今大都悬而未决。

另外，我们还需要警惕将“中国跨文化传播”这类概念当作整体性的、本质的东西来看待，将其视为自明和常识的概念，这世上似乎真的有“中国跨文化传播”“西方跨文化传播”这些“客观”“实在”之物，全然忽视了跨文化传播不过是以西方文化场景为参照而创构出来的学科制度和知识体系。从“理论旅行”的视角来看，“西方跨文化传播”中的“西方”一词，是一个相对变动的所指，无法对跨文化传播的多重（种）原点进行同一性的阐释和概括。同理，多重（种）跨文化传播的理论架构和研究范式跨越时空后抵达的“中国”，亦不能单单地以“本土”抑或是“在地”这样抽象和简约的概念来涵盖。一旦研究者的思维和认知被限定在“西方－本土”“全球－地方”等二元对立的框架中，便会犹疑地用到底是和西方合作抑或是对抗的姿态来理解本土语境中的跨文化传播实践。就如丽萨·罗薇（Lisa Lowe）而言，“当我们坚持践行一种静态的同一性与差异性的二元思想，并且高举二元论的逻辑来解释和说明一种话语是如何表现统治与臣服的时候，我们就必然不能理解内在于每个术语中的差异”[②]。实际上，“理论旅行”中的“西方－本土”“全球－地方”等话语之间的界限并非那般泾渭分明，二者的边界常常是模糊和动态的，会按照现实语境的步调与偏向不断地进行调适与转轨。譬如，当下中国跨文化传播的研究者已然习惯于援引如“个人主义”“文化间性”“主体间性”“工具/价值理性”等舶来的概念，但当这些概念在历经了“理论旅行”之后，它们便不再独独为西方所有，相反，它们在很大程度上成为理解中国跨文化传播研究的理论资源。

---

① ［美］爱德华·W.赛义德著，谢少波、韩刚等译：《赛义德自选集》，中国社会科学出版社 1999 年，第 140 页。

② ［美］刘禾著，宋伟杰等译：《跨语际实践——文学，民族文化与被译介的现代性（中国 1900—1937）》，生活·读书·新知三联书店 2002 年，第 35 页。

三、"抵达"之后:中国跨文化传播研究再出发

受萨义德"理论旅行"的结构性影响,新的中国跨文化传播研究生态正在浮现与形成。针对"抵达"之后的中国跨文化传播研究,下一阶段应着力思考如何超越"理论旅行"的表征逻辑,朝向接合"理论旅行"的深层运作机制,使中国跨文化传播研究能够借镜"理论旅行",增进其新知识生产的速率与效率,从而获得重新出发的动力来源。

首先,萨义德的"理论旅行"指涉着一种理论或者学说跨越学科边界的一般特性。在《世界、文本和批评家》一书中,萨义德综述了美国文学及文学批评实践较之于欧洲这一领域的发展现状后发觉,真正让美国文学及文学批评实践登堂入室的,是符号学、结构主义、后结构主义等不同学科思想的加持,这些学科思想将"干预的矛头直指传统守旧的大学模式、决定主义和实证主义的霸权地位……出现了大量像索绪尔、尼采、弗洛伊德、马克思等思想家"[①]。与美国文学及文学批评实践相类似,跨文化传播的学科界限也很模糊,与(文化)人类学、心理学、社会学、哲学、国际关系、宗教研究等领域都高度关联。对历经"理论旅行"之后"抵达"中国的跨文化传播而言,尽管在业态与形态方面可能会呈现出不同的特征,但并不能改变(中国)跨文化传播的多学科特性。就目前的情况来看,中国跨文化传播研究之所以初具规模,能够在学科场域中占有了一定的属地,就在于将不同学科领域生发的观念、知识及理论范畴化、类型化及结构化,将一个个零星的"飞地"有机整合,使其汇聚成为一个融通的、连贯的"学科共同体"。值得注意,"理论旅行"跨越学科边界的一般特性尽管让中国跨文化传播研究的体量与规模得到了些许扩充,但同时也将中国跨文化传播研究知识生产的脉络与路径异化为形式分散、逻辑断裂及结构不规则的矛盾体。以跨文化传播多学科基因中的奠基人物为例,爱德华·霍尔(Edward Hall)、雷蒙德·威廉斯(Raymond Henry Williams)、霍夫斯泰德(Hofstede)等人在中国跨文化传播研究领域内久负盛名,被当作能够代表跨

---

① 转引自黄丽娟、陶家俊《论萨义德"理论旅行"的批评实践观》,《外国语文》2016 年第 4 期。

文化传播思想史的不二人选；而作为跨文化传播研究最主要的学科基石的（文化）人类学领域中诸如爱德华·伯内特·泰勒（Edward Burnett Tylor）、路易斯·亨利·摩尔根（Lewis Henry Morgan）、马林诺夫斯基（Malinowski）、克洛德·列维－斯特劳斯（Claude Levi-Strauss）、克雷福德·格尔兹（Clifford Geertz）等学术大家却难以进入中国跨文化传播研究的主流学术视野，成为长久以来中国跨文化传播研究体系中的“失踪者”，各种缘由，都非常值得探讨。因此，我们需要充分认识和理解“理论旅行”跨越学科边界的一般特性，真正深入跨文化传播复杂的知识密林，探寻最为原初的思想史资源，再返观中国跨文化传播研究与实践。

其次，萨义德的“理论旅行”指涉了一种理论或学说跨越地理边界及地缘政治的转化性。在论及“理论旅行”的转换机制时，萨义德认为，“‘理论旅行’从来都不是任意地进入一种新场景，它势必要遭受与起点不同的重新制度化与重新表征的过程”[①]。“理论旅行”揭示了知识在跨越地理边界及地缘政治中传递与分享的症候与意义，不同文化之间的知识滋养经由彼此间的传递而获取养分，但也得审慎地理解知识传递与知识分享的地理场景。地理场景对理论的转换、改造、应用有着较为复杂的肌理。一般来说，知识的生成、扩散及传播过程都会在一定的地理区域内进行，地理边界，尤其是地缘政治不仅能影响知识生产的形式，也能影响知识生产的内容，一些与“中国”在形式逻辑层面保持一致的知识生产要素总是能处在支配地位，而其他一些则沦落为被支配的他者，隐匿甚至是消逝在中国跨文化传播研究的知识生产进程之中。在现象学层面，“理论旅行”将地方纳入地理边界及地缘政治的意义体系之中，以此来揭示中国跨文化传播研究是奠基于全球与地方的互构模式基础之上的。在此，地方的含义主要体现在以下三个方面：①作为体悟、认知和理解世界的一种方式；②日常经验和日常生活中寻求多重价值（政治、经济、文化、意识形态等）的具身性场所；③滋生本土观念/本土思想的公共场域（public ground）。跨越地理边界及地缘政治的转化性不仅直接影响到了“理论旅行”的表现形态，还为理解“理论旅行”与中国跨文化传播研究之间的关系增设了一个新的

① 转引自黄丽娟、陶家俊《论萨义德“理论旅行”的批评实践观》，《外国语文》2016年第4期。

维度，即从“地方”与“全球”的双重视角来同时考察中国跨文化传播研究的站位与姿态。在此，“地方”指的是理论的“发端原点”以及旅行后到达的“目的地”，“全球”则演变成为理论旅行中与“地方”对应的“互文语境”(inter-textual context)，成为研判“理论旅行”中必不可少的逻辑条件。基于此种“互文语境”的滋养，中国跨文化传播研究必须要在“全球地方化”“地方全球化”的交互勾连的场域中开展，在“引进跨文化传播理论时进行一番去粗取精、去伪存真、由此及彼、由表及里的工作”[①]，使其兼具全球性与地方性的双重意义。

再次，萨义德的“理论旅行”指涉了一种理论或学说跨越时空边界的开放性。这即说明，理论会随着时空的转换发生相应的意义位移。在提出“理论旅行”的概念十年之后，萨义德于20世纪90年代以“理论旅行再思考”为题，更加强调和突出了“理论旅行”的空间维度。为何萨义德的关注焦点会发生这种变化呢？尽管没能在其著述中发现直接的论述，但只要对20世纪80—90年代世界范围内新涌现的社会思潮进行梳理和观察的话，便会笃定萨义德关注焦点的转向与全球化有着必然的联系。从20世纪80年代开始，全球化的“幽灵”在世界范围内游荡，它极为巧妙地摆弄并且创造着新的时空，或折叠、或压缩、或平铺，促成不同地域间不同主体的全球性迁移和流动，它将我们的乡愁带向世界，又把全球意识不着痕迹地植入我们的神经，促使每个人都变成具有“全球人格”的地球公民。由于全球化的触角遍布于地球的每一个角落，已然成为各个领域、各个主体甚至各个学科都必须直面的知识图景。对于中国跨文化传播研究而言，它直面的问题域更为复杂。一方面，如前文所言，它得省思跨文化传播在“理论旅行”中出现的“主义与问题”适应与对接等各类问题；另一方面，它又必须直面同样来自西方发达国家、由西方发达国家主导，且也历经了“理论旅行”之后来到中国的“全球化”这一基本事实。在全球化语境下，跨文化传播的研究场域表现出一种巨大的包容性和混杂性，故而，我们必须终结前全球化时代中“理论旅行”的单一视角和线性逻辑，在秉持一种动态的、开放的问题意识的基础上，反思全球化背后的既有规则或制度，发现这些规则或制度在增发中国跨文化传播研究性情中可待挖掘的意义和价值。譬

① 姜飞：《中国跨文化传播研究三十年探讨(1978—2008)》，《新闻与传播研究》2008年第5期。

如,以“全球化”为立足点,可以对“抵达”之后的中国跨文化传播研究的主体性建构做一番设想与规划。在问题域层面,中国跨文化传播研究所关注的不应只是解读世界范围内的政治、经济、文化等因素对中国跨文化传播研究与实践产生影响的“话语规则”,更为重要的,是对那些“话语规则”之于中国跨文化传播研究的正当性与可操作性进行阐释。在问题意识层面,中国跨文化传播研究所要关注的不单单只是要理解中国社会转型与全球化问题的耦合状态,更为重要的,是将中国社会转型与全球化问题放置在一条结构平衡的链条上,确立二者在价值互涉层面的理想状态。在问题域/问题意识的取向层面,中国跨文化传播研究所关注的不单单只是将跨文化传播视为一种单纯的信息传播实践和政治弥散活动,更是要赋予其足量的道德属性与和谐属性,使中国跨文化传播研究与实践更加具有德性与和谐内核。

结语

从价值论的角度看,萨义德的“理论旅行”强调了学术研究及其带来的新知识生产对于提升人类智识,促进人类自由发展等方面的影响。这个目标,无论是在更为普遍的意义上来衡量,抑或是针对中国跨文化传播研究的形态、目标及价值,都应当是“理论旅行”意义体系中不可或缺的一部分,更应该成为“理论旅行”竭力达成的结果。

(汪罗,北京外国语大学国际新闻与传播学院博士研究生)

Thoughts on Said's “Travelling Theory” and the Study of Intercultural Communication in China

Wang Luo

Abstract: As a mapping and response to specific historical and social scenarios, Said ' s “ Travelling Theory ” emphasizes the extension and development of theory or doctrine on the basis of Chrono Cross and also emphasizes that only through deconstruction and criticism can theory or doctrine acquire meaning and value. Taking Said's "Travelling Theory" as the breakthrough point, this paper, based on the analysis and elaboration of the current situation and problems of China's intercultural communication research, makes a preliminary reflection on how to restart in the study of China's intercultural communication after "arrival".

Keywords: "Travelling Theory"; Research on Intercultural Communication in China; Operational Mechanism; Subjectivity

现代艺术中手艺的失落与概念的凸显

史寅颖

摘要:随着复制技术的发展,以写实为目的的艺术作品不断被挑战,西方传统的古典主义艺术被颠覆,“手艺”在艺术中开始失落,概念成为艺术作品的重点,由此便形成了“观念艺术”。但当艺术被从“画框”中释放出来之后,更加具有了哲学的意味的同时,也引发了诸多的疑惑,而这些被质疑的问题却也正是现代艺术试图打破艺术边界所做出的尝试。

关键词:现代艺术;观念艺术;概念;手艺

当谈论现代艺术中手艺的失落和概念的凸显这两者关系的变化,我们谈论的更多是西方现代艺术。中国传统的山水水墨画并不是以再现为目的的,其讲究的是似与不似之间,画的像不是有艺术修养或文化修养的表现,有时候反而会显露出某种匠气。正是因为没有形成坚固的写实传统和相应的理念,也就没有再现和表现的绝然分野。而西方现代的象征艺术、表现主义和超现实主义等都是在对以再现现实为目的的古典主义和再现主义的颠覆过程中得到发展的。此中发生了一种重要的文化转变,即从一种由来已久的永恒性美学转变到一种瞬时性与内在性美学，前者是基于对不变的、超验的美之理想的信念，后者的核心价值观是变化和新奇。[①] 美国学者阿瑟·丹托将西方艺术史的发展分为三个阶段：古典艺术时期、现代艺术时期、后现代艺术时期。三个阶段分别对应了三种主要叙事或者范式，第一阶段为瓦萨里叙事，即再现性叙事；第二阶段为格林伯格叙事，指艺术家追求艺术自律、关注艺术形式本身的叙事；第三阶段为"后历史"叙事，艺术被赋予作者的观念，文字、绘画、装置、影像、行为等媒介不再具有重要意义，真正有意义的就是思维本身。[②] 三个艺术时期的划分依据并不是艺术媒介的不同或者风格的差异，而是在不同阶段所呈现的艺术观念的裂变。[③]

一、现代艺术中手艺的失落

赫拉克里特最早提出了"艺术模仿自然"；柏拉图将艺术看作是对物质世界的模仿；亚里士多德认为模仿是艺术的共同本质，只是模仿对象、手段和方式上有所不同。在古典艺术时期，艺术所遵循的就是这一种"模仿写实"范式，艺术作品以记录客观事物为主要目的，即"客观再现"，艺术作品可以认为是实用性作品。在这一时期的艺术语言是一种"语言图画说"，语言作为一种表达的手段，与被表达的世界之间存在一种特定的对应关系，绘画的语言就是实物的图画。人们以艺术技艺和能力对其对象逐步深入和完善作为衡量的尺度，也就是说此时艺术的发展就是在把以现实为基础的图像一步步精确化的过程。绘画发展到了文艺复兴时期，出现了焦点透视、比例等基于自然科学的绘画方法，使得图像进一步精确。达·芬奇曾说"绘画是一门科学"，并且有了这一门科学，画家就能与自然竞赛，并且胜过自然。[④] 17 世纪荷兰绘画艺术可谓是写实艺术的最佳代表，被称为"自然的镜子"。由于艺术家们强调是对客观

---

① [美]马泰·卡林内斯库著，顾爱彬、李瑞华译：《现在性的五副面孔》，译林出版社 2016 年，第 1 页。

② 解玉斌：《观念艺术的哲学基础》，《2010 青年艺术批评奖获奖论文集》，《美术研究》杂志社 2010 年。

③ 解玉斌：《西方艺术观念的演进》，《贵州大学学报（艺术版）》2013 年第 4 期，第 89—92 页。

④ [意]达·芬奇：《达·芬奇论绘画》，人民美术出版社 1979 年，第 25 页。

世界尽可能的逼真模仿和完善的视觉复制，此时艺术并没有拥有自己独立的地位。但这并不是说古典主义时期的艺术只是冰冷的记录，其实传统的艺术作品也有着作者所赋予的意义，只不过其重点还是放在了绘画技艺上。本雅明在《机械复制时代的艺术作品》中写道：艺术创造发端于为巫术服务的创造物，其价值就是它存在着。这也就是他所说的“膜拜价值（Kultwert）”。[①] 史前艺术中，在洞壁上绘画被认为是一种巫术，只要画出猎物图，真正的野兽就能俯首就擒；埃及人信奉图像的威力，认为只要国王在匍匐于地的敌人的颈项上踏上一只脚的图像永远存在下去，被打败的部落就永世不得翻身。[②] 被称为“美的王国”的希腊把模特身上缺陷删去后制作成雕像，展现一个他们理想中对称、匀整的人体形象之美。

随着技术的发展，木刻、石印术等使得艺术作品可以复制，大量产品大批量流进市场，技术使得被限定在教堂等少部分人才能接近的场所的艺术作品（例如教堂壁画和咏叹调、弥撒曲等）从膜拜的母腹中得到解放，使得艺术品的可展示性大规模地得到了增强，开始强调其“展示价值（Ausstellungswert）”。[③] 到了19世纪30年代末期，达盖尔成功地发明了摄影术，经过一百多年的发展，我们已经可以准确无误地记录下客观、现实的场景了，在形象的复制中最关键的手，首次减轻了它的艺术职能，并且归于眼睛所有，眼睛比手“画”得快得多，复制这一过程被大大加快。这使得写实为主的手艺技术无路可走，艺术的“逼真”的信条受到了严重的威胁。这时西方的艺术开始进入了现代主义艺术时期。

被称为“西方现代艺术之父”的后期印象派代表人为塞尚，他打破了统治了两千多年的“模仿论”艺术观念，他认为艺术的真实不在于模仿自然、模仿真实的世界。马蒂斯的“准确不等于真实”成为现代艺术的纲领口号。至此，艺术与自然的对应关系轰然倒塌了。绘画艺术要求拥有自身的独特性，目的是为了和趋近于雕塑的三维立体形式区分开来，强调其平面性。将观赏者的注意力从艺术作品中的内容转移到艺术自身的特点，将把观众的注意力集中在

① [德]本雅明著，王才勇译：《机械复制时代的艺术作品》，中国城市出版社2002年，第19页。
② [英]贡布里希著，范景中、杨成凯译：《艺术的故事》，广西美术出版社2009年，第72页。
③ [德]本雅明著，王才勇译：《机械复制时代的艺术作品》，中国城市出版社2002年，第20页。

绘画中的色彩、形状、线条等的组合上。此时内容和形式的位置发生了转变，内容转化为形式，形式已转化为内容。画家开始追求个人的独特风格，把绘画的内部进行分化，从而形成了不同的流派：印象主义突出色彩；立体主义强化了形状；超现实主义关注于无意识和梦幻；抽象主义则达到了形、物象的全面分解。①

再谈到摄影，摄影一开始是用以记录的工具，随着技术的突飞猛进和高清摄影的出现，试图被划入艺术领域的摄影受到质疑，"客观再现"这一观念被挑战。想要挤进"艺术"的领域，并占有一席之地，摄影不能仅仅基于实用、客观和记录。"说到底不是摄像机具备了什么功能，而是摄影师使得摄影机具备了什么样的功能。"作品的重心不是在于技术或者是手艺，而是转向作者想要表达的内容。

二、现代艺术中概念的凸显

现代艺术是以概念为中心的艺术，它脱离了手艺上的讲究，从而放大了作品的概念。

贡培兹在《现代艺术 150 年》中写道："一名艺术家的工作不是去给人美感的上的愉悦——设计师可以做这事；艺术家的工作是从尘世中撤出一步，通过展示理念，使世界可以理喻或对世界进行评论，而这些理念除了他们本身以外，并无实际用途。"②尽管艺术家在创作艺术作品的时候，通常还是在传达美，美不是与艺术家完全无关，只是贡培兹更多地强调的是艺术家在传达能够"被理解或者被讨论"的概念的职责。换句话说，一件艺术作品，它可以无关视觉、无关载体、无关情感、无关于美，在解读作品的过程中，观赏者获得的不仅是在色彩、线条、比例等直观的视觉感受，更重要的是当人通过肉眼观察后，它们在人的精神状态中会是什么样的形象，引发什么样的思考，是否被引向艺术家所传达的概念。③

---

① 周宪：《审美现代性批判》，商务印书馆 2005 年，第 313 页。

② ［英］贡培兹著，王烁、王同乐译：《现代艺术 150 年》，广西师范大学出版社 2017 年，第 24 页。

③ 陈慧：《浅谈杜尚如何实现"现成品"的观念性表达》，《美术教育研究》2018 第 10 期，第 35 页。

西方20世纪60年代以来的艺术，其实是由达达主义的观念和实践演变、发展而来的。杜尚可以被视作是后现代艺术的先驱。后现代艺术追求艺术的非对象化、非物质化，是追求艺术家观念、意图的一种艺术思潮，这种艺术思潮集中体现在了观念艺术的发展之中。美国当代艺术家约瑟夫·柯索思说："从杜尚开始，所有的艺术其实本质都是观念艺术，因为艺术只存在于观念之中。"①

1.特殊的语境和含义

一件艺术作品被完成之后，被陈列在展览馆、艺术馆。詹姆逊说我们观赏者走在博物馆或者画廊里，偶然拐一个弯，面对一幅不知为何物的作品，感到茫然不知所措。

而正是因为一件原本看起来再普通不过的东西被人为地放置在一个特殊的环境中，"迫使"人们从另一个角度去看待作品，与此同时伴随着思维观念的更新，这时候原本的实用意义在这一个特殊环境里消失殆尽，获得了一个新的内容。维特根斯坦曾提出一个重要的观点：意义即用法。一个词只有在某一语境中才有意义，在不同的语境中就会呈现出不同的意义。一个词就像工具袋里的某一工具，在不同的使用过程中，会显示出不同的作用的意义。不仅要注意我们对语言本身的分析，而且要把这些词的用法放在具体的场景中去理解，只有在某种特定的语言环境和文化环境中分析这些词才有意义。例如小便器置于厕所是一个实用物品，把它放在展览馆里成为具有哲学含义的艺术品，这便是《泉》。观念艺术通过语境的变化，将现实生活中诸如文字、图片、装置、身体、影像等各种媒介，通过挪用、置换、并置、戏仿等方式，使之脱离原来的属性，充分发掘它们在文化、历史、心理、社会和政治语境中的意义潜能，从而生成一种新的意义或观念。②

2.存在主义独立思想的闪光

后现代艺术中我们可以看到存在主义的思想，也就是重视人的存在意义。存在主义哲学认为，传统的艺术与哲学都在追问什么是存在者，却忽视了人的

① 徐淦：《观念艺术》，人民美术出版社2004年，第8页。

② 解玉斌：《观念艺术的哲学基础》，《2010青年艺术批评奖获奖论文集》，《美术研究》杂志社2010年。

本真存在，存在不是现实中一个固定不变的物体，而是一个以时间为存在方式的过程。作者基于自己的人生经历，与周围环境和人的相互影响，用自己的艺术语言去表达自己思考、反思、疑问；而欣赏者也是根据自我的以往经验、认识和知识储备去试图解读作品。无论观赏者对作品的解读深度和角度是怎么样的，是否与作者的原意图一致，在我们产生"这幅作品在表达什么含义"这类疑问的一瞬间，从自我角度去独立地、有选择地去思考的价值就已经体现了。

视觉文化的最显著特点之一就是把本身非视觉性的东西视觉化。那么观念艺术就是作者通过一个实在的物体把一个抽象的概念和思想给视觉化，这种视觉化不一定是把作者想表达的特定情境完全通过视觉呈现，而是通过一件实际的物体引导观赏者去思考，最终引向一个概念。观念艺术中的一个转变就是从对艺术的膜拜价值变成了观赏价值，以及物品的实用价值转变为思考的价值，即人的自我思索性、选择性和独立性，无论是对于创作者还是对于观赏者。[①] 在观念艺术中，艺术经验与日常生活经验从来都是不分彼此地混为一体的，艺术就是在活动中体验自己的存在，或者说艺术就是一种存在的方式。阿瑟·丹托认为当代艺术是"关于我们是谁、我们如何生活"的问题。[②]

3.作者的隐退和观赏者的加入

现代艺术中作品的解读模式以及创作者、作品、观赏者三者之间的关系结构改变了，作者开始隐退而观赏者开始加入。这一点其实与罗兰·巴特的"作者死了"的观点相一致，只是讨论的出发点从文本作品变成艺术作品。

长期以来，艺术作品创作者被看成是作品唯一和永久的主人，具有某种"君临"读者之上的权利，而观赏者仅仅只拥有作品的受益权，也就是观赏者对作品只有选择和接收的权利，被创作者"强迫"去接收作品内的某种特定的意义，观赏者的自由就几乎被淹没，在这种情况下，创作者的立场和角度下的作品成为唯一，没有阐释理由，作品更加没有发展的空间。对于观赏者而言，仅

① 姜闪闪：《安迪·沃霍尔的复制艺术哲学思想研究》，《美与时代（下）》2018 年第 6 期，第 29—31 页。

② ［美］阿瑟·丹托著，王春辰译：《艺术的终结之后》，江苏人民出版社 2007 年，第 8 页。

仅意味着接受作品还是拒绝作品。[①]

而现代艺术正是由实体、具体、有特定指向性变成抽象的概念，观赏者无法一时间直接得到作者的创作意图，这使得原本以创作者为中心的“作者——作品——观赏者”的传统结构开始转变为“观赏者——作品——作者”的新结构，作品有了一个自由的阐释空间，一个多维、立体的空间，不存在固定的原初含义。“作者死了”其实不是作者不存在，而是指观赏者在观赏的过程中，作者隐退到作品之后，由观赏者自发自由自主地去解读作品。观赏的过程减弱了原本“灌输式”的严肃性，使得观赏成为一种轻松自由的“游戏”，拥有了更多的主动权，以自己为中心开始加入这场“游戏”，成为“游戏玩家”，试着去解读作品，整个游戏过程和终点基本都是由玩家决定的。

4.多层次的艺术解读与“再创作”

英加登将“艺术作品”与“艺术对象”区分，姚斯将“作品”与“文本”区分，再到巴特“可读文本”与“可写文本”区分，他们都认为文学作品是作者已经完成的东西，它是确定的、自足的、不变的；而文本是未完成的、不确定的、可变的，作品是作者独立完成的，而文本是由读者参与共同完成的，只有通过读者的参与，文本才能从死的语言物质材料中解脱出来，从而拥有现实的生命。

观念艺术并不是一种新的艺术，它不过是促进观众直接参与创造的活动而已。[②] 即使是以往“作者君临读者之上”的传统解读模式，每一个人所看到、读到的都有着细微的差别，那更何况是开放式的文本。正是因为观赏的过程成为一本没有固定结局的小说、一场完全开放给观赏者自己决定终点的游戏，解读的过程变得更加主观性，每个人都是基于自己以往的经验和知识去尝试揣测作者的意图，在作品的语境下去解读作品的含义，并进行创作。观赏者成为艺术作品的一部分，这使得作品拥有了多种角度、多种层次。

5.旧有的艺术评价及定义方式被打破

现代艺术还有一个特点就是，它破坏了我们传统的定义艺术以及评价艺

① 唐芙蓉：《论罗兰·巴特的“作者之死”》，《湖南工业大学（社会科学版）》2008 年第 6 期，第 17—19 页。

② 邵大箴：《观念艺术——一种艺术的探索和探索性的艺术》，《文艺研究》1989 年第 4 期，第 145—158 页。

术的方式，而让我们去挑战旧有的定义，艺术不应该被界定成单一的形式，不应该被划上一个限定的边界与范围。

许多现代艺术的题材和呈现方式放在一百年前是不能被人理解的。《坎贝尔汤罐头》这一波普艺术的代表作，就是以安迪·沃霍尔甚至是千千万万美国人每天都要食用的快餐食品为内容，人们的熟识度非常之高，他正是敏锐地捕捉到了这一点。许多日常物品、名人、明星等贴近生活的人和物不再是商品或者是一个人的存在，而成为一种符号，一种有代表性的艺术。一张类似广告的图画被简单地重复多次，竟然成为艺术作品。后现代艺术中，我们可以发现，艺术不再是被放在神龛中被供奉起来的遥远的存在，而是就在我们身边，即使是日常生活中的一个平庸之物，也可以成为艺术，成为人们喜爱的关注对象。它们帮助我们去用另一种角度看待这些平凡而不起眼的存在，发掘这些事物成为艺术的可能性。有时越是平凡的事物越是能够感动人的心灵，任何一件事物都能有其自身的魅力存在，每一件事物都散发着“冲破自己而又包围自己”的光晕，我们的审美范围被扩大，推动了对自身周围环境的美和艺术潜能的敏感和追求。①

20 世纪 80 年代后的新观念主义或后观念艺术突破了早期观念艺术主要以文字表达的方式，将艺术从传统的“架上”绘画解放了出来，打破了艺术和非艺术之间的界限，将艺术的媒介扩展到日常生活的每个现成品、每一个行为，在观念的作用下，任何一个物品、行为或事件都能成为艺术，拓展了艺术表现的空间。出现了装置艺术、偶发艺术、行为艺术、大地艺术等。

三、独特审美与观念的探索

尽管如此，以概念为中心的现代艺术受到了诸多的质疑，认为现代艺术是人的肤浅与自恋，詹姆逊对安迪·沃霍尔的《钻石灰尘鞋》是这样评价的，说它平添了一层死灰，它有的只是表面感，缺乏内涵而没有深度；本雅明认为即使

① 姜闪闪：《安迪·沃霍尔的复制艺术哲学思想研究》，《美与时代（下）》2018 年第 6 期，第 29—31 页。

最完美的复制艺术也不具备艺术品的此时此地——它独一无二诞生地，恰恰是它的独一无二的生存，而不是任何其他方面，体现着历史，而艺术的存在又受着历史的制约——也就是“光晕的消逝”。

并不否认现代艺术给人的茫然，以及从而产生的肤浅感，但是阿多诺的观点更加值得深思，他认为本雅明为了突出对立而提出的光晕艺术和技术复制的二分法，却忽视了两者本身的辩证性。所谓本真性，就是特定的艺术家在特定时期、特定环境、特定语境中创造的特定作品，同时指作品问世之后流传下来的所有东西，包括在时间上的传承和历时性。阿多诺指出艺术作品的本真性，不应该是基于物质层面上的、与复制品不同的独一无二，而在于审美上的独一无二的性质。所以即使是物质层面上完全相同的艺术品，经过作者或者观赏者“特定”的加工，也能具有独一无二的审美和观念上的独特性。

四、总结

最后还是回归到关于艺术定义的讨论上，阿多诺认为，艺术的定义总是被过去的艺术决定的，但是它只有在考虑到艺术将要或可能成为艺术形式时才是有效的。[①]

“随着艺术时代的哲学化的到来，视觉性逐渐地散去了，它就像美曾被证明的那样与艺术的本质没有关联。因为艺术的存在不必非得是观看的对象，如果美术馆里有很多东西，它们可以看起来像什么东西都行。”当艺术不是被人看的时候，艺术必然走向终结，艺术将终结在观念里、哲学里。现代艺术或许就是在试图摆脱全盘被历史定义的状况，尝试一些还未被人理解的领域，更多地去发掘艺术的未来和可能性。随着时间的推移，这些不被大多数认可和接受的艺术，会启发更多的艺术家进行创作，并且使之成为主流。

（史寅颖，同济大学艺术与传媒学院 2017 级广播电视学）

---

① ［英］德波拉·切利编，杨冰莹、梁舒涵译：《艺术、历史、视觉、文化》，江苏美术出版社 2010 年，第 252 页。

The Loss of Craftsmanship and the Rise of Concept in Modern Art

Shi YinYing

Abstract: With the development of replication technology, realistic artworks have been constantly challenged. Western classical art has been subverted, and craftmanship of artworks has gone downhill. Concepts become the core element, thus conceptual art comes out. Liberated from the frame, the art obtains more philosophical connotations but causes doubts in the meantime, which however represents the attempts modern art has made to break the artistic boundaries.

Keywords: Modern Art; Concept Art; Concept; Craftsmanship

“灰色花园”：庇护所还是囚笼？

王乐怡

摘要：1975年，美国纪录电影导演梅索斯兄弟以“灰色花园”及其主人的相关新闻为素材所拍摄的名为《灰色花园》的纪录片在纽约电影节上映，该片被誉为纪录片史上里程碑式的作品。新世纪以来，另外一部经重新剪辑的纪录片和同名电影相继上映，受到观影者的追捧和影评界的热议。本文以两部纪录片以及同名电影为研究对象，借助符号学等相关理论，分析“灰色花园”中伊迪母女渴望逃离又甘处其中的矛盾境遇，期望被关注又甘愿被隔离的现实困境，从而揭示出作为故事发生地“灰色花园”所具有的多重象征意义，以及作为影片重要信息承载的场所空间本身所具有的丰富意蕴。

关键词：灰色花园；庇护所；囚笼；隐喻

“灰色花园”是美国纽约州东汉普顿的一栋临近海边的独立建筑。该建筑物年久失修，陈旧破败，屋后的花园更像是一个恐怖的原始森林，与邻居家修剪齐整的矮树丛、洁净体面的花园形成了鲜明对比。居住在这栋建筑里的两位老妇人有着古怪的生活方式：她们与许多只猫和浣熊为伴，同猫的随处排便相比，浣熊甚至弄坏了一面墙；年近八旬的母亲经年累月躺在单人床上，在她触手可及的范围内散落着简易餐桌、吃剩下的食物、收音机、衣物、报纸以及其他杂物；装束奇怪的女儿与母亲同住一屋，床铺肮脏凌乱，二人的卧室犹如一个垃圾场；其他房间看似整洁，但仍保留着半个世纪前的模样，墙上挂着万圣节南瓜面具，抽屉里过时的小玩意儿仍然散乱其间。就是这座与当时社会环境格格不入的“灰色花园”，却是“我的家，是唯一让我感觉到能完全成为自己的地方”。——这也是2009年4月HBO发行的电影《灰色花园》中，作为主人公之一的大伊迪在结尾处道出自己迟迟不愿放弃“灰色花园”的原因。

一、从“灰色花园”到《灰色花园》

“灰色花园”里居住的这对母女是曾作为美国第一夫人的杰奎琳·肯尼迪的远亲。后来，行为怪异的遁世母女隐居于这跳蚤密集和浣熊肆虐之所，卫生部门因其存在公共卫生隐患一度威胁要拆除这栋建筑。此事成了当时各大报刊的头条新闻，大小伊迪的生活怪癖也随之传出。杰奎琳曾现身试图挽救自己娘家的名声，反而使得这对行为古怪的母女愈加受到媒体的关注。美国著名纪录片导演梅索斯兄弟以此新闻为创作素材，制作了以“灰色花园”拥有者比尔母女为主人公的“观察——参与型”纪录片——《灰色花园》。纪录片一经问世，随即引发强烈的反响和讨论，赞誉者有之，鄙夷者也有之，后被誉为纪录片史上里程碑式的作品。影片以忠实的记录手法描述了比尔母女在“灰色花园”的日常生活和喜怒哀乐，使原本普通的建筑物和它的拥有者通过影像符号的建构被赋予了新的涵义。2006年，纪录片《灰色花园中的比尔母女》作为对已逝的比尔母女的纪念和对原纪录片的补充，再次出现在大众视野中。2009年4月18日，由迈克尔·苏克西、帕特丽夏·罗兹玛编剧，迈克尔·苏克西导演，HBO有线电视频道发行的电影《灰色花园》上映。耐人寻味的是，三部影片无一例外都以“灰色花园”命名。从中可以看出，作为建筑的“灰色花园”在作为影像符号体系的《灰色花园》中具有的不容忽视的作用及其显而易见的隐喻功能。

在影片中,"灰色花园"是"家",是"物质财富",也是蕴藏丰富的"博物馆"。[①] 它不仅是比尔母女仅有的生活之所,也是两人极为重要的财产,更是母亲"歌手"之梦的实现之地。如果将"灰色花园"人格化,她不仅在影片中扮演着重要角色,同时作为一个观察者,也是比尔母女重要的"见证者"、生活踪迹的"记录者"、现实记忆的"保留者",因为"在这所房子里,我曾经唱过我所有的歌"。由此可见,"灰色花园"至少负荷了三重意涵:在地的建筑物、纪录片中人居之所的符号化,以及电影对它的艺术加工。

此外,"灰色花园"更为重要的意涵是作为比尔母女的象征符号。"灰色花园"对母亲来说是"家""梦想成真之地"和"庇护所"。与此相反,女儿小伊迪在影片中多次明确提出要离开"灰色花园",对她来说,"灰色花园"与其说是一个"像家一样的庇护所",更像是一个困住她的"囚笼"。

二、现实生活的庇护所和精神世界的引导旗

根据符号学理论的表述,作为建筑的房屋住宅象征着安全,在某种程度上代表着不受外部世界侵犯的庇护所。[②] 其中,作为具有象征意义的屋顶,本身即以收容和遮蔽显现出它的实用功能。[③] 坚实的墙壁象征着力量、包容,在其庇护之下,安全得以可靠地保证,任何隐私都不会外泄。而花园往往是"愉悦之地"的代表。[④] "灰色花园"不仅仅是比尔母女现实中日常生活的承载地与庇护所,同时在精神层面上构成了她们的重要依托,母女二人居住于其中,彼此依靠,互为支撑。

如前文所述,灰色花园建筑本身向观者传达了很多关于比尔母女生活[⑤]以

---

① Belén Vidal. *Figuring the Past: Period Film and the Mannerist Aesthetic*. Amsterdam University Press, 2012, pp.65—67.

② Miranda Bruce-Mitford & Philip Wilkinson. *Signs & Symbols: An Illustrated Guide to Their Origins and Meanings*. London 2008, p.238.

③ Miranda Bruce-Mitford & Philip Wilkinson. *Signs & Symbols: An Illustrated Guide to Their Origins and Meanings*. London 2008, p.235.

④ Miranda Bruce-Mitford & Philip Wilkinson. *Signs & Symbols: An Illustrated Guide to Their Origins and Meanings*. London 2008, p.244.

⑤ Matthew Tinkcom. *Grey Gardens*. London 2011, p.31.

及房屋本身[①]的信息。作为建筑的“灰色花园”在现实环境下的日常生活中是比尔母女的“伊甸园”，母女俩能够以她们最自然、最放松甚至是最原始的状态生活于其中。“灰色花园”是当时唯一一个接受了小伊迪一系列“革命性的服装”之场所，同样也“包容”了她几乎不修边幅的母亲。母亲可以在此毫不掩饰地“展示”自己衰老疲惫的身体，甚至是裸体。“灰色花园”为12岁就拒绝穿着束腰紧身衣的母亲，和几乎时刻都身着束身紧身衣的女儿提供了展示两人迥然不同的美学时尚的最佳场所。

“灰色花园”也是母女二人精神上的“庇护之地”。母亲作为一个上流社会和贵族阶层的反叛者[②]，因身着不恰当的服饰——戏装——出席了1942年儿子的婚礼，惹恼了自己的父亲，因此几乎失去了可继承的大半遗产；尔后母女二人又因为“拒绝与男性建立传统关系”[③]，主动脱离，同时也是被动地被驱逐出原本身处其间的社会阶层。“灰色花园”由此成为她们母女二人在世间仅存的也是唯一的“成为我自己”的精神庇护所。

“灰色花园”不仅仅是母女二人现实中的容身之处和精神庇护之地，更为重要的，是满足了其精神上、心理上的安全感。作为“灰色花园”的所有者和常住人口，比尔母女正如歌中所唱：“我们属于彼此”。的确，她们彼此互为依靠：母亲为二人的生活提供金钱支持，女儿则尽己所能照顾年迈母亲的起居。特别是在“二战”期间，小伊迪并不像女性友人们那样外出工作或是选择结婚移居国外，而是照顾着做完眼部手术的母亲。平日里为母亲准备诸如冰激凌、饼干等零食在内的餐食。在照顾母亲的同时，女儿也对母亲充满依赖，并寻求着母亲的保护，甚至嫉妒母亲同杰瑞交往过密，以至于担心威胁到自己在母亲心中的重要地位。当杰瑞对她过度关注时，女儿则希望母亲能转告杰瑞不要对她产生幻想，以此得到母亲的保护。大伊迪常常毫不吝啬地夸奖女儿，称赞她的写作才能和早年间出众的美貌，认为“她是世间最美的女孩”（图1），小伊迪也会在母亲的生日会上用有限的材料制作出送给母亲的“大型贺卡”（图2、图3），赞扬母亲的歌唱天赋，祝愿母亲健康长寿。

---

① Matthew Tinkcom. *Grey Gardens*. London 2011, p.32.

② Matthew Tinkcom. *Grey Gardens*. London 2011, p.35.

③ Matthew Tinkcom. *Grey Gardens*. London 2011, p.43.

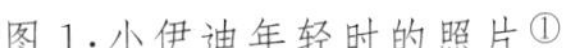
图 1:小伊迪年轻时的照片[①] 图 2:给母亲的生日贺卡[②] 图 3:给母亲的生日贺卡[③]

母女二人除了血缘关系外,女儿也完美继承了母亲的艺术天赋。在艺术方面母亲可谓是小伊迪的"教育者"和"引导者",尽管在影片中小伊迪时而会将音乐作为自己挑衅母亲的"武器",二人时常会爆发"亲密的战争"。可争吵后母亲却依然会对着镜头称赞女儿的音乐天赋:"你从来没有听过她的歌声,她可以唱的非常优雅。她真的唱得很好,她有着比我还动听的嗓音。"小伊迪冷静后也会继续回到房间"照料母亲和猫",感慨"我的母亲真的十分有趣,我希望她永远都不要死"。音乐作为母女二人的共同爱好,是调适母女关系的润滑剂,并使她们和好如初;音乐同时作为"安慰剂",暂时屏蔽并使二人忘却生活中的烦恼,享受着音乐带来的简单的快乐。

20 世纪 70 年代中期,"灰色花园"及其主人伊迪母女连同她们简单、快乐的现实生活一起被强度曝光。梅索斯兄弟认为"比起杰奎琳和她的妹妹李,迷人而古怪的比尔母女是能够拍出更好的影片的对象"[④]。就这样,比尔母女开始了她们人生中面对大众的"首场演出"。《灰色花园》作为一部难以预料其情

---

① 这张照片未经比尔母女授权就被悬挂在曼哈顿梅西百货的电梯中。参见:http://greygardensonline.com/about-little-edie/(最后访问时间:2019 年 8 月 5 日)以及 2006 年的纪录片《灰色花园中的比尔母女》(The Beales of The Grey Gardens)

② 上面写着:伟大的歌手大伊迪丝·布维耶·比尔("THE GREAT SINGER BIG EDITH BOUVIER BEALE).

③ 上面写着:1973 年 10 月 5 日于"灰色花园":如果您已经活到了 78 岁,那么您也可以活到 80 岁!狩猎愉快!(生日快乐!)小伊迪敬上("October 5th—1973 "Grey Gardens" If 78 it is true, you can live to be 80 too! Happy Hunting! From Edie to Mother.")

④ 参见 http://greygardensonline.com/the-documentary/(最后访问时间:2019 年 8 月 5 日)其中文中的杰奎琳即美国第 35 任总统约翰·肯尼迪的夫人杰奎琳·肯尼迪(Jacqueline Kennedy Onassis),李是她的妹妹李·罗兹维尔(Lee Radziwill)。

节发展的纪录片，回忆与想象、过去和现在交织其间，[①]犹如伊迪母女无法理清的现实生活。作为一部“观察——参与型”纪录片，尽管有很多评论批评梅索斯兄弟对伊迪母女个人生活隐私的窥探，[②]但《灰色花园》纪录片如同比尔母女的“导引旗”——通过它，母女二人由社会边缘人重新回到了主流社会并被更多人所熟知。通过艾伦·霍夫德（Ellen Hovde）、玛菲·迈尔（Muffie Meyer）和苏珊·弗洛姆克（Susan Froemke）三位女编辑历时两年的剪辑，[③]大伊迪和拥有“坚定的品格”的小伊迪最终被奉为女性主义的代表人物[④]。小伊迪甚至还成为众多服装设计者的灵感缪斯，原本“不被世界所接受的革命性服装”也成为一种新的时尚。在其他文化形式表达方面，同名音乐剧和电影等文化产品孕育而生。伊迪母女由原本无名的社会边缘人士逐渐成为真正的“明星”。

三、身体与精神的双重囚笼

在影片的展示中，“灰色花园”不仅是比尔母女的“庇护所”，对二人尤其是女儿小伊迪来说，更像一个困住她行动、剥夺她自由的囚笼。整栋建筑对她来说不仅是一个需要供养的负担，还是一个可以窥探她全部生活的“全景式监狱”，母亲以及外界也同这座建筑物一样，将她完全圈禁起来。

在此种情境之下，“灰色花园”对小伊迪来说更像是无意义的空洞的建筑物。影片中，小伊迪不断强调“我不想再住在东汉普顿了。可是我还要在这里照料母亲的房子”，母亲能够“保全房子全是依靠我”，“我照顾这个该死的房子已经整整25年了”——她只是一个照看房屋的人。可尽管如此，对小伊迪来说她并非是房子的所有者，“它是妈妈的房子，她才是所有者”。

对她来说，“妈妈的房子”不仅是一种物质上的负担，同时也是一种精神上的压迫。整栋建筑就像是一个“全景式监狱”（图4），住在其中的母亲就像是一

---

① Kenneth J. Robson. “The Crystal Formation: Narrative Structure in Grey Gardens”, in *Cinema Journal*, Vol.22, No. 2 (Winter, 1983), p.43.

② Bill Nichols. *Introduction to Documentary*, *Bloomington*. Indiana University Press 2001, p. 174.

③ 参见 http://greygardensonline.com/the-documentary/（最后访问时间：2019年8月5日）

④ Matthew Tinkcom. *Grey Gardens*. London 2011, p.20.

名“监视者”,无时无刻不在对小伊迪进行“隐性的凝视”。在2009年拍摄的电影中,即使女儿身在纽约,住在“灰色花园”中的母亲还是可以通过房屋内的电话持续关注她、了解她的近况,甚至仅通过电话就可以将女儿召回。纪录片中小伊迪控诉母亲“是她让我离开了法国巴比桑镇”,“她在1953年3月开始向我施压,命令我回去”。而母亲对此的回应则是“你是时候回来了。已经25年了,我认为是时候了”。在纪录片中,观影者也能时刻感受到母亲因为行动不便而对女儿不断地使唤。受制于母亲以及与外界的阻断,小伊迪开始由“被动的囚禁”渐渐变为主动的“自我囚禁”。所有的“抵抗”都停留在口头抱怨,而没有进一步的“积极的”行动。

图4:“灰色花园”外观图

图5:破损的墙壁

图6:老伊迪的生活图景

在看似稀松平常的“日常生活的囚禁”中,小伊迪渐渐成为一个行动能力极差的中年人。在2006年拍摄的纪录片中记录了如下情节:乱堆在房屋里的杂物突然着火,小伊迪像一个孩子一样面对火势不知所措,慌乱中甚至选择用易燃的衣服去灭火,最后还是梅索斯兄弟用水将火扑灭;她日常出行的最远之地是距“灰色花园”不远处的海滩,但也只不过在那里泡泡海水和晒晒太阳,或是望着驶向远方的船只沉默不语;小伊迪的购物就是将送上门的货物从门廊外搬到房内;小伊迪作为母女二人中唯一拥有劳动能力的人,仿佛完全丧失了劳动力:母女二人共住一屋且居住环境脏乱不堪(图6),看上去像是从未被打扫;二人的食物常常是类如冰激凌、饼干等小零食,几乎没有经过认真烹制的正经食物;“渴望逃离的”小伊迪也会不时地向外张望,看向远方的世界,但经常不过是通过窗户玻璃甚至是玻璃上的破洞,或是站在阳台上,借助望远镜,感受虚假的“一切近在眼前,一切触手可及”;小伊迪也会接待来访的客人,然而访客稀少,通常仅是母女二人为数不多的好友;母女二人虽然养了很多只猫,但喂食时也不过是随意将猫粮一倒了事;等等。

在当时的社会环境下,小伊迪"囚笼"般的生活虽然显得不可思议,但显然,造成她和母亲大伊迪这样境况的,无疑是受制于所处的时代偏见。在大伊迪年轻时期,尽管女性可以拥有独立的工作,可大时代背景下的女性仍然被要求结婚生子,以成为一名母亲为荣。作为美国新贵族女性,大伊迪必须承担起家族"联姻"的任务;作为一个极具歌唱天赋的女性,她为了实现自己的音乐梦想付出了离婚的代价,但最终仍不被"上层阶级"甚至主流社会所接纳。而对小伊迪来说,虽然在影片中她反唇相讥所谓的贵族阶级的美德——"责任是贵族的品质,难道不是吗?",可是在影片结尾高潮部分同母亲的争吵中,小伊迪又不断地在强调男方尤金·蒂斯凯维奇(Eugene Tyszkiewicz)的"贵族阶级"身份:"他来自波兰最好的家庭之一。而且他与奥贝伦斯基家族有关系。"作为被主流社会和上层阶级抛弃的母女二人①,自始至终都无法摆脱社会和阶层留给她们的烙印和枷锁。

此外,作为受到良好教育的新贵族女性之女,小伊迪甚至无法拥有自主选课的自由,她这样说道:"我选择的课程是我父亲想让我选择的。"在小伊迪成长的后期,由于父亲的缺位,母亲成为家庭中的实际掌权者。虽然在一定程度上母亲是女儿的"引导者",可同时她也扮演了"施暴者"和"掌控者"的角色。在小伊迪通过哼唱走调的歌曲向她"示威"时,母亲以"音乐鉴赏者"和"家长"的姿态勒令小伊迪停止哼唱:"她让我感到很恶心。她让我很不舒服……你不准再唱这首歌……因为我不允许你唱。我是你的母亲,明白吗?"在女儿的爱情和婚姻方面母亲甚至扮演了"恶魔母亲"的角色。在影片中,小伊迪控诉母亲赶走了她的求婚者,而母亲则辩称这是对女儿的保护。② 在她看来小伊迪就是"一个不成熟的孩子"。在小伊迪成长的后期,母亲的言行深深影响了她对

---

① David Davison. "Direct Cinema and Modernism: The Long Journey to Grey Gardens", in *Journal of the University Film Association*. Vol. 33, No.1, CRITICAL APPROACHES (Winter, 1981), p.11.

② 尽管大伊迪的婚姻在外界看来并不成功,但她自己认为:"我拥有了想要的一切。……我过着非常非常幸福的生活。……我有一段完美的婚姻。"而且影片中她所唱的歌曲几乎都是爱情歌曲。参见 1975 年纪录片《灰色花园》(Grey Gardens)的相关对白和情节。

社会角色的自我认知:"母亲将我看作小孩,我也认为自己是个小女孩。其他人把我认作是一个女人,但其实我不是。"自我认知的偏差,在一定程度上影响到了小伊迪日后的行为和抉择,她甚至没有起码的决策能力,要做的和能做的就只有低姿态的屈就与无条件的服从。

四、渴望逃离与固守原地

小伊迪当然也对母亲的"过度保护"做了一些微不足道的反抗:拒绝跳华尔兹舞曲,反而选择自己喜欢的乐曲"V.M.I.March"[①]作为舞蹈伴奏;作为一个"主动观察者",小伊迪甚至选择用望远镜看外界——天上的飞机和远处的林海,以及不断对着镜头发表着自己从未实现的"独立宣言":"我认为我在灰色花园的日子是有限的","我要做的就是离开"。(图7)相比于渴望逃离"灰色花园"的女儿,此时的母亲更像是一个不愿有任何改变的"被动角色",不知道自己除了留在"灰色花园"还能逃离到何方:"何处可往? 我只能待在原地。"

图7:持望远镜观望的小伊迪

图8:小伊迪装饰房间

在影片中,伊迪母女格外喜欢回忆过去的自己:"纪念品或者其他什么东西,我一件都无法舍弃。"与其说小伊迪不能丢弃任何旧物,不如说她始终沉浸

① 该曲由弗吉尼亚军事学院游行乐队演奏(Virginia Military Institute Marching Band)。参见Matthew Tinkcom. *Grey Gardens*. London 2011, p.66. 及2006年纪录片片尾字幕。

在对过去的美好回忆中无法自拔。同老照片中年轻的自己相比，如今逐渐显老的小伊迪只能用头巾包住自己的没有头发的脑袋。在符号学中象征着内在的力量和勇气的头发的不复存在，[①]真正使小伊迪无力也无法离开灰色花园。当然，除了对母亲的担忧，更缺乏的是走出去的勇气。纪录片中出现的星座书，[②]承载了小伊迪对自己另一半的所有幻想。在片中，友人洛莉丝(Loris)通过看手相并预言小伊迪未来会结两次婚，可是小伊迪对此的回应只是玩笑的话语：一次跟大卫，一次跟阿尔，之后并没有任何实际的行动。相比于实干家和行动者，小伊迪更像是一个空想家和口头"英雄"。

影片中最具象征性的一幕就是小伊迪装扮房屋：她将鸟笼和以《周游世界》为标题的红色封皮旅游小册子并置(图 8)，象征着囚禁的鸟笼和外出探险的旅游手册形成了鲜明的对比，如同是对现实辛辣的讽刺。影片中母亲说："在你被他人支持和资助的时候，你无法获得任何自由。"而小伊迪则给出了更令人绝望的回答："当你没有人支持和资助的时候，你也无法获得任何自由。"

五、伊迪母女的告别演出

对伊迪母女来说，《灰色花园》纪录片既是她们的首演，也是她们的告别演出。纪录片为母女二人提供了展现自我的舞台，即在"灰色花园"这一有限的空间中展现出属于自己的光彩，但是灿烂星光却如流星般转瞬即逝。母亲在影片中作为一个曾经天资卓越的女歌手演唱和播放了不少歌曲，可在影片放映之后这些歌曲却并未引起任何反响，作为歌手的母亲也没有获得大众的持续关注。小伊迪在母亲去世后终于离开"灰色花园"，并在她 60 岁时开始了自己的表演事业，可演艺事业也仅持续了很短暂的一段时间。尽管之后有关于她们母女二人的时装、音乐剧、电影等文化产品开始陆续出现，却与她们本人

---

① Miranda Bruce-Mitford & Philip Wilkinson. *Signs & Symbols*:*An Illustrated Guide to Their Origins and Meanings*. London 2008, p.108.

② 佐拉尔(Zolar)所著的《星空万里》("*It's All In The Stars*")平装书：这本书出现在梅索迪兄弟纪录片中标志性的"天秤座男人"场景中。参见 http://greygardensonline.com/memorabealeia/(最后访问时间：2019 年 8 月 5 日)及 1975 年和 2006 年纪录片。

已经毫无关系,她们并未参与其中,始终处于缺席状态。[①] 2006年的纪录片也只是先前未使用素材的再次剪辑。

在纪录片中她们是"迷人的、沉默寡言的,坦率的,同时又充满掩饰的"[②]。她们就像"囚笼中的鸟",在最后的"告别演出"中作为被影片所固定好的刻板形象被他人观看。伊迪母女只是作为一个承受他人眼光的被动的素材[③],满足了观者的猎奇心和观看癖[④],具有了"被动的被看性的"内涵[⑤]。大众对普通人的成功感到兴奋,但最爱看的还是成功者的落魄。这即是"不可见的客人"的特权[⑥],无人在乎被观看者的实际感触和境况,哪怕被观看者已深陷在自己制造出的囚笼中难以自拔。她们被大众当作奇观来剥削榨取,被大众所熟知,可又再一次被大众遗忘。

六、结语

《灰色花园》作为一部直接电影(direct cinema),通过它的"如水晶般的晶体构造"[⑦],展现了"影片的多彩和精彩的设计"[⑧]。它不仅展现出其外在可被观者感知的混乱无序——情节上母女二人的争吵、小伊迪无止尽的独白、生活

---

① 小伊迪从母亲那里继承了"灰色花园",但她和母亲未从 Gray Gardens 纪录片中获得过一分钱。为了支付房屋的不动产税和遗产税,小伊迪拍卖了一大批纯银器具,其中包括送给她母亲作为结婚礼物的195件戈勒姆餐具。参见:http://greygardensonline.com/about-little-edie/(最后访问时间:2019年8月5日)

② Kenneth J. Robson."The Crystal Formation:Narrative Structure in Grey Gardens", in *Cinema Journal*, Vol.22, No. 2 (Winter, 1983), p.44.

③ Laura · Mulvey. " Visuelle Lust und narrative Kino", in *Liliana Weissberg* (*Hrsg.*) *Weiblichkeit als Maskerade*. Fischer 1994, S.63.

④ Laura · Mulvey. " Visuelle Lust und narrative Kino", in *Liliana Weissberg* (*Hrsg.*) *Weiblichkeit als Maskerade*. Fischer 1994,S.51.

⑤ Laura · Mulvey. " Visuelle Lust und narrative Kino", in *Liliana Weissberg* (*Hrsg.*) *Weiblichkeit als Maskerade*. Fischer 1994,S.52.

⑥ Laura · Mulvey. " Visuelle Lust und narrative Kino", in *Liliana Weissberg* (*Hrsg.*) *Weiblichkeit als Maskerade*. Fischer 1994,S.65.

⑦ Alan Rosenthal. *The Documentary Conscience*:*A Casebook in Film Making*. London 1980, p.383.

⑧ Kenneth J. Robson. "The Crystal Formation:Narrative Structure in Grey Gardens", in *Cinema Journal*. Vol.22, No. 2 (Winter, 1983), p.53.

环境的恶劣等，也展现出影片内在的对于爱与恨、过去与现在、有序与失序，以及自由和禁锢的叙事逻辑。不同于《玻璃动物园》中劳拉因为身体残疾、行动不便而被迫困在家中，拥有众多"来访绅士"[①]的小伊迪并没有如同她跳舞时唱的"我们都为爱前进"或步入"爱情的坟墓"，而是将自己自我囚禁起来。灰色花园无论是作为建筑还是纪录片，都成为她以及她的母亲在现实中的庇护所，可同样也是她们精神的囚笼。并且，庇护所和囚笼互为表里，一体两面：庇护所是表面现象，囚笼为深层内涵。深处其中的——恰如影片中所展现的——代表了那些必须自我拯救而又无从拯救的现代女性。

当然，正如梅索斯兄弟所言：《灰色花园》并不是"问答型或是信息型影片。他们并不意图打算在影片中直接告诉观者真相，而是提供给观者看见真相的方式"[②]。观看者可从中感受到自己所认为的"主一客观真相"[③]，毕竟所有的一切都已"在影片中"[④]。

（王乐怡，班贝格大学人文科学与文化研究学院）

"Grey Gardens": Shelter or Prison

Wang Leyi

Abstract: In 1975, the documentary called *Gray Gardens* showcased at the 11975 New York Film Festival, which was filmed by the American documentary film directors Maysles brothers. This documentary took the "Gray Gardens" and its owner's news as materials. It is hailed as a landmark work in the history of documentary. Since the new century, another re-edited documentary and the film of the same name have been released one

---

① Tennessee Williams. *Die Glasemenagerie*, *Frankfurt am Main* 1987 (1954). Jörn van Dyck 为本书德语译者。

② David and Albert Maysles in a letter to the New York Times, 25, April 1976, II, p.15.

③ James Blue. "Thought on Cinéma Vérité and a Discussion with the Maysles Brothers", in *Film Comment* 2 (Fall 1965), p.24.

④ Matthew Tinkcom. *Grey Gardens*. London 2011, p.91.

after another, which have been sought after by the viewers and bring hot discussion in film critics. This article takes two documentaries and the film of the same name as the research objects and uses the related theories such as semiotics to analyze the contradictory situation in which Big Edie and Little Edie in the "Grey Gardens" are not only eager to escape but also willing to be trapped, not only plead for attention from the outside world but also willing to be separated from it. This article will also reveal the multiple symbolic meanings of the "Grey Gardens", not only as the place where the story took place, but also as the space itself which has rich meanings as the container of important information of the film.

Keywords: Grey Gardens; Shelter; Prison; Metaphor

小媒介中的大政治

——《新中国连环画政治叙事研究》序

赵　勇

今年5月的一天,张勇锋博士发给我这本书稿,并修书一封。信中说,讨我这篇序言,其实是“怀揣了七年的夙愿”。我有些吃惊,同时也才想起,2013年11月初,他曾给我写来邮件,聊过毕业论文一事。当其时也,勇锋在中国人民大学新闻学院师从陈力丹教授攻读博士学位,准备对新中国连环画做一番研究。他说他是我的晋城老乡,又是晋城一中校友,头一年暑期还在赵树理文学馆里听过我的讲座,而邮箱则是通过朋友从作家聂尔那里打听到的。隔行如隔山,再加上整日庸忙,本来我是可以敷衍了事的,但老乡、校友、聂尔、连环画等热词以及勇锋同学的诚意,还是让我“没 hold 住”。结果,我那颗好为人师的心便蠢蠢欲动,也就干起了越俎代庖隔山打牛的勾当。

记得那时我看过他的论文大纲后,对其主标题《另类的政治叙事》提出些看法。我觉得若从当年的革命文化氛围考察,新中国连环画并不“另类”,而是搭调合拍,实为其有机组成部分。勇锋思考一番后,拟把题目改为《俗雅之间的政治叙事——作为媒介文化的新中国连环画(1949—1978)》,问我意见。我又提醒他，此题虽比原题明确，但可能还有更好的入口。因术业有专攻，我还给他提供了一些或许他注意不到的书籍，以作参考。比如，朱自清的《论雅俗共赏》，钱穆的《中国文学论丛》，李春青的《诗与意识形态：西周至两汉诗歌功能的演变与中国诗学观念的形成》，菲德勒的《文学是什么？高雅文化与大众社会》，李扬的《50—70 年代中国文学经典再解读》。同时，我也举贤不避亲，举己不避嫌，把我刚发表不久的《对"红色经典"做文化研究》一文通报于他。因拙文主要拿钱振文的《〈红岩〉是怎样炼成的：国家文学的生产与消费》一书说事，我又向他推荐此书，甚至还给他提供了振文邮箱，让他向真正的专家请益。

那几轮的邮件往来，让我对勇锋博士有了点滴印象——谦虚、低调、勤勉、实受，是典型的晋城人性格。2014 年 9 月，他又发来邮件，告我从人大毕业后，已在陕西师范大学新闻与传播学院落脚；并说他日我去西京古都，要用西凤酒侍候。我喜甚，立刻向他祝贺。但近五年来，虽然我也曾流窜至陕西师大，相会于三二好友，却是把这件事彻底忘了。

如今他来索序，我才得以目睹他这篇博士论文的真容。而仔细读过之后，又让我很是感慨。记得希利斯·米勒(J. Hillis Miller)说过："那些进行文化研究的年轻学者是在电视、电影、流行音乐和当前的互联网中泡大的第一批人。……用不着奇怪，这样的一种人应该期望研究那些与他们直接相关的、那些影响了他们世界观的东西，那就是电视、电影等等。"[①]他这里说的是"新新人类"，并不适用于赵勇、李勇、张勇锋之流，但在学术研究的精气神上，我们的所作所为与米勒的推测判断又何其相似乃尔！在与勇锋的通信往来中，我得知他是 1970 年生人，大学毕业后在晋城电视台干过，又在晋城市委办公室待过，已积累了相当多的媒体经验和社会经验。后辞职读博，年齿渐长，心也沧桑，似已有"旧"可"怀"。于是我暗自揣度，他选题时没搭理电影电视互联网，而是与连环画小人书较劲，似乎很"小儿科"，却说不定正是他童年少年时代某种"情结"的一次发作。遥想七八十年代的晋城老家，人们一年虽能看上几场电影，但电视还是稀罕物。而小人书在张勇锋看它的年龄固然已是强弩之末，但

---

① [美]J. 希利斯·米勒著，易晓明编：《土著与数码冲浪者：米勒中国演讲集》，吉林人民出版社 2004 年，第 183 页。

想必他也是在这个世界中“泡大”的。如此看来，他研究连环画，何尝不是在对影响了自己的“三观”之物进行反思？我虚长勇锋几岁，我的少年童年时代更是受到了革命群众文化的全面洗礼——小人书、样板戏、《金光大道》、赵树理。想想我的博士论文，说的是法兰克福学派，琢磨的是大众文化理论，却又脚踩两只船，时不时会溜达到20世纪六七十年代的中国自留地里抚今追昔，这是不是也算自我清理？我曾说过我有“赵树理‘疙瘩’（complex）”[①]，并且想用一本书的篇幅把它揉散抚平，却依然是按下葫芦起来瓢，东边日出西边雨。大概，这也是群众文化（mass culture）在心中作祟吧。

很可能这就是格式塔心理学所谓的“异质同构”。我常常跟学生说，能与研究对象形成“异质同构”关系的文字，往往入得深，出得透，既做纸面文章，也有“压在纸背的心情”，勇锋的这本书即可作如是观。这就需要谈及我的另一感受。此书从连环画的“政治叙事”入手，我以为思路正确。因为在毛泽东时代，“政治是统帅，是灵魂，是一切工作的生命线”（毛主席语录），这样，让连环画的生产与消费政治挂帅，就很容易理解了。在张勇锋的历史现场还原中，让我看到了许多细节。例如，在1963年召开的第一届全国连环画评奖授奖大会上，时任文化部副部长的胡愈之指出：“为群众喜闻乐见的连环画，是阶级斗争中很重要的武器，是向群众进行社会主义思想教育的很重要的工具。”[②]而此次评奖，获一等奖的六部作品分别是：《山乡巨变》（翻身与新生）；《穷棒子扭转乾坤》（翻身与新生）；《铁道游击队》（革命历史）；《孙悟空三打白骨精》（阶级斗争）；《我要读书》（阶级控诉）；《西厢记》（妇女解放与反封建）。为什么《孙悟空三打白骨精》也被赋予了“阶级斗争”的隆重主题？因为毛主席说：“阶级斗争，一抓就灵。”他还多次强调：“《红楼梦》写四大家族，阶级斗争激烈。”[③]而在1961年看过绍剧《孙悟空三打白骨精》之后，他又写出了“金猴奋起千钧棒，玉宇澄清万里埃”的名句。如此一来，孙悟空的反叛性、斗争性和不妥协性，就与无产阶级大无畏的革命精神成功对接。而更有意思的是，“文革”中后期，原作

---

① 参见拙作《赵树理的幽灵：在公共性、文学性与在地性之间》，中国人民大学出版社2018年，第2页。

② 《比、学、赶、帮，加强连环画的社会主义教育作用》，《美术》1964年第1期。

③ 转引自陈晋《毛泽东是怎样把〈红楼梦〉当作历史读的》，《党的文献》2013年第6期。

者赵宏本与钱笑呆(彼时他已病故,其后续动作应是赵宏本一人为之)为突出当时政治,便按“三突出”原则,重塑孙悟空的“高大全”形象,以致有些画幅甚至让孙悟空扎起了革命京剧中的丁字台步。

读张勇锋的书,还解决了我的一个困惑;或者也可以说,是让我先前处在鸿蒙状态的想法变得清晰了。从1942年延安《讲话》开始,文艺大众化、媒介通俗化就成为毛泽东的一个固定思路。而新中国成立之初,政府更是把这一思路落实成了种种方案。比如,从1950年开始,抓“通俗书报”出版,已是中共中央部署的一项经常性的工作。1953年,中央又决定成立通俗读物出版社。这些举措,固然是要应对当时文盲率极高(1949年全国文盲人口达3.2亿,占到全国人口的80%)的现实处境,却同时也是建立文化领导权的战略手段。张勇锋指出:“在中共的传播视野内,举凡民歌、秧歌、地方小戏、民谣、墙报、漫画、标语口号甚至人本身,无一不可作宣传媒介。……在各种通俗媒介中,由于艺术媒介以形象塑造和情感煽动见长,与不擅抽象思维的工农大众有较强的切适性,历来为无产阶级革命者所重视。”于是,“连环画与年画、宣传画一并成为最受新政权推重的三种大众文艺形式”。这就意味着1949年之后,改革开放之前,大众媒介所生产出来的通俗文化与国家意识形态存在一种天然的亲和关系。或者也可以说,这两种东西互帮互助,相辅相成,它们共同打造了无产阶级的文化领导权。因此,我们谈论那个时期的通俗文化,只说通俗的下里巴人性而不顾其政治性,肯定不得要领。极而言之,通俗的就是政治的,同时,通俗的也就是政治正确的。

或许正是基于这一原因,连环画成为毛泽东时代通俗性最强、生产速度最快、畅销程度最高的读物。张勇锋说,1955年,毛泽东在其主编的《中国农村的社会主义高潮》一书中为《谁说鸡毛不能上天》撰写按语,“鸡毛上天”精神一时名声大噪。上海人民美术出版社根据新闻报道迅速行动,仅用十天就推出了连环画《鸡毛飞上天》。1960年,山西平陆发生集体中毒事件后,2月8日开始有新闻报道,2月28日长篇通讯《为了六十一个阶级弟兄》面世,至3月21日,中央美术学院30余人集体创作的60幅连环画便由人民美术出版社正式出版。这是连环画迅速跟进的又一成功范例。张勇锋还告诉我们,仅在“大跃进”的1958年,全国共出版连环画3000多种,印行1亿2千万册。与此同时,连环画不仅是工农兵、儿童、干部的读物，甚至“一些高级知识分子、科学家都喜欢看。读者有多少人次，很难计算，影响之大，除了电影，是许多别的艺术形式比不上的”[①]。为什么连环画如此受人欢迎？张勇锋借用美国传播学家施拉姆的公式提供了一种解释：可能的报偿÷费力的程度＝选择的或然率。亦即在其他条件相同的情况下，人们总是倾向于选择最省力、最方便、最能迅速满足需要的媒介路径。[②] 这种解释很专业，是能够令人信服的。

这就不得不提及这本书中使用到的理论。张勇锋是在新闻传播专业拿学位，他在书中自然用了好多传播学理论。但除此之外，法兰克福学派的文化工业理论、阿尔都塞的意识形态询唤理论和意识形态国家机器理论、霍尔的编码/解码理论、福柯的话语权力理论、布迪厄的区隔理论、波兹曼的童年消逝理论等，他也都悉数启用，并且用得得心应手。理论是看待事物、认识世界的一种方式，由于面对这段历史的连环画，我们并无成型的理论可资借鉴，所以让西方的理论穿行于其间，并以之观照、分析、考量、判断，我觉得是必要的也是可行的。而当这本书被这样一些理论淬火、锻造之后，其路数也就不仅仅局限于传播学领域了，而是有了文化研究的气象。想想当年钱振文把当代文学专业的论文做成了文化研究，如今张勇锋又拎着文化研究这把利刃在传播学领域庖丁解牛，这正说明了文化研究的包容性和接纳性，同时也证明了文化研究是一片广阔的天地，在那里是可以大有作为的。

当然，张勇锋也很清楚，连环画只是相对于“大媒介”(Big Media)的“小媒介”(Little Media)，这意味着连环画有边缘性、依附性和再生性。职是之故，他并没有大大咧咧，咋咋呼呼，把连环画看作“笼天地于形内，挫万物于笔端”的媒介，而是充分认识其小，却又小中见大，以此揭示其中的大政治、大气候和大天地。德国经济学家舒马赫曾经提出“小的就是美的”，以此说明小企业的经济活力。仔细想想，中国共产党打日本战蒋匪——游击队、麻雀战、李向阳、赵勇刚、《林海雪原》中的剿匪小分队——哪一个不是以少胜多，以小搏大？因为小的就是巧的，小又意味着机动灵活，轻装上阵。

---

① 《比、学、赶、帮，加强连环画的社会主义教育作用》，《美术》1964 年第 1 期。

② ［美］威尔伯·施拉姆、威廉·波特著，何道宽译：《传播学概论》第二版，中国人民大学出版社 2010 年，第 106 页。

然而，行至20世纪80年代中后期，这样一种“小媒介”却终于成了明日黄花。衰落的原因是多方面的，其中之一张勇锋归结为雅化之路——先前小人书“媚俗”，故接受者众；后来连环画“媚雅”，故曲高而和寡。这种事实呈现和理论概括启人深思，我觉得很新鲜也很有道理。而更重要的原因则是政治。张勇锋指出：“随着新时期国门的开放，政治的解冻，市场经济体制的建立以及多元文化格局的逐渐形成，这种主流、精英与通俗混体的媒介文化被勃兴的大众文化所迅速解构而走向衰亡。”这一概括，其实是很能让人浮想联翩的。在这种大环境中，小人书之彼时“俗”却并未成功过渡为此时“俗”。崔健唱道：“新的时代到了，再也没人闹了。”但小人书的制作者或许还在追忆逝水年华，他们找不着调，跟不上趟，自然也就风流云散了。套用一下毛主席语录，我们不妨说：对于连环画这块阵地，“社会主义如果不去占领，资本主义就必然会去占领”①。其后，日本动漫之类的小人书风靡中国市场，便是丢失阵地的重要标志。我想这时候，无论是生产者还是消费者，恐怕都有一种“白头宫女在，闲坐说玄宗”的苍凉了吧。

张勇锋说，连环画刚刚兴起时，对这种小画册叫法颇杂。广州称“公仔书”，汉口称“伢伢书”，浙江称“菩萨书”，陕西称“娃娃书”，北方多称为“小人书”。但我记得晋城人是直呼为“画书”或“小画书”的。想起我在十二三岁之前，画书还是我的最爱。我把几十本画书锁在两个抽屉里，只许自己品味，不肯轻易示人。但后来，这批画书终于还是一去不复返，成为一种“看不见的收藏”了。因为这次创伤经历，我还把这一记忆写进《我的学校我的庙》中，以此印证那个年代的寒酸、贫困和少年心情。大概正是因为这一原因，梁东方撰写、钱振文作序的《连环画里的时代记忆》（人民出版社2015年版）甫一面世，我就买回一本，翻阅一番。如今，勇锋博士的这本书图文并茂，他一边文字分析，一边又把诸多连环画封面、内页——《一块银元》《收租院》《半夜鸡叫》《鸡毛信》——置于书中，遂使我的记忆被再次唤醒（原来我只记得我的“收藏”中有本《一支驳壳枪》，其他画书却已忘得干干净净。这一回因勇锋引路，它们似已满血复活）。这种记忆是温馨的，也是苦涩的，是“阳光灿烂”的，也是“让子

① 《毛泽东选集》第五卷，人民出版社1977年，第117页。

弹飞”的，是“四海翻腾云水怒”的，也是“老年花似雾中看”的……何时我与勇锋见面，聊聊这些记忆、经历和复杂感受，我想一定非常有趣。也许小人书中更微妙的东西，便深藏在个人“小历史”的记忆皱褶里，等你抻开，供你骋怀。

于是，我开始期待勇锋说的那顿西凤酒了。

（赵勇，北京师范大学文学院教授，博士生导师）

断头机与死亡剧场简史

朱思隆

摘要:在人类的观看史上,对死亡的观赏是一个持久的话题。欧洲的政权将死刑作为一种警示民众的公开表演。刑具的发展史——尤其是断头机的历史,充分说明了死刑作为一种公开表演不断被“理性化”和“道德化”的过程。法律规范、道德标准和哲学隐喻在两千年间不断趋于“理性”,使得断头机由一种死刑不断人道化的努力变成死刑残忍的象征,最终退出了刑罚的历史。然而被断头的恐惧却不曾泯灭,在互联网时代,电子化手段将人的思维与身体分离,将生命的消亡转化为无需肉体的精神之永存。

关键词:死亡剧场;断头机;斩首;刑罚

法国大革命的恐怖政治为断头机抹上一笔血腥与权力的色彩,使断头机的形象与短短一年内落下的近 1.6 万颗头颅紧密相连。这部冷血机器上掉落的铡刀将法国历史切割为君主制和共和制,是人由生到死短暂过程中的裁决者,但它的时间并不仅仅属于法国或个人,它的历史也是一部死刑方法的发展简史,在这段历史中包含有建立刑罚的历史、观看死刑的历史和死型工具本身进化的历史。

死刑首先是一种惩罚的方法，其次通过公开展示死刑，执行者相信他们警示了无辜的观看者。死刑本身及其观看原则服膺于法律或规则的限制，现存最早的法律是两河地区巴比伦的汉谟拉比法典，虽是4000多年前的法律，汉谟拉比法典却体现了高度的平等性，法律并不轻易治人死刑，它的惩戒方式原始而公平：以眼还眼，只有在致人死亡的情况下罪犯才被判处死刑。至于男女和身份地位的区别，在法律的惩处上不见巨大的差异，且整个司法程序完整，使后来的不少法典相形见绌。

在稍晚些的希伯来人法律中刑罚与宗教相匹配，宗教禁止即是法律禁止，人伦道德成为惩罚的指标，这也是中世纪欧洲，基督教会用宗教道德统领各个国家的早期模板。但不论是希伯来人还是同时的希腊人，都将以眼还眼作为惩罚的底标，只是在死刑的执行上各有创意，希伯来人偏爱石刑，他们会在每个村口都留一堆石头，受刑者将被全村的人乱石砸死。石刑中全村的人都成了法律的执行者，他们亲自参与刑罚的执行，杀人的责任被平均，整个过程如同一个互动剧场。因基督教而著名的十字架刑（图一）也是希伯来人的创造，这同样是一种便于观众观看的死刑方式，受刑者死亡的时间加长、痛苦加倍，死亡以更加鲜明而残忍的形式被呈现。希腊除了个别趣味特立独行的僭主，基本同巴比伦相同，都以水刑或火刑为主。水刑（图二）是在法律判决后，将犯人五花大绑抛入水中。如果他能在水上漂浮，或是成功到达河对岸，那是神灵证明了犯人的清白，他获得了再次活下去的机会，只是从物理学的角度上看这种机会几乎不存在。这种神灵的裁决将神力置于法律之上，也深得基督教统治下的欧洲各王国的欢迎。火刑（图三）的方式简单但残忍，在给予犯人痛苦而漫长折磨的同时，也大大警示观刑大众，或是取悦他们，整个火型执行过程中，观众们获得的不仅仅是不断碳化的肉体，他们还能听到呻吟、闻到焦味、感到烈焰的温度，这是一种对死亡浸入式的体验。很多文明和宗教相信火焰是净化的力量，中世纪欧洲被逮捕的魔女在经历惨痛的折磨后最终在广场被烧死，以净化她们罪恶的灵魂。

罗马人在欧洲的统治强势而悠久，罗马法作为对全罗马境内通用的法律在各个行省实施。法律给予不同行省的罗马人和本地土著基本同等的自由，只有对奴隶严苛而专制，从这一点而论罗马人的法律比巴比伦人的法律更不平等。信仰的多样和广泛使罗马人的神灵不扮演希伯来人文化中的那种角色，最高的裁判者是法律，或者说是元老院或帝王。鉴于罗马漫长的历史以及多样的帝王性格，其刑罚的丰富程度令人叹为观止。除了对以往各种文明的继承，罗马人利用他们发达的机械工程技能和物理知识，设计出多样的刑具用于刑讯逼供。刑讯逼供的做法或来自希腊人，这种做法实际上在犯人认罪之前可能已经致人死亡了，而且犯人为了减少痛苦，冤假错案在所难免。但是这一不确定性却没有阻碍它的流传，这也使得逼供的刑具成为死刑的工具。

欧洲的蛮族在刑罚方面表现出极高的实用性，一方面要保存人口，另一方面也对犯罪者进行适当而不失严厉的惩罚：罚款。但也有极为血腥的杀死敌人的方式，如维京人的“血鹰”[①]，这与其说是惩罚，不如说是胜利者的奖杯。基督教君临欧洲以来，法律和刑罚均成为上帝治下教廷的制裁手段，虽然神权与君权之间权力交换，但刑罚仍以神权为瞻。直到13世纪教皇英诺森三世将死刑中的神权去除，使仁慈归于上帝，惩罚归于君主。

10世纪英格兰的诺曼人为本民族的贵族设计了一个更加“仁慈”的刑罚——斧头斩首（图四）。斩首并不新奇，新奇之处在于诺曼人将斧头斩首视为一种更加符合贵族身份的刑罚，据说罗马时代的军官也享有此项特权。快速斩首的出现也可能是为了减少受刑者的痛苦，使死亡发生在瞬间。这一可能的原因成为刑具，尤其是斩首刑具不断改良的重要契机。14世纪时意大利、英国、德国陆续开始使用一种绞手架形式的断头机，用锤子敲击木板下落，切掉脑袋，大多数受此刑罚的人或是死于颈椎断裂，而非断头。但无论如何，摸索一种更加快捷的死亡方式成为欧洲各国工匠不断推进的事业。由此可见，刑具不断机械化，死刑逐渐从利用自然力量执行，发展到利用精巧的工具或是机械执行。直到18世纪法国工匠约瑟夫·盖卢定成功设计了闻名于世的盖卢定断头机（图五），死亡的时间从曾经的几分钟直接缩短到几秒，死亡的痛苦与死亡的时间因其正比关系而一同减少了。但断头机的使用初期却是令民众

---

① 将受刑者双手吊起，整个人呈“十字形”，从后背开刀，小心地从后背取出肺部，悬挂于背部两侧，看似翅膀。

不满的，虽然它对于所有罪犯一视同仁，但它的迅速却剥夺了法国人在刑场上的乐趣。

对于观看刑罚实施的民众而言，刑罚不仅仅是杀一儆百和行使正义，同时是一个生与死的热闹剧场。如同福柯在《规训与惩罚》中所言，公开处刑是主权者彰显自身合法性，同时教育民众的重要仪式场合。[①] 12 世纪的英国手足枷（图六）作为一种在公开场合囚禁犯人的刑具得到广泛的使用，它不能致死，只是让犯人在众目睽睽下丑态百出。如同死刑一直以来都是公开展示一般，这种具有展示性的刑罚显示出法律通过刑罚所想要实现的一个重要作用：教育警示民众、防止犯罪。13 世纪英国的《大宪章》中也体现了公开惩罚观念的流行，断肢刑和大量的惩罚剧场将罪犯的罪行通过他的身体被展示，利用屈辱感约束罪犯和那些想犯罪的人，主权者似乎相信这样的做法能够让被统治者安分守己。但讽刺的是漫长的死亡过程和残缺的肢体都没能降低犯罪率。反之，从法律的角度越来越多的人意识到残忍的惩罚手段事实上无益于法律的威慑，1764 年意大利律师贝卡利亚提出：降低犯罪率最好的方法是预防而不是惩罚。[②] 这种观点始于对人生命和肢体的尊重，人的权利成为 15 世纪以来越来越多学者关注的焦点。

上帝所判处的原罪并不能剥夺人的权利，同样主权者也不能。霍布斯在他的《利维坦》中描述了巨人利维坦的形象（图七），这是一个巨大的怪物，但它也是国家的象征。他的头部是国王，或者主权者，他一手持剑象征惩罚，一手持杖象征权利，他的身体由密密麻麻的臣民组成。每一个人在进入国家之前都享有自然权力，其中最基本的是"生存"，为了生存霍布斯假定一个人可以做出任何事情，而当他选择进入国家，他交付了许多的自由，换来国家对于他性命和合法私利的保护，这是一场一生的交易，看似孤注一掷，但是在这场契约的背后人的善和理性才能涌现。在这里每一个人都不是别人的财产，不论社会地位如何，他的生命只有他自己一个主人，他唯一需要负责的只有他的国家。至此每一个人再不是谁人的附庸，他只是隶属于他无法逃离的国家，直到

① [法]福柯著，刘北城、杨远婴译：《规训与惩罚》，生活·读书·新知三联书店 2014 年，第 53 页。

② [英]马克.P.唐纳利、丹尼.迪尔著，张恒杰译：《人类酷刑史》，经济科学出版社 2012 年，第 138 页。

卢梭的出现。

卢梭发展了这个契约,使自然状态下的人具备了现代意义的自由,而不仅仅是在霍布斯的自然状态中被“暴死的恐惧”所支配。每个人在这种全新的框架中都具备了新的自我,而每一个自我都有权拒绝外部的致死力量而享受天生的自由,即便是国家也没权力肆意剥夺任何人天生的自由。象征国家惩罚权力的死刑如果不来自主权者便没有了正义性和合法性,手握权力的主权者却不得不小心翼翼地执行死刑,避免与自由平等的原则相悖,否则便是违背了与契约者的契约。

减少刑罚与减少死亡的痛苦,两种观点齐头并进,但都遭遇了民众的反对。反对的声音不仅来自将刑罚视为剧场的普通人,也来自知识分子对正义剧场的执着。

1783 年,英国废除公开处刑,第一本英语字典的编纂者塞缪尔·约翰逊说道:“刑罚的意义在让围观的人受到震撼,如果没有观众,很难说行刑的意义达到,公众需要这个过程。”[①]1900 年法国总理废除公开的断头机使用,但是遭遇人民强烈的抗议,有人甚至提出将自己的宅院改造成行刑场所,以延续这一传统,当时保守派认为公开处刑是社会稳定、正义行使的必须部分。[②] 无奈于人民对断头机的需求,三年后断头机恢复使用。

这些人的呼声与那些要求取消刑罚的人同样合理,他们之间的对错由社会道德、法律规则和政治制度来决定。但对于大部分的民众,他们更多地将漫长的惩罚和痛苦的死亡视如戏剧般欣赏,这也就能解释为什么法国人要万人空巷地在广场通过购买票券观看死刑。法国大革命期间爱尔兰流亡者汉密尔顿·罗万记述了他在协和广场目睹的死刑:“不到一个半小时之内,大约 60 人在革命广场被处决;我站在离行刑地一百余步远的地方,但死者的鲜血还是从我的脚下流过。让我感到惊奇的是,每当人头落到筐子里,人群中就爆发出千

---

① [英]马克.P.唐纳利、丹尼.迪尔著,张恒杰译:《人类酷刑史》,经济科学出版社 2012 年,第 139 页。

② [英]弗朗西斯.拉尔森著,秦传安译:《人类砍头小史》,海南出版社 2016 年,第 91 页。

篇一律的欢呼声打倒最高限价令。"[①]这种狂热同样被狄更斯记录:"与这个场合相适应的情绪……没有悲伤痛苦,没有富有教益的恐惧,没有憎恨,没有严肃性;只有下流、淫荡、轻浮、醉酒,以及另外五十种不同形式的招摇于世的恶性。"[②]同样的场面还可见于罗马的斗兽场中,甚至是酒神祭的酒神狂女身上。

从马基雅维利《君主论》所示的君主的时代,到勒庞《乌合之众》所示的被统治者的时代,马基雅维利所定义的人性似乎仍然通行:人不仅仅在宗教上有罪,更是无理性的、自私自利的。人是一群乌合之众,受到激情的感染,或是源自天生的非理性,他们热衷于这种血腥而热闹的活动,在人群中,他们的咒骂、他们的恶心、他们的兴奋和他们的罪恶感都在群体中被平均。很多站在外围的观众实际上看不到行刑的场面,但是他们仍然要在广场上占有一席之地,鉴证这个死亡降临的高潮时刻。

加缪记载了他父亲观看断头机处刑的场面后,回家恶心并呕吐[③],加缪以此申讨死刑对健全人的荼毒,以及对于预防犯罪的无能为力。有趣的是加缪实际上没有描述他父亲观看时的反映,而且他的父亲始终是去观看了这死刑,或可说正是在必要的观看后,加缪的父亲才感到死刑给他带来的不适。事后诸葛并不能为人观看死刑的冲动找到更多的借口,而刑场周围乌泱泱的人群更能说明观看死刑带给群体的观赏体验。[④]

时至今日,在预感到恐惧的同时,还是有无数的鼠标点开了基地组织的斩首视频,斩首在此扮演了一种与合法、理性无关的"酷刑",它漫长而残忍,所有显示屏前的双眼都处在最佳的观赏位置上,看着生命慢慢结束。与屏幕间可

---

① [英]威廉·多伊尔著,张弛等译:《牛津法国大革命史》,北京师范大学出版社 2015 年,第 349 页。

② [英]弗朗西斯·拉尔森著,秦传安译:《人类砍头小史》,海南出版社 2016 年,第 88 页。

③ [法]加缪著,石武耕译,吴坤墉校:《思索死刑》,北京大学出版社 2018 年,第 2 页。

④ 死亡剧场不仅仅是刑罚现场,17 世纪解剖也是一种公开仪式,有大量的非专业人士出席。可见[英]约翰·罗布、奥利弗·J. 哈里斯著,吴莉苇译《历史上的身体——从旧石器时代到未来的欧洲》,世纪出版社、上海人民出版社 2016 年。18 世纪的杜莎夫人蜡像馆有一间专门展示死于断头台死者头部蜡像的恐怖馆,受刑者会将自己的服装在死后送到蜡像馆用于展示,杜莎夫人有一专门团队记录和制作死者的头部。19 世纪的巴黎的停尸房是旅游胜地,每年平均接待 100 万游客,虽然很多游客会在游览后产生不适感,但并没有减少参观量。可见[英]弗朗西斯·拉尔森著,秦传安译《人类砍头小史》,海南出版社 2016 年。

控的空间，与刑场上环环相套的人群，都给观众带来一段安全距离，也为真实发生的事件笼罩上一层不真实感。这或许是从悲剧时代开始人类就无法戒除的需求，亚里士多德认为尸身或是可怖的动物在艺术化的情况下能引起人的快感[①]。在观看为了理想、宏愿或是罪恶而死的人时，每一个人或许在一瞬间握住了命运的尾巴，看穿了生死的玩笑，将这只是“可能”发生在自己身上的事，以死亡的结局预演了一遍，于是真实的死亡成为观者的心中对于死亡最好的模仿。

原本的死亡剧场将观众一步步挪出乐池之外，他不再能尝到、听到、感受到甚至参与死亡的执行。他成为一个彻底的旁观者，他的热情被“理性”软化为“好奇”，他的愉悦被道德主义矫正，对死亡产生的愉悦成为“罪恶”。替代真实死亡的是真实戏剧，它将观者放在虚构的故事面前，在理性的判断下观赏精致的死亡戏剧。于是，真实的死亡退隐于浮夸的剧情之后，在“理性”的说服下，观者不再是狂热的“暴民”，而是成为“仁慈”的评论者，用教育下的理性冷漠地评价所有真实和虚妄的死亡。

《斐多篇》中苏格拉底在死前最后一次与自己的朋友和学生讨论哲学，如果人不免一死，那么继续存在下去的究竟是什么，苏格拉底的答案是“灵魂”。这篇对话的核心在于“恨身体”的生活，也就是“爱智慧”的生活。身体的需求在方方面面给人带来欲望的种子，苏格拉底说服他的友人们与他一起摆脱这些需求，回到灵魂中去追寻智慧的记忆。纯粹的思考要人放弃身体所能带来的一切快乐与痛苦，身体感觉所获得的“知识”是不准确的，纯粹的思考使人能进入智慧的领域。但这不是简单的等于去死，而是练习死亡，这或许正是塞缪尔·泽莫林、让·苏和查尔斯·奥尔斯纳所想到那些18世纪末，断于断头机的头颅所处于的物理状态。因为死刑工具的改进，到底什么才是真正的死亡成为一个热门话题，18世纪的人相信砍下的头颅仍在思考，这就如同苏格拉底即使死于毒芹汁流入心脏，但没人能证明这时的他是否还在继续思考，也就是是否还“活着”，如果他还活着，那么毒芹汁肯定不是一种仁慈的处刑方式。这

---

① ［古希腊］亚里士多德、［古罗马］贺拉斯著，罗念生译：《诗学·诗艺》，人民文学出版社1997年，第11页。

是18世纪欧洲人对于断头机下尸首的担心，他们为人体在弥留之际体验的痛苦耿耿于怀。这个问题最后只能引起医学的热烈研究，而在其他领域，显然推动简化死刑或者去除死刑才是更现实的做法。

12世纪开始，英国就出现了监狱，很多罪行不列入死刑的范畴，囚禁于监狱中的犯人还需要支付伙食费和住宿费，这为政府提供了一定收入。逐渐地，囚禁和流放都成为主权者手不染血还能获取毛利的有效刑罚。如今监狱中，犯人不但被限制自由，还要劳动改造，福柯认为这体现了现代国家机器的运行体制：充分地发挥每一个螺丝钉的力量，人的重要性不是其人性而是其资本性。死刑在这样的环境下与其说是残忍，不如说是资本的浪费。

在今天的社会中，死刑成为最高的惩罚，惩罚了最重的罪行。顺应“仁慈”手段的需要，断头机一类过于戏剧化的施刑工具不再流行，虽然从效率上来说，断头机相较电击和注射都更有优势。死刑成为一种秘而不宣的刑罚，它的观赏性被取消了，与前人的思考相反，这么做被认为是有助于人的理性的。人不得不为赎罪不断地创造价值，头脑在这样的囚禁中是否比与肢体分离更好一些呢？

过去的断头机下，生发理性的头脑在与肢干分离后归于寂静。现在的断头机转化了形式，它变成赛博朋克的电脑终端，将人的大脑直接连入浩瀚永动的网络，人的存在摆脱的不仅仅是肉体，承载大脑的头颅已然多余。或许这是一种哲学式的断头，它用没有肉体的方式在茫茫中追求肉体快乐；它用没有头颅的思考从无迹中逃出洞穴。断头不仅仅是活着的人被支配、被恐吓、被取悦，也不仅仅是死亡的降临，它更意味着当下的你我是选择抱紧自己的身体，还是从物质中逃逸。

（朱思隆，云南师范大学美术学院教师，现中央美术学院在读博士）

图片一、二、四、六来自《人类酷刑史》 图片三、五、七来自网络

图一 十字架刑

图二 水刑

图三 烧死女巫

图四 斧头断头

图五 盖卢定断头机

图六　手足枷

图七　利维坦

A Brief History of Guillotine and Performance of Death

Zhu Silong

Abstract: Watching death is a persistent topic in human history of looking. The European countries showed the death penalty as public performance to prevent crime. The development history of the instruments of death especially the Guillotine suggests that the death penalty has been rationalized and moralized as a public performance. Because of the development of legal morality and philosophy, Guillotine became the symbol of death instead of the effort for humanism and vanished everlastingly. However, the terror of being decapitated never die. In the network age, human's mind and body are separated by the internetwork, the end of one's physical life may be the beginning of one's spiritual life, which is the modern decapitation.

Keywords: Performance of Death; Guillotine; Decapitate; Death penalty

断头台遐想
——基于“物”与“人”关系视角

石 榴

摘要:在一场以断头台为中心的死亡演出中,受刑者、施刑者和观众各自扮演着重要角色。受刑者在断头台的威力之下将恐惧公之于众,而施刑者与断头台协同完成下达的死亡指令,在观众的狂呼呐喊中,断头机成为广场中心的王,以人血凝成的帽子为自己加冕。这四者之间彼此互动、相互联系,上演着一幕幕不同脚本的人间悲剧。在歇幕的间隙,我们得以回顾剧情,思索断头台折射的人性的软弱、矛盾与光怪陆离。

关键词:断头台;受刑者;施刑者;观众

导入

尽管有关断头台的血腥杀戮已不复存在,但它在法国大革命时期投下的骇人听闻的剪影似乎从未从人类的头脑中完全抹除。2018 年 12 月 9 日英国《每日邮报》(*Daily Mail*)报道称巴黎街头出现自制的断头台(图 1),上面印有

图1 法国街头自制断头台 2018年12月

法国总统埃马纽埃尔·马克龙(Emmanuel Macron)的名字，以及其所在政党“共和前进党”(En Marche!)字样；断头台底部的基座上还画了一桶倾倒的油桶，表达民众对上调燃油税的抗议。美国当代艺术家科妮莉娅·帕克(Cornelia parker)1998年的作品《共同的命运》(*The shared Fate*, 1998)则设法借到了1783年将玛丽·安托瓦内特(Marie Antoinette)斩首的断头台，用它切开一些如面包、领带等日常物品，还切断了查尔斯·狄更斯小说《雾都孤儿》(*Oliver Twist*)中的主人公奥利弗形象的玩偶。[①] 这些寻常物品和虚拟人物也就有了与法国大革命的历史人物一样的命运。

虚构与真实，历史与当下，时间与空间能否通过“物”产生联系？断头台携带的恐怖记忆能否跨越时空再次产生让人惊慌失措的魔力？下文以断头台为起点，分析与之相关的施刑者、受刑者和观众三类人，重点对观众进行精神分析，形成对于物和人的关系的当代反思。

一、断头台——“正义的木材”

在1789年法国大革命以前，斩首作为一种特权仅用于犯死罪的贵族，处死平民则用绞刑、火刑、车碾和分尸等方式。1789年内科医生、国民议会代表约瑟夫·伊格内斯·吉洛廷(Joseph Ignace Guillotin)提议“从人道和平等原则”出发，主张所有的极刑都同样以尽可能迅速和无痛苦的方式执行。1792

---

① [美]简·罗伯森、克雷格·麦克丹尼尔著，匡骁译：《当代艺术的主题：1980年以后的视觉艺术》，江苏美术出版社2012年。

年，立法议会通过了这一主张，下令启用安托尼·路易斯(Antoine Louis)发明的新刑具。

法国断头台(图 2)有两个立柱，大约 4.5 米高，37 厘米宽，立柱内侧带有金属凹槽，以确保在四轮支架上运行的三角形刀片的自由移动。与立柱成直角的，是一个长凳式台面，离地面约 80 厘米，在其末端是一个铰接结构。铰接的平板在行刑前处于直立状态，囚犯紧贴平板站立并被皮带固定，然后平板倒向水平，囚犯随之伏倒，最后向前滑动平板将囚犯的头部移入铡刀下方的圆形槽内。圆形槽分为两个半圆。当罪犯脖子推入圆形槽下半部分后，上半部分会降低将囚犯的头部固定。

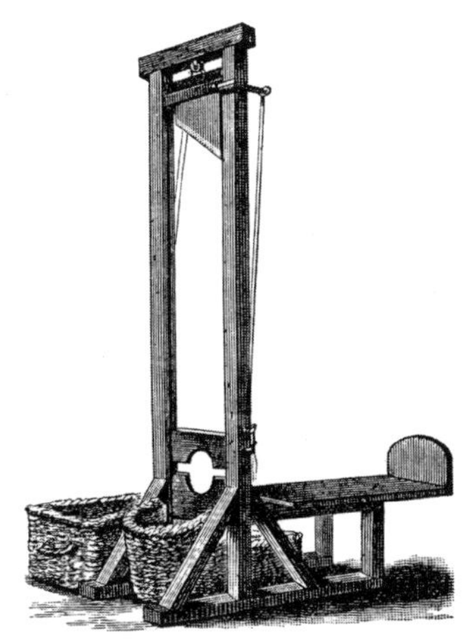

图 2 法国大革命时期铡刀式断头机模型

刀片采用优质钢材，长约 30 厘米，并用铅加重，总重量约为 40 公斤。它在大约 0.75 秒内落下超过 2.25 米，然后通过位于半圆槽下面的垫块中的弹簧机构停下来。刀片由穿过黄铜滑轮的绳索拉住，绳索另一端被弹簧释放机构卡住。通过拉动绳索或操作安装在其中一个立柱上的杠杆来释放刀片。下面有一个金属桶可以接住头部，还有一个用于盛放血液的金属托盘。一开始曾使用油布衬里的柳条筐来接住头部。被斩首的尸体掉落或被推到一个有角度的板上，随后移动到篮子或棺材中。①

铡刀式断头机的设计初衷是为了让死刑变得更加人道，减少受刑者的痛苦。1792 年后断头机进行了多次改良，木质滑槽被不大容易堵塞的铜槽所取代，还添加了一些小轮子，为的是不必给滑槽上肥皂。用来吊起刀片的绳索被一根杠杆所取代。此后还增加了橡皮减震器，以防刀片落下的反弹造成两次撞击。断头台的底部放置了一个很大的篮子，以便接住死者的尸体，不像老式断头台上到处乱滚②。此外机器还漆成红色以免四溅的鲜血不便清洗。

---

① http://www.capitalpunishmentuk.org/guillotine.html

② [英]弗朗西斯·拉尔森著，秦传安译：《人类砍头小史》，海南出版社 2016 年，第 89 页。

这种新式杀人机器一经启用后迅速声名鹊起，短时间内遍传法国。断头机不断突破着技术的局限，如同等待刷新纪录的运动员。1793 年 10 月 31 日，吉伦特党小集团的 21 名成员在 38 分钟的时间内被处死，而在 1804 年，26 个人的脑袋在 27 分钟内落地。[①] 从 1793 年 6 月末开始的恐怖时期，断头机统治了法国，它以每分钟一颗的速度完成自己的使命。政府将断头机委婉地称作"死亡的工具"或"正义的木材"。

断头台最初以发明者名字命名，被称为"小路易"(Louisette)，后来又以创议者的名字取名为"吉洛廷"(Guillotine)。此外，它还有许多绰号，比如"吉洛廷夫人"(Madame Guillotine)、"人民复仇者"(The People's Avenger)、"国民剃刀"(the National razor)、"圣吉洛廷"(Saint Guillotine)等。[②] 这些戏谑的称号让人很难与恐惧、残酷的情绪联系起来，它仿佛是一个自给自足的实体，独立而严密地完成自己的任务。但如果将它与当事者联系起来，则会唤起无数令人遐想的可能性。

二、受刑者——头颅、身体与灵魂

头颅的艺术

断头台是一台"肖像机器"，它在落下的瞬间生产了一尊即时"肖像"，当它被高高举起面对人群时，一个人永久性地被这种肖像所"捕捉"并刻画成永恒不变的真理。

断头台的使用为纪实艺术家们提供了灵感和生财之道，他们售卖在断头现场即时描绘的、线条简单的砍头图像。这种投机的商业策略大受欢迎，因为不少围观的观众很难看到人群的中心究竟发生了什么，能够贴近地观看一位罪犯的嘴脸对于他们来说是一种难以抵挡的诱惑。断头台肖像遵循着一种常见的模式：画中上方通常都有刽子手揪住头发抓住脑袋，而下方是刚刚被割断还在留着血的脖子——血液表明这一事件刚刚发生。画中没有背景，没有道

① [英]弗朗西斯·拉尔森著，秦传安译：《人类砍头小史》，海南出版社，2016 年，第 90 页。

② [美]马克·P·唐纳利、丹尼尔·迪尔著，张恒杰译：《人类酷刑史：解密文明面具下的可怖人性》，经济科学出版社 2012 年，第 143 页。

具，没有衣服，没有身体，它只捕捉刚刚离开身体的脑袋瞬间特写，但这瞬间并不旨在展示死者的个性，而只将其类型化为犯有某种罪行的人。图 3 是记录路易十六被砍头的讽刺漫画，构图形式遵循着常见的断头台肖像模式：滴血的头颅被拎起，紧闭的双眼流露出痛苦的神情。只有头颅上方的一行标题提示着他身份的非同寻常：头戴王冠的骗子应当考虑之事（Matière *à* reflection pour les jonglers couronnés）。

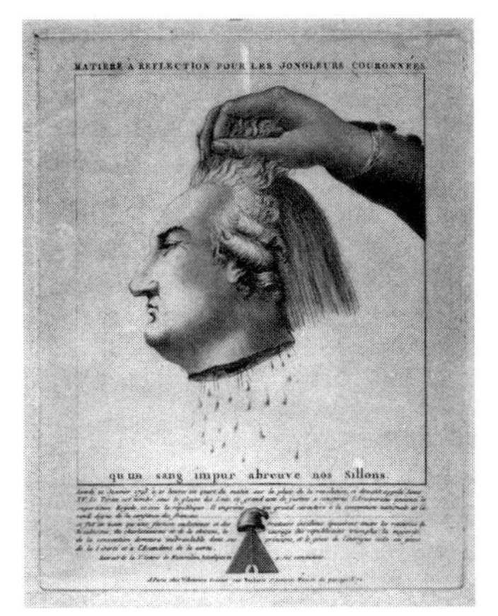

图 3　路易斯·维仑勒夫（1796—1842）路易十六断头肖像：头戴王冠的骗子应当考虑之事 版画 1793 年

如果说这种纪实绘画为旁观者提供了捕风捉影的现场感，那么另一类有关头颅的当代作品则更真切了连接了生与死的界限。英国艺术家马克·奎恩（Marc Quinn）的作品《自己》（*self*）（图 4）用自己的冷冻血铸成自己的人头铸件。自 1991 年起，每隔 5 年他都会抽取 10 品脱自己的血与硅胶混合，翻模制成头像。血液既是维持生命体的必需，又是生死界限的标志，当流动的血液不断转化成固体的头颅雕塑时，其象征的生命体也在发生着变化。冷凝的头颅由过去向现在一字排开，每个当下也就成为最接近于生命戛然而止的“终极肖像”。

图 4　马克·奎恩《自己》 1991 年

灵魂与永恒

刚落下来的头颅是否还存在意识？这一问题引起 19 世纪人们的强烈好奇。断头机让死亡看上去是瞬间发生的，人们猜想那一秒钟究竟发生了什么。没有了身体的头颅可能懂得自己的命运，用达尼埃尔·阿拉斯的话说，成了一个无法形容的怪物，它开口说：“我思，但我不在。”[①]

① ［英］弗朗西斯·拉尔森著，秦传安译：《人类砍头小史》，海南出版社 2016 年，第 239 页。

当时的大部分医生都认为铡刀落下的震动会让人立刻失去意识，大脑会在失去血液供应的几秒钟内导致实际死亡。曾有一个心脏病专家说："当心脏停止跳动后，如果这个人是站着，他的大脑 4 秒钟之内会死亡；如果是坐着，8 秒钟之内；如果是躺着的，12 秒钟之内。"除此之外，当时的报刊文章出现关于这一问题各种各样的实验和谣言。比如两个国民议会敌对成员的脑袋被刽子手放在同一个袋子里，结果其中一个脑袋猛烈地咬住另外一个，甚至没办法分开；还有一个跟夏洛蒂·科黛有关的例子，她是杀死马拉的凶手。据说当刽子手向人群举起她的头并掌掴时，她的脸颊因愤怒而变红。

人们很难实际了解受刑者铡刀落下前后肉体和精神的体验，但值得一提的是一位比利时画家安托万·约瑟夫·维尔茨（Antoine Joseph Wiertz）所做的一项实验。1848 年 2 月 18 日凌晨，他在一位催眠师的协助之下，通过催眠术体验受刑者的思想并大声表达出来。他还被暗示要格外注意自己在斩首过程中的精神状态，以便在人头落入篮子的那一刹那他可以看穿大脑、描述出它最后的想法。

维尔茨还用一件三联画作品记录了罪犯在绞刑架上、绞刑架下和在永恒中三种状态。（图 5）左侧第一幅记录了铡刀落下一瞬间身首分离的状态。受刑者的双手被缚于身后，他的身体因平板的倾斜而急速向台下俯冲，脑袋则径直落入篮中。台下围满了推推搡搡指指点点的观众。画家描述受刑者这一瞬

图 5　安托万·约瑟夫·维尔茨 被断头机斩首的幻象 布面油画 1853 年 维尔茨博物馆 布鲁塞尔

间的精神状态:"超自然的手,像一座大山压在头和脖子上……哦,更可怕的痛苦就在他面前。一团火飘过他眼前。一切都是红色的,一切都在闪烁。"

在下一分钟的第二个画面,受刑者的身体栽向台下,扑向拥挤的围观群众。他的手紧紧地似乎想抓住什么,也许是画面右下角那只已经掉落下来的脑袋。但这一画面与其说是记录了身体的状态不如说是一种精神状态的象征,维尔茨记述到:"他的头颅似乎在燃烧着,在令人眩晕的旋转着,宇宙崩塌,随之转动,一种发出磷光的液体像漩涡一样在四周旋转,与他的头骨融为一体……下一刻,他的头颅扎进了永恒的深渊。"

最后一个画面已无法识别出任何具体的形象,左下角类似躯体的形体散布着黑压压的浓雾:"人类的存在从他身边消失了。他仿佛慢慢地成为黑夜的一部分。现在眼前是淡淡的薄雾,它慢慢淡去、消散、消失了。一切漆黑一片……这个身首异处的人死了。"①

我们无法分辨维尔茨的文字描述和视觉表达在多大程度上还原了受刑者的生前所思,多大程度上是艺术家对于死亡过程的想象和演绎,但他为我们提供了一种受刑者视角的可能性。

三、施刑者——恶魔的刀斧手与灵魂的工程师

断头台启用以前,在很多欧洲国家,斩首被理解为一种可敬的、不那么痛苦和羞辱的死亡方式。跪下或躺倒接受锋利刀刃的一击,比挂在绞索上摇来晃去更有尊严。斩首是刽子手的杰作,技术高超的刽子手能让死亡在瞬间发生,但如果刽子手技术不到家,罪犯遭受的痛苦就会延长,观众可能会扔泥巴和石块,刽子手会因此受到生命的威胁。1607 年,在德国采勒菲尔德,一个刽子手尝试了五次都没有完成任务,于是在大街上被人砍死。② 正是因为这项工作的种种要求,刽子手也因此获得荣誉,民间产生了各种关于刽子手的传说,比如能够袪除恶鬼等。

---

① https://mikedashhistory.com/2011/01/25/some-experiments-with-severed-heads/

② [英]弗朗西斯·拉尔森著,秦传安译:《人类砍头小史》,海南出版社 2016 年,第 82 页。

从刽子手的大刀到机器控制，刽子手的身份发生了变化，从恶魔形象的刀斧手变成了设备齐全、流程周密的工程师。首席行刑者并不需要很强壮，只需要负责维护这台机器，确保其正常使用，同时尽可能地保证清洁和迅速。刽子手既是操作的管理者，也和其他人一样是旁观者。有人评论恐怖时期的首席刽子手夏尔·亨利·桑松，说他衣着讲究彬彬有礼，受过良好的教育，而且说一口流利的英语。

死刑不只是一种合法自卫手段，同时也是一种强大的拯救手段。按照这种逻辑，刽子手也就承担了一种神圣的使命。而在王朝治理体系中，刽子手作为合法的死刑执行人，由王室委任，其使命也就成为替国王实现“终极正义”。[①]

作为执行者，断头台时代的刽子手已不像先前那样面临失误时被当作罪犯一样被恶毒对待，但这不意味着刽子手就能无动于衷地将个人感情从执行的任务中抽离。著名的刽子手夏尔·亨利·桑松曾描述过让他难以忍受的时刻。他在日记中写道：

> 可怕的一天，断头机吞掉了54个人。我已筋疲力尽、勇气顿消。那天夜里，坐下来吃晚饭的时候，我告诉妻子，我可以看到我的餐巾上的血迹……我不能自称拥有我并不拥有的任何感知能力；我太过经常、太多贴近目睹了我的人类同胞所遭受的痛苦，以至于并不容易受到影响。如果我所感受到的不是怜悯，那必定是因为我精神有病，大概是上帝之手在惩罚我对某种东西表现出来的怯懦和柔顺，这种东西与我生来所服务的正义几乎没有什么相似之处。[②]

夹在冷漠的断头机与狂欢的观众中，刽子手的个人感情被忽略到最小程度。桑松知道他处于一场无法停止的演出的中心，而他所扮演的角色不过是行动着的提线木偶。

---

① 张凤阳：《人民VS国王：断头台上的政治现代性事件》，《学术月刊》2016年第10期，第77—90页。

② ［英］弗朗西斯·拉尔森著，秦传安译：《人类砍头小史》，海南出版社2016年，第92页。

四、观众——死亡演出的参与者

在公开处决的仪式中，主要角色是民众。他们的存在是这一仪式的必需品。公开处决最主要的目的是要以儆效尤，同时唤起恐惧感。让民众意识到最轻微的犯罪都可能受到惩罚。[①] 观众既是目击者又是参与者，同时也是间接的受害者。

图 6　皮埃尔·安东万·德玛希 恐怖时期的一次断头台行刑 纸上油画 1793 年 卡纳瓦莱博物馆 巴黎

16 世纪晚期，不管什么罪行都会印刷服务于大众的传单，描述罪犯的违法行为。成千上万的人前来观看处刑，他们花费高昂的价钱购买最好的座位，观看人被绞死、肢解和折磨致死。[②] 1840 年查尔斯·狄更斯去观看库瓦西耶的绞刑，他称在观众中没有看到与这个场合相适合的情绪……没有悲伤痛苦，没

① [法]福柯著，刘北成、杨远婴译：《规训与惩罚：监狱的诞生》，生活·读书·新知三联书店 1999 年，第 63 页。

② [英]弗朗西斯·拉尔森著，秦传安译：《人类砍头小史》，海南出版社 2016 年，第 86 页。

有富有教益的恐惧、没有憎恶、没有严肃性；只有下流、淫荡、轻浮、醉酒，以及另外五十种不同形式的招摇于世的恶行。[①] 当时的新闻评论员对断头机的血腥感到不安，他质疑蜂拥而至的观众，质疑那些看到残酷场面而无动于衷甚至嘻嘻哈哈的人。

与观众对于砍头的热衷同样恐怖的事情是人们发现原来砍头平淡无奇。要让一个民族对于酷刑、屠杀司空见惯，容忍它，默认它，而且积极从事对他人的身体残害和处决，唯一需要说服自己的便是"服从命令而已"。

1963年，耶鲁大学心理学教授斯坦利·米尔格兰姆(Stanley Milgram)做了一个实验，他让耶鲁的学生完成向志愿者提问的任务，当志愿者给出错误答案时就会受到一次轻微的电击，随着错误增多，电压会不断增强。尽管不少实验对象在实验过程中痛苦难耐，但一半以上的同学还是坚持问完了所有的问题。这个实验说明，只要被命令，就连耶鲁的学生这些有教养受过高等教育的人也会故意威胁无辜者的健康和生命。1971年社会心理学家斯坦福教授菲利普·津巴多(Philip Zimbardo)进行了一项"斯坦福监狱实验"(The Stanford Prison Experiment)。他随机分派一队学生扮演看守，另一队扮演囚犯，他们被安排在模拟监狱里生活几周。但实验在第一周周末就被迫中止，津巴多教授看到戴着镣铐的囚犯们套着头套做俯卧撑时，看守们踩他们的背，还对他们进行侮辱。并且在监管人下班之后的夜间，虐囚事件会显著增加。[②]

这两个实验表明，不管人们的本性是否善良或接受过良好的教育，当他们被要求做某事的时候都有可能做出可怕的事情；尤其是如果他们认为自己能够逃脱惩罚或没有受到监视的时候，会大肆施加残忍的行为。如果我们了解了人性的这一面，我们或许能够意识到发生在监狱、纳粹集中营、伊拉克战争中的群体伤害性事件还会在人类历史中不断上演。

---

① [英]弗朗西斯·拉尔森著，秦传安译：《人类砍头小史》，海南出版社2016年，第88页。

② [美]马克·P·唐纳利 丹尼尔·迪尔著，张恒杰译：《人类酷刑史：解密文明面具下的可怖人性》，经济科学出版社2012年，第239页。

五、物与人的关系再思

> 那些死亡之车沿着巴黎的大街隆隆行驶着，沉重而刺耳。六辆死囚车给吉洛廷送去当天享用的红葡萄酒。古往今来人类的想象力创造出了多少贪得无厌、吞食一切的妖魔鬼怪，吉洛廷则集其大成，汇为一体！而在土壤、气候条件多样的法兰西，还没有一棵草苗，一片树叶，一根枝条，一条枝蔓，一粒胡椒，具备了比产生这种恐怖更为有力的生长和成熟条件。再一次用类似的锤子敲击人性使之变形，那就会把人性本身扭绞成歪曲的形象。再一次播种下同样淫逸和压迫的种子，就必然会结出同样品种的果实来。[①]
>
> ——狄更斯《双城记》

在狄更斯看来，断头机是人类创造的汇聚一切罪恶的嗜血魔鬼，犹如一面凹凸镜，映照人性的光怪陆离。这种罪恶只要在人类历史上播撒过种子，它就会在下一次和无数次人类秩序失衡时钻入人间。

在上文的描述中，受刑者、施刑者与观众各自扮演着自己的角色。断头机与受刑者对抗中，人的无能与恐惧袒露无遗；断头机与施刑者的合作中，施刑者忠诚地服从于铡刀施加的命令；在观众的冷漠甚至狂欢中，断头机成为矗立在广场中心的王，用人血凝成的帽子为自己加冕。每一身份与断头机的单独决斗都只能是溃败，只有当这三者达成一致，力量合为一体，才足以对抗这台冷漠的吸血器，使它自惭形秽地退居历史的背后。

断头台、受刑者、施刑者与观众，仿佛每一部分都是无辜的，他们只是在顺从和执行一个来自更上层的决议。在中世纪，施酷刑的人将教会看作实施处罚权力的机构，而教会则宣称授权于上帝；在法国大革命时期，发号施令的是公共安全委员会；在纳粹集中营，命令来自希特勒和最高统帅部；而对上述实验中的耶鲁和斯坦福大学的学生来说，授权来自他们的教授。每个人都不是

① [英]狄更斯著，石永礼、赵文娟译：《双城记》，人民文学出版社 1993 年，第 324 页。

凶手，因为有其他人批准了行动。①

在这样的行动指南下谁能保证我们不会在某种时刻成为上述身份的一席？不会成为受刑者、施刑者、面无表情的工具、发号恶行施令者？谁能肯定袖手旁观甚至冷嘲热讽的观众双手没有沾染无辜者的鲜血？当伤害人的事件即将发生，我们是不是应该拷问自己，是谁在做这样的决定？我们在其中扮演了何种角色？我们想要一个什么样的世界？我们又能做什么？要知道“恶人得胜的唯一条件就是好人袖手旁观”。

（石榴，中央美术学院人文学院 2018 级博士生）

图片来源：

图 1　https://www.dailymail.co.uk/news/article－6477953/Yellow－Vest－protesters－erect－GUILLOTINE－bearing－French－Presidents－political－party－amid－riots.html

图 2　https://www.britannica.com/topic/guillotine

图 3　https://www.britishmuseum.org/research/collection_online/collection_object_details/collection_image_gallery.aspx?assetId=767828001&objectId=3252555&partId=1

图 4　http://marcquinn.com/artworks/single/self－1991

图 5　https://commons.wikimedia.org/wiki/File:The_visions_of_a_guillotined_head.jpg

图 6　https://www.britannica.com/topic/guillotine/images－videos

① ［美］马克·P·唐纳利 丹尼尔·迪尔著，张恒杰译：《人类酷刑史：解密文明面具下的可怖人性》，经济科学出版社 2012，第 243 页。

The Delusion of Guillotine

—Based on the Relationship Between "Object" and "Person"

Shi Liu

Abstract: The executed person, the executioner and the spectator each plays an important role in a performance centered on a guillotine. The executed person exposes his fear under the power of the guillotine, and the executioner and the guillotine cooperate to complete the death command. In the revelry of the audience, the killing machine becomes the king of the square center. These four factors interact with each other and together form a human tragedy. In the gap between the theater, we are able to review the plot and think about the weakness, contradiction and eccentricity of the humanity reflected by the guillotine.

Keywords: Guillotine; Executed Person; Executioner; Spectator

地景、遗迹与国族认同：《真相画报》上的风光摄影

王云朋

摘要：随着技术的发展，摄影不再是一种简单的"再现"工具，而是开始与各种社会历史活动产生交集，并被赋予更为深刻的社会意义，正如 W.J.T.米切尔在《风景与权力》中所提到的"风景摄影不是一个名词，而是一个动词，它是权利、文化的象征，也是国家和民族的象征"。本文将目光转向中国报刊史上第一份摄影画刊《真相画报》，尝试以图像叙事中的"隐喻"理论分析《真相画报》风景摄影中蕴含的国族认同思想。

关键词：《真相画报》；风景摄影；国族认同

在中国画报史上，1907 年创刊的《世界》画报[①]是我国首个采用摄影照片、铜锌版技术的画报。《世界》画报"半数以上为世界各地的风光名胜、科学技

① 《世界》画报，1907 年创刊，季刊，八开本。画报由李石曾在巴黎印制后运回上海发行，用重磅道林纸彩印，间以三色版，彩色石印封面，印刷精美，富丽异常。每期刊出照相图片近四百幅，取材立足全球、偶尔关注国内。

术、文化生活作品和时事照片”。[①] 但是,此时的《世界》画报还不能算是真正的“国产摄影画报”,直到1912年《真相画报》的创刊,中国画报在摄影方面才完全脱离与外国的关系。虽然《真相画报》仅仅出版了十七期,但它却是中国摄影画报的一面旗帜,是中国近现代画报发展的模板。

具体内容上,《真相画报》有画有字,但最为重要的当属其图画内容。根据分类,其图画内容可分为:历史画、美术画、地势写真画、滑稽画、时事写真画、名胜写真画、时事画这七大类。而在图画中,最有分量、内涵最丰富又当属其摄影内容,在近500幅照片中,《真相画报》表达出了强烈的“救国、强国与民主共和”的启蒙思想。

除了关于革命、共和、新知的时事照片以外,风景摄影是《真相画报》传达启蒙思想的又一重要组成部分。《真相画报》风景摄影以国内自然风光和名胜古迹为内容,共有《武汉三镇全势一览》《万里长城(山海关)》《杭州西湖北望图》《杭州西湖南望图》《武胜关》《东南第一名区(南京)》《明孝陵》等几十幅照片。这些照片在地点选择、构图等方面都体现出《真相画报》对艺术理念和政治观念的“隐喻”性表达,如W.J.T.米切尔在《风景与权力》中所提到的“风景摄影不是一个名词,而是一个动词,它是权利、文化的象征,也是国家和民族的象征”[②]。英国学者温迪·J.达比在其著作《风景与认同》中也表述了风景与领土、风景与权力、风景与阶级地位的关系,并提出风景的隐喻是深植于权力与知识的关系之中的。同时,他还认为地理领土可以转化为文化意义上的“风景”,这种景观可形成一种构建社会性力量的想象共同体,进而形塑个人身份与国家共同意识。回过头来看,再次审阅《真相画报》所刊载的“地势写真画”与“名胜写真画”,不难看出以风景摄影这一“隐喻”的形式来“重塑个人身份与国族认同”才是其真正的目的。

从摄影历史来看,“风景摄影是与摄影术同步出现的”[③],而且从某种意义

① 方汉奇:《中国新闻事业通史(第1卷)》,中国人民大学出版社2000年,第1005页。

② [美]W.J.T.米切尔:《风景与权力》,译林出版社2014年,《序言》。

③ 顾铮著,自那日松主编:《风景本身就是问题》,《中国摄影批评选集》,中国民族摄影艺术出版社2013年,第253页。

上讲，摄影术的诞生与“完美的捕捉风景”[①]的需求有很大关系。随着技术的发展，摄影不再是一种简单的“再现”工具，而是开始与各种社会历史活动产生交集，并被赋予更为深刻的权力和话语意义。

对于风景摄影，虽然《真相画报》将其统称为“风景照”，但这些照片具有很明显的区别，其大致可分为地势摄影和名胜写真两类。这一点《真相画报》在第一期《本报图画之特色》一文中就已言明：“风景照有两类，一类为地势写真画，二类为名胜写真画。”[②]其中，以《武汉三镇全势一览》《杭州西湖北望图》《杭州西湖南望图》《武胜关》等为代表的风景摄影就属于“地势写真画”。在画报中，这些地势摄影并非简单地介绍国家地理风景、自然风光，而是通过具象的形式来展现国家领土、国家与民族认同以及温迪·J.达比所说的军事性等关键问题。

相比之下，关于《万里长城》《明孝陵》的摄影照片更偏向于“名胜写真画”，这些照片是对废墟空间的表达以及对国家民族历史的回忆。当然，作为一种写真性和纪实性的摄影，它们同样拥有更深一层的意义，那就是通过凝固的瞬间引发国人的共鸣，唤醒民族意识，激起“民族之爱”。

一、地势写真画：国家认同与民族意识

摄影术传入中国的早期，摄影参与者几乎全是外国人，摄影内容也是以国内的风景为主要题材。1842 年鸦片战争结束前夕，英国公使璞鼎查爵士就带着助手在镇江圌山附近拍摄了风景照片。1859 年，意大利摄影家贾科莫·卡内瓦使用盐浸法摄影术最早拍摄了杭州和湖州。

在此之后，虽然外国人也开始将摄影用于商业，但由于国人思想的保守和“迷信、恐惧，让大多数国人对照相机避之不及”[③]。因此，到 19 世纪末 20 世纪

① 闫爱华：《摄影观念的演进：以“表征”为中心的考察》，广西师范大学出版社 2015 年，第 21—22 页。注：1833 年，塔尔博特到意大利旅行，但因自己的绘画水平不能完美的记录眼前的美景，他就想用暗箱将画面固定下来，并开始进行试验，由此开启了早期摄影术的大门。

② 《本报图画之特色》，《真相画报》第二期，1912 年 6 月 21 日。

③ ［英］贝内特著，徐婷婷译：《中国摄影史：1842—1860》，中国摄影出版社 2011 年，ix。

初,风景摄影仍是国内摄影的主要形式。

作为一份画报,《真相画报》刊载的风景照片数量不算很多,与同时期的报纸、杂志相比也不完全占优势。不过,在摄影内容的选择、制作装帧和摄影形式上,《真相画报》却独树一帜,它并没有拘泥于原有的摄影方式,而是以一种宏大的、全景的形式向我们呈现"地势"的面貌。作为创新性摄影形式,《真相画报》的地势写真图还有更深层的意义,"山重水复,摄影地理全图……于兵事名胜之地点,必制为长图,山川关塞,千里咫尺,如在目前"①,正如米歇尔所说,对于表现地域图景的风景画,我们不能单纯地从美术作品的角度去认识,而是要用文化的视角去看待,②再结合《本报图画特色》中摘录的这句话可以看出,《真相画报》的地势写真所选取的地点都是与国家政治、军事有关的,与其他报刊所载的自然风光摄影有本质区别。这一点也与温迪·J.达比"大多数地形学方面的工作都存在军事性眼光"的观点不谋而合。③

(一)风景照片与民族意识

19世纪末20世纪初,英美为代表的主要资本主义国家都十分热衷用风景来隐喻"国家和民族"。最具有代表性的当属美国,19世纪80年代开始,美国摄影家开始将镜头对准西部风景,这些西部的摄影作品在凸显美国西部粗犷、辽阔、充满生机的同时,也蕴含着激发美国雄壮、阳刚、不屈民族精神的隐喻,而美国"自由主义"精神的诞生与此有着密切的联系。除美国之外,英德日等国在"风景—国族"这一领域也不甘人后,如英国人将镜头对准了乡村、德国人将镜头对了准丛林、日本人则以富士山为对象,这些国家都在用独有的风景创作来塑造自己的民族认同。而同时期充满内忧外患的中国,也试图以独特的视角来重塑民族与国家意识。

作为民国以后创刊的刊物,《真相画报》自然不能置身于"以图像重构民族主义的实践"之外。《真相画报》在第一期、第二期、第五期、第六期、第九期中分别刊载了《武汉三镇全势一览》《东南第一名区(南京)》《杭州西湖北望图》

---

① 《本报图画之特色》,《真相画报》第二期,1912年6月21日。

② 丁澜翔:《图像、地域、民族——关山月写生作品中的西北图景与民族观念》,《美术学报》2013年第6期,第70—77页。

③ 温迪·J.达比著,张箭费、赵红英译:《风景与认同》,译林出版社2011年。

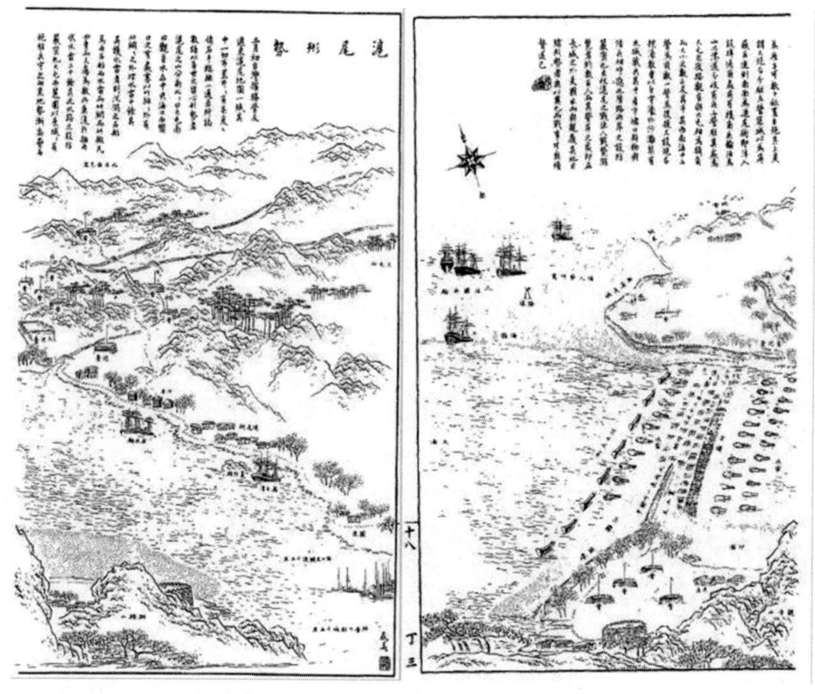

《沪尾形势》

《杭州西湖南望图》《武胜关》等关于地势的摄影照片，照片选取的地点都具有很强的政治意义或军事意义。

当然，对于具有“特殊”意义地点的图画报道并不是《真相画报》的首创。

在19世纪末20世纪初出刊的石印画报中，具有特殊意义的地势图画有很多。例如《点石斋画报》就刊载了《力攻北宁》《法犯马江》《甬江战事》《沪尾形势》等多幅图片。值得一提的是，这些图片与《真相画报》第二期和第九期中刊载的《东南第一名区（南京）》《武胜关》有异曲同工之妙，其相同之处都是对某一地点进行了细致的描绘，并突出其军事意义。不过，《真相画报》以摄影为方式，表现形式更加真实，《武汉三镇全势一览》全图长达十二页，除了描绘出西方式的繁华之外，照片说明文字还回忆了武汉的历史及其军事意义，“三巨镇以鼎足之势，人称湖北三要，古今用皆视其为胜败之标志。”①

① 《武汉三镇全势一览》，《真相画报》第一期，1912年6月5日。

《东南第一名区》

武勝關說

WU SHENG KWAN

Wu Sheng Kwan is a Post-town lying between [illegible] Prefecture and the boundaries of Szechuan, [illegible], HuKwang and Honan Provinces. The two Post-towns Ju Li and Ping Ching also attached to the [illegible] Prefecture and they are general called the three Post-towns. The route of the Peking-Hankow Railway starts from Peking and on South-Western side it extends Tsechow acrossing Lokowu Bridge, Lianghsiang, Paotingfu, Chingting-fu and Shunteh. It also touches Changteh, off the boundary of Honan Province. On the Southern route, it passes the Yellow River and Changtai Kwan, farther southward it comes to the Wu Sheng Kwan Post-town. It lies entirely on the boundary between Honan and Hupeh Provinces. During the time of the [illegible] Han Dynasty (one of the three Kingdoms) many important events have been recorded in that place.

From Wu Sheng Kwan Post-town to the South the Peking-Hankow Railway route it crosses Kwangshu, Hsiao-Kan, [illegible] as far as Tahchemon [illegible]. The length of the route is about 2,420 li. During the Revolution this place is known to be one of the noted places in the Empire.

《武胜关》

《武汉三镇全势一览》

如果说，《武胜关》《武汉三镇全势一览》等地势摄影照所要传达的国族认同思想太过隐喻，那么对西湖的摄影写真则在某种程度上将这种隐喻变成了“明喻”。从古至今，国人对西湖的挚爱从未中断，文字方面历朝历代的文人墨客留下了千万句以西湖为对象的诗句，而图像类内容也不落下风，从绘画、木刻、瓷器到地图、摄影几乎涵盖了各种视觉元素。19 世纪末 20 世纪初，尤其是 1890 年之后，关于西湖的摄影开始日渐增多，其类型有全景图、地景照等形式。

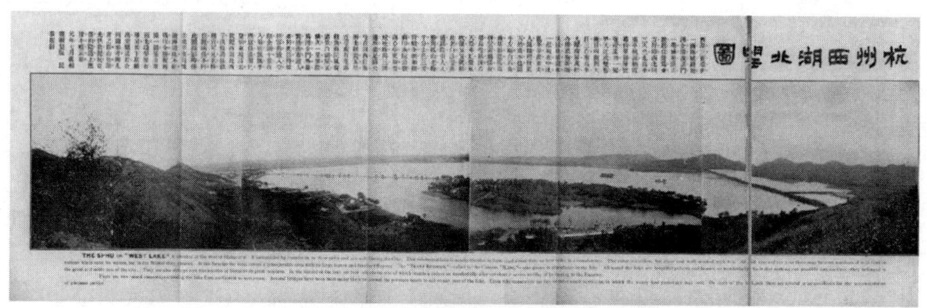

《杭州西湖北望图》

相比南京、武汉等地浓重的政治、军事意义，西湖是人工与自然相结合的“风景”，是“人文景观与自然景观交融的产物，其本质是一种文化”。[①] 从历代文人骚客所作的西湖名篇，到市井民间流传的与西湖有关的故事可以窥视，西湖已经成为中国乃至整个中华民族的文化名片。对于西湖的摄影，《真相画报》也是不惜篇幅，采用了与《武汉三镇全势一览》相同的手法分别从西湖南面与北面对西湖进行了全景式拍摄。从某种意义上讲，《西湖北望图》与《西湖南望图》是用摄影这一现代科技代替绘画对西湖的描绘，其本质就是宣传西湖“文化”，以达到启发国人的国族意识的目的。借用唐宏峰的一句话就是，“与时事摄影记录的变动社会空间不同，《真相画报》的这些风景摄影提供的是稳定的空间，能够以自然属性为人提供坚固的归属感”[②]。

---

① 陈文锦：《用什么样的视角来解读西湖》，见张建庭编《西湖学论丛》，杭州出版社 2007 年，第 4 页。

② 唐宏峰：《近代图像印刷资本主义：以点〈石斋画报〉插页画为中心的考察》，《文化与诗学》2015 年第 1 期，第 80 页。

(二)地图:国家的象征符

从创作形式上看,《真相画报》刊载的地势写真图是摄影照片,但从它们的构图和创作风格上看,这些照片留有浓重的传统山水画地图样式的特点。尤其是武胜关、南京、武汉三镇的全景摄影,仅从照片本身我们无从得知画报要表达什么样的意义,只有通过说明文字才能了解三地蕴含的军事、政治、历史意义。可以说,这种摄影形式是对中国传统地图学和文学交融风格的延续,而地图与文字标注这一传统正是从西晋裴秀到宋代沈括,再到明清时文人们一直所强调的。

此外,《真相画报》创刊于民国初年,这一时期国内各阶层之间都弥散着一股"地图学"的热风,而《真相画报》的"地势写真图"作为这一时期的产物,不可避免地会受到影响。因此,《真相画报》有关国家民族认同意识的隐喻不仅能从地势写真图本身体现出来,而且亦能从地势写真图延伸出的地图学中体现出来。

"地图是一个国家最好的象征符"[①],这是余定国在《中国地图学史》中的表述。美国地理学家马克·蒙莫尼尔在《会说谎的地图》中同样认为地图是国家的表征,他认为"地图经常被统治者利用,来表达国家意志"[②]。在中国的传统文化中,地图具有很多功能,其中最重要的是权力的象征。地图即领土,领土的大小直接关系到权力的大小和强弱,因此统治者会积极地搜集地理信息、绘制地图。随着地理信息以及地图范围的变化,民族的文化和思想也会随之发生变化,正如邹振环所说:"中国历史上重要的思想突破,似乎都是伴随着地理知识的变动而出现的。"[③]春秋战国时国家版图的扩大,中国形成了"天下"的概念,此后随着汉唐国力的强盛,地理视域进一步拓宽,形成了以中华为"中心"的观念。到了清末,随着西方的全面入侵,"天下共主"的想象被打破,中国的世界观开始向"万国"转变。巨大的心理落差和内忧外患的国情,促使国人寻找新知识认识世界、认清自己,而具有意识形态属性和国家观念的地理学和地

① [美]余定国著,姜道章译:《中国地图学史》,北京大学出版社2006年,第188页。

② [美]马克·蒙莫尼尔著,黄义军译:《会说谎的地图》,商务印刷馆2012年,第107页。

③ 邹振环:《晚清西方地理学在中国——以1815至1911年西方地理学译著的传播与影响为中心》,上海古籍出版社2000年,第134—145页。

图率先成为国人救亡、重塑民族意志的重要工具,至此地理学也成为"救国地理学"。[①]

1.重塑国族认同:民初地图学热

19 世纪末,清政府对外战争屡次失败,西方的入侵逐步加深,一大批知识分子开始开眼看世界。值得一提的是,林则徐、魏源、徐继畬等先行者都将目光放在了地理知识方面,他们先后编撰了《四洲志》《海国图志》《瀛寰志略》等关于世界地理的著作,与此同时,随着西学的渐盛,更多全新的西方地理学知识被传教士和先进国人引入国内。这些著作不仅充实了国人的知识,而且还促进了中国地理学的近代化转型。1904 年,随着清政府新学制的颁布,有关地理学的教科书开始大量出现,据统计,清末共出版了七十一种地理教科书,如果再加上中外地图、地质学等与地理相关的教材,其数量更多。[②] 此外,地理课程的开设也备受重视。1903 年,张之洞在京师大学堂章程中拟定了地理总论、中外地理商业地理、历史地理、政治地理等十余门地理课程。

相比教育界的"地理学热",新闻界和民间的热度更甚。到了清末,各大报纸、杂志和出版社都加入了地图制作出版的行列,昔日统治阶级才能拥有的地图已经成为大众传播的商品。1876 年 9 月,《点石斋画报》出版了《皇朝直省地舆全图》系列地图,美查为地图制作了封面、目录以及后记,鲁道夫·瓦格纳在《进入全球想象图景:上海的〈点石斋画报〉》中认为,这份地图是中国按照西方地理学标准制作的第一份现代地图,是中国现代地图制作的开端。[③] 1884 年,《点石斋画报》登出《点石斋石印书籍地图画幅碑帖墨宝价目》的广告,文称"出售中外地图十一幅,包括纸面图、网面铜板图、东亚地图、上海租界图等"[④];1911 年 8 月,《东方杂志》刊登出《商务印书馆地理书及五彩地图》的广告,详细叙述了商务印书馆印制地图的价格、销售地点、地图种类。

---

① 唐晓峰:《中国近代地理学的"身世"》,见唐晓峰《人文地理随笔》,生活·读书·新知三联书店 2005 年,第 292 页。

② 王有朋:《中国近代中小学教科书总目》,上海辞书出版社 2010 年。

③ Rudolf G. Wagner. "Joining the Global Imaginaire: the Shanghai Illustrated Newspaper Dianshizhaihuabao", *Joining the Global Public: Word, Image and City in early Chinese Newspapers 1870—1910*. Edited by Rudolf G. Wagner. Albany, N.Y: State University of New York Press.

④ 《点石斋石印书籍地图画幅碑帖墨宝价目》,《点石斋画报》甲 7,光绪十年闰五月。

到了民国以后,这股“地学热风”依然存在。1921 年,竺可桢发表《吾国地理家之责任》一文,呼吁国内地理学家勘察地理,振兴中华;1930 年,《申报》开始筹备制作《中华民国新地图》,该地图于 1934 年完成,史量才作序称地图是培养爱国观念、了解国家基本情况的重要工具;同年,《良友》画报出版《中华大观》画册,该画册以中国名胜古迹、城市建筑等为主要内容;1932 年 9 月至 1933 年 5 月,《良友》画报组织摄影团队走遍黄河流域、长江流域以及西南地区等全国 24 个省,共拍摄照片万余张,并在 1934 年整理出版《中华景象》一书,该书在发刊词中就表达出鲜明的爱国忧民思想。

除了报刊业以外,民国的出版界也非常热衷于地图的印制,其中具有代表的出版社有中外舆图局、开明书局、商务印书馆等 40 余家出版社。[①] 虽然我们已无从考证这些地图的销量如何,但是从各大报纸杂志、出版社不惜重金地投入、不断出版的新地图可以看出,国内对地图的需求是很大的。

从社会精英阶层到教育界,再到新闻与出版界的“地图热”可以看出,与其说中国近代的地理学是一门学科,地图是一种工具,不如说它们是一种表达国家认同与民族主义的载体。

2.地图:民族主义与国家认同的重要载体[②]

从近代世界各国发展历史来看,有关地理方面的知识是建构国家与民族意识、启蒙国家与民族认同的重要的手段。胡安・诺格认为:“学校中关于地理学的教授,关系到国人对国家领土归属感的认同和传承,这对现代民族国家的形成具有重要意义。”[③]除胡安・诺格以外,如霍布斯鲍姆、安德森等众多西方学者同样将地理看作是影响民族意识、国家意识的重要因子。而晚清时期,在西方民族主义思想与国内困境的推动下,如何建构民族国家成为整个社会的核心议题。[④]

---

① 陈阳:《真相的正反合》,复旦大学出版社 2017 年,第 133 页。

② 何思源:《地理书写与国家认同:清末地理教科书中的民族主义话语》,《安徽史学》2016 年第 2 期,第 64 页。

③ [西]胡安・诺格著,徐鹤林、朱伦译:《民族主义与领土》,中央民族大学出版社 2009 年,第 93 页。

④ 翁贺凯:《民族主义、民族建国与中国近代史研究》,见郑大华、邹小站主编《中国近代史上的民族主义》,社会科学文献出版社 2007 年,第 26—41 页。

与西方国家不同，近代中国想要建立民族国家面临多重困难，因此有不少有识之士就提出，构建民族国家的核心是先要确定国家和民族的“疆界”，他们认为“疆界”的确定具有双重意义：其一，对国人来说确定“疆界”就是将“外族”与“中华民族”进行区分，可以促进国人的民族认同；其二，对于国家来说，确定“疆界”就是从空间上划定中国领土，让人们保持国家认同感。① 对于国家民族“疆界”的确定，清末知识分子们将目光定位在地理学和地图汇编上，他们认为地理学和地图是表达国家形象、加深国家认同的最直接、最贴近现实的形式。所以，这种视觉化的方式成为清末民初知识分子用来培养国民民族情感和国家意识的关键工具。

从形式上看，清末民初的国内地图大致可分为“军事地图、政区地图、历史地图”三种。② 这三种地图虽然侧重不同，但都表现出很强的民族与国家意识。具有代表性的军事地图有卢彤绘编的《中国历史战争形势全图》《中华民国历史四裔战争形势全图》和欧阳缨的《中国历代疆域战争合图》等。这些军事地图有力地回击了当时边疆地区的独立势头，提升国人对国家认同感。而政区图以“疆域沿革”为主题，③注重边疆地区地理的描绘，其目的是保全中国领土的完整，促进多民族国家的构建。其中具有代表性的有童世亨编绘的《历代疆域形势一览图》、苏甲荣编绘的《中国地理沿革图》，这些地图都以“统合中华民族、振兴爱国精神为归旨”④。相比之下，“历史地图”数量较少，具有代表性的仅有邹兴钜编绘的《春秋战国地图》，该图试图“引古鉴今”，期望中国能够日渐强盛。

除地图以外，近代出版的地理书籍也是重塑民族主义与国家认同的重要载体，何思源认为近代地理书籍从“中国与世界、中国自然资源、近代国家领土变迁”三个方面发挥作用。在“中国与世界”方面，清末新学制规定，中小学地理教育要包括中国地理与世界地理两部分，课程讲授要讲明中国与世界之关

① 王柯：《在“天下国家”与“民族国家”之间：中国近代国家建设进程的起源》，见邓正来主编《转型正义：中国社会科学论丛(秋季卷)》，复旦大学出版社 2011 年，第 133—145 页。

② 李鹏：《清末民国中国历史地图编绘与民族国家建构》，《史林》2018 年，第 113 页。

③ 李鹏：《清末民国中国历史地图编绘与民族国家建构》，《史林》2018 年，第 113 页。

④ 李鹏：《清末民国中国历史地图编绘与民族国家建构》，《史林》2018 年，第 114 页。

系,要让学生养成爱国之心。[①] 在此后的地理书籍中,凡涉及中国地理与世界地理的内容都会说明中国在世界上的位置,并对中国优越的地理环境进行论述。如曾世礼编著的《初等小学中国地理教科书》就以“亚洲中国版图最大,气候适宜,民庶尤众,为四千年来世界著名之大国”[②]来描述中国,而史量才在《中华民国新地图》的序中用“山川形胜”等词语赞美国家。可以说,近代地理出版物首先是从中外比较中塑造国家形象,同时用赞美之词来激发国人的国家意识与对民族的认同感。而“自然资源”则是从国家资源丰富、物产丰饶的角度诱发国人的爱国情感。其中《新体中国地理》《世界地理》等书籍对中国的矿产、水资源、动植物等进行了详细的论述。

如果说“中国与世界”“国家资源”这两方面是以鼓励的方式激发国人的情感,那么“国家领土变迁”则是以耻辱感来刺激国人的国族感情。《最新高等小学地理教科书》将领事裁判权写入书中,并对这一不平等外交表达了“国之耻辱,吾民之羞”的感叹,[③]《中华景象》发刊词中也表达出“懦者咸思奋发”的感慨。由此可见,在“地理救国”的框架内,清末民初的地理书籍是通过“赞美”和“耻辱”的形式激发国民国族意识,与地图制品相辅相成,共同承担起培养国族意识的责任。

回过头来重新审视《真相画报》的地势写真图,我们可以清晰地看出风景摄影中的山山水水与城市建筑,它们具有明显的外在指向,当具象的风景摄影与地图这种抽象又反映地理空间的符号结合在一起时,便成为一种填充着民族国家地理空间的实景。风景与地图,前者是具体的表达,后者是抽象的呈现,二者的结合散发出了一种互相补充的全新意义。而《真相画报》正是以这种综合“图景”的方式来塑造国家与民族的“共同体”,传达国族意识的“隐喻”。

---

① 何思源:《地理书写与国家认同:清末地理教科书中的民族主义话语》,《安徽史学》2016 年第 2 期,第 65 页。

② 曾世礼:《初等小学中国地理教科书》,涪州小学堂 1905 年,第 6 页。

③ 谢洪赉编辑,张元济校订:《最新高等小学地理教科书第二册》,商务印书馆 1906 年,第 28 页。

二、名胜写真图：国家历史与民族记忆

除了地势写真图之外，《真相画报》风景摄影还包括名胜写真图。对于名胜写真图，《真相画报》在《本报图画之特色》中释义如下："保存古物，为国民应负之责任，有前日之事功，而后有今日之陈迹，有今日之事功，而后有将来之陈迹。故凡名胜之区，一一存其真相，后有继起，亦将有感于斯图。"[①]从这段话可以看出，《真相画报》的名胜写真图就是以摄影为手段对历史的记录，其既属于风景摄影，又是一种"历史画"。对于"历史画"，《本报图画之特色》认为是"唤起人群爱国之思想，扶植社会进行之秩序"[②]的重要形式。由此可见，《真相画报》试图通过名胜摄影来追忆历史、书写文化、再造记忆，从而唤醒国人的民族记忆，重塑民族意识。

（一）清末民初报刊的"名胜写真热"

前文提到过，中国的风景摄影与摄影术的传入是同步的，而作为风景重要组成部分的名胜古迹从一开始就成为摄影师们关注的对象。在1842—1861年间，外国人是中国摄影活动的主要参与者，例如法国摄影师阿方斯·尤金·于勒·埃及尔就在我国拍摄了大量照片，并将其中的四十多幅带回国内，[③]其中多数照片都以中国的名胜古迹为拍摄对象。到19世纪末20世纪初，作为风景摄影组成部分的名胜写真图也开始成为印刷品中的"常客"，尤其是报纸杂志更是连篇累牍地刊载国内的名胜古迹，以一种聚沙成塔的方式向国人呈现国家的"历史、人文图景"。可以说，在《真相画报》创刊之前，刊载"名胜写真"的热潮已经开始在国内印刷媒体之中流行。

1903年，《浙江潮（东京）》创刊，该刊从第二期开始共刊载了包括《中国四大藏书之一——文渊阁》《西湖胜景（雷峰夕照）（三潭映月）》《西湖卍字亭雪景》《范湖胜景——落帆亭》《会稽大禹之庙》《禹陵》《禹陵窆石亭》《绍兴东湖陶山秦桥风景》《绍兴兰亭》在内的几十幅风景名胜照片。

---

① 《本报图画之特色》，《真相画报》第二期，1912年6月21日。

② 《本报图画之特色》，《真相画报》第二期，1912年6月21日。

③ ［英］贝内特著，徐婷婷译：《中国摄影史：1842—1860》，中国摄影出版社2011年，第6页。

《文渊阁》

从文渊阁、大禹陵到西湖、秦桥,《浙江潮(东京)》的名胜写真将“纯粹”的历史文化名胜和兼具景色与历史意义的地点全部囊括其中。由此可见,在传播风景的同时,《浙江潮(东京)》似乎还想传达出更深一层的寓意。

到民国前后,将镜头转向“风景”的代表性刊物还有《妇女时报》和《东方杂志》等刊物。1911 年《妇女时报》创刊,截至 1912 年《真相画报》创刊前,《妇女时报》出版的八期刊物共刊载《咸阳古渡》《华清宫墙》《骊山》《未央宫故址》《泰山云步桥》五幅名胜摄影。咸阳古渡口、华清宫、未央宫是汉唐时的遗留物,代表汉唐文化。《妇女时报》刊载这些照片的目的除了“为女学开一线光明”之外,似乎还有激发妇女“忧时爱国”的目的。此外,《东方杂志》1910—1912 年间出版的期刊中,在插画专栏刊载了包括《至圣墓》《孟子墓》《明神宗册封日本丰臣秀吉敕书》《黄帝之陵庙》等在内的大量名胜写真图,其空间跨度几乎涉及全国各省。尤其是 1911 年出版的第八卷第五号和第六号,其直接将中国山河地图以及长城设计成为封面图。

根据英国风景美学家罗斯金的表述,在想象中“风景”是能够让全体国民融为一体的唯一空间,而且只有“风景”能为所有的国民提供共同的文化基础。从《浙江潮(东京)》到《妇女时报》再到《东方杂志》可以看出,清末民初的新闻出版物似乎想借名胜摄影这一手段揭示“风景与国族”的关系，并通过再现的形式追忆历史，书写文化，再造国族记忆。①

（二）名胜写真：国族记忆的书写与再造

如果说《真相画报》之前的刊物只是初步拥有揭示“名胜——国族”关系的意识，那么《真相画报》则是直接将“名胜古迹当作了政治记忆与表达的遗迹”，并试图通过这些“文化凝结点”②来诉说历史，重塑记忆，唤起爱国之思。

相比《东方杂志》大数量、广地域的名胜摄影，《真相画报》只是将镜头对准了具有代表性的长城和明孝陵。《真相画报》第五期，刊载《万里长城（山海关）》照片两幅。从拍摄角度看，第一幅照片采用平视视角拍摄，第二幅照片以俯视角度拍摄，两幅照片将长城的蜿蜒曲折、雄伟磅礴表现得淋漓尽致。从拍摄的方向来看，两幅照片一幅是由外向内拍摄，一幅是由内向外拍摄，③这种内外区分的摄影方式与《西湖北望图》《西湖南望图》很相似。

《万里长城》

《万里长城》在展现长城磅礴气势的同时，还对长城的建筑、历史以及军事意义进行了描述：“长城西起于甘肃西州布隆古城，东抵直隶榆县山海关，延袤五千四百里，高十五至三十丈，基宽二十五尺，顶宽十五尺……历代以之限西北戎马之足，匈奴、蒙古等族皆有

① 陈阳：《真相的正反合》，复旦大学出版社 2017 年，第 149 页。

② ［美］巫鸿著，肖铁译：《废墟的故事：中国美术和视觉文化中的“在场”和“缺席”》，上海人民出版社 2012 年，第 66 页。

③ 注：长城分内外墙，外墙除了射击口，每个一段距离会设有垛口以便观察敌情，而内墙只有射击口没有垛口。

所畏慑,不能越雷池一步。”[①]这段话表达出了长城在中国建筑、军事以及历史中具有重要的价值和意义。

不过,不同时期、不同的叙事者以及不同的价值观念,会对长城的价值意义有不同的解释,这一点在中外刊物中能够明显地体现出来。19世纪末20世纪初,《伦敦新闻画报》曾刊载过多幅关于长城的铜板画和摄影照片,具有代表性的是《长城:一万八千英里的防御墙》这幅图片。综合来看,这份刊物将长城看作是世界级的建筑奇观,并称赞长城为“火星人都能看到的、让人赏心悦目”的建筑物。与此同时,《伦敦新闻画报》还借着论述长城的历史和军事功能,得出它是中国的象征,是“中国腐朽没落、固步自封”的标志。[②]

与西方媒体不同,中国的报刊将长城看作是中华文明历史悠久的直接体现,是中华民族勤奋、智慧、抵御入侵的象征。毫无疑问,长城蕴含的“民族精神”确实深植根于国人的心中,“只不过这种精神一直潜在国人内心深处,没有达到活跃、自觉的程度”[③]。宣统三年(1911年)八月《地学杂志》第二年第十号起,刊载《万里长城》一图,展示了长城的走向以及周边地势,将长城的灵动一览无余地展现在我们面前。而《东方杂志》第八卷第六号封面刊载的《万里长城之一阙》以一座烽火台为焦点,成功将长城的巍峨大气呈现在我们面前。为了展现长城隐藏的“民族精神”“构建中华民族的宏伟形象”,包括《真相画报》在内的近代刊物,以摄影为手段承担起了这一任务,并做出了不小的努力。

如果说长城是民族精神与历史的象征,那么《真相画报》对明孝陵的摄影写真还蕴含着重塑国家认同与记忆的意义。《真相画报》第七期报道孙中山拜祭孝陵的同时,还刊载了大量关于孝陵内部的摄影,如《明代皇城之午门》《明孝陵神功圣德碑》《明孝陵石人石兽》《明太祖葬处》等。在《孙中山祭拜明孝陵》的报道中,《真相画报》将孙中山与明太祖朱元璋进行了比较评价,“明太祖以布衣亡元,造福汉族。孙中山亦以布衣覆清,建立民国。英雄起事,不私一家,向睽数百年,若合符节,若太祖有灵,将来格来飨,引为百年世下知己乎。”[④]

---

① 《万里长城》,《真相画报》第五期,1912年7月21日。

② 陈阳:《真相的正反合》,复旦大学出版社2017年,第153页。

③ 罗志田:《二十世纪的中国思想与学术掠影》,广东教育出版社2001年,第83页。

④ 《孙中山祭拜明孝陵》,《真相画报》第七期,1912年8月11日。

明孝陵摄影图集

对于其他关于孝陵的摄影照片,《真相画报》也给出了解释:“记者摄图之暇,凭吊古迹徘徊不忍离去,因将孝陵诸景摄成短幅,概插至图中。古今豪杰其亦可概然想见欤。”①

明朝是中国历史上最后一个汉人作君主的王朝,同时也被称为“得位最正”的王朝之一,正如孝陵神功圣德碑所言:“皇考起徒步而靖之,大功大德,在天地,在生民”。②《真相画报》将孙中山与朱元璋的对比,从侧面强调了中华民国是明朝的传承,具有正统性,以此来激发国人对“新国家”的认同。而“凭吊古迹徘徊不忍离去”这种表露感情的文字加上诸多孝陵摄影,又能以巧妙的形式引发国人的共鸣,重塑国人的国族记忆。

从长城的摄影到明孝陵的写真,《真相画报》没有沿袭其他刊物“堆砌”名胜摄影的方式来表达重塑“国家历史与民族记忆”的隐喻,而是通过对具有特殊意义的地点、事件的报道来实现自己的目的。而且,从《真相画报》独特的摄影手法和巧妙的报道方式可以体会到这种隐喻的方式似乎更有效果。正如华兹华斯所说的,历史遗迹是一个国家和民族的财产,每个有理性和有欣赏心灵

① 《孙中山祭拜明孝陵》,《真相画报》第七期,1912 年 8 月 11 日。

② 罗宗真:《探索历史的真相:江苏地区考古、历史研究文集》,江苏古籍出版社 2002 年,第 207—209 页。

的人都有权利拥有这份财产。反过来我们可以理解为,对历史遗迹传播的过程就是唤醒国人理性、重塑国人国族意识的过程。

结语

"风景摄影"用取景"想象的地理"来建构"想象的国家",这些照片在传播的过程中对"构建国家地理想象"与"国家想象"发挥着重要的作用。① 安德森在其著作《想象的共同体》中认为,地理的描述以及地理名称的积累可以促进"同时性"与"共同体"感觉的生成,图像提供的景与文字表达能够唤起读者共有、分享、同处一种时间和同一个地理边界范围的民族感受。② 而《真相画报》的地势写真图正是这种有"野心的图像"③,为了建构国家和民族认同感,它以全景的视角将历史与现实、风景与国族认同联系起来,用这种"风景照"来传达关于民族国家认同的隐喻。在这一过程中,《真相画报》的全景式地势写真图也成为塑造国族认同的一种艺术形式。

(王云朋,广西艺术学院2016级艺术传播学硕士研究生)

Landscape, Relics and National Identity: Scenery Photography on *THE TRUE RECORD*

Wang Yunpeng

Abstract: With the development of technology, photography is no longer

① James R. Ryan. *Picturing Empire: photography and the visualization of the British Empire*. London: Reaktion Books, 1997, p.25.

② 唐宏峰:《近代图像印刷资本主义:以〈点石斋画报〉插页画为中心的考察》,《文化与诗学》2015年,第78页。

③ Raphael Samuel. *Theatres of Memory: Past and Present in Contemporary Culture*. London: Verso, 1994, p.328.拉斐尔·塞缪尔表示,图片的力量来自它能够将我们看见的保留下来,我们可以以此来想象我们将前往的地方,并对其有所了解,同时正是对这些风景历史价值的认知,才让我们将或多或少的历史残余转化为珍贵的图符。

a simple "reproduction" tool. It begins to intersect with various social and historical activities and is given more profound social significance. Just as M. J.T.Mitcheel put it in Landscape and Power, "Landscape photography is not a noun, but a verb, it is a symbol of rights and culture, and a symbol of the country and the nation." This article turns its attention to the first photography and art magazine *THE TRUE RECORD* in the history of Chinese newspapers, trying to analyze the national identity thought contained in the landscape photography of *THE TRUE RECORD* by the "metaphor" theory in image narrative.

Keywords: *THE TRUE RECORD*; Landscape Photography; National Identity

英国电视剧生产制作的五重“要义”

——以BBC的电视剧播出为例

吕　鹏

摘要：英国电视剧在中国大陆受到网民的欢迎，被认为是站在境外电视剧收视鄙视链顶端的电视剧。本文以英国公共电视台BBC播出的电视剧为例，从反对商业逻辑、注重批判传统、展现多元现实、汲取经典文化以及制作精细优良等五个方面分析其在生产制作方面的要义，剖析其受欢迎的内在逻辑和原因。

关键词：英国电视剧；生产制作；BBC

得益于网络全球化的发展，电视剧迷所收视的电视剧不再只局限于电视台所播出的电视剧。主流的以电视台为主的播出平台依然是国剧的天下，但在网络等平台上，电视剧的收视却呈现了多元的态势。在这些受众群体之中，排除国剧之外，也逐渐形成了一种所谓的对各个国家电视剧收视的“鄙视链”，即英剧＞美剧＞日剧＞韩剧，也就是说，英剧的受众站在鄙视链的顶端，睥睨着其他国家的电视剧。

虽然收视鄙视链具有很强的主观性和随机性，因为评判标准的随意、任性和轻率，很多人也只是把它当成一种笑谈和谐谑的方式，并不特别当真，毕竟对于电视剧的收视和迷恋是一种十分主观的感受，然而基于国别的收视鄙视链还是如同棱镜一般折射和反映了一定的社会现实，并代表了不同群体对于各个国家电视剧生产、制作水准和艺术水平的认知和心态。从这个角度而言，英国电视剧无论是制作精度还是内容水准，抑或思想境界等，都获得其“迷群”和非迷群一致的认可。作为事实可以被陈述的是，在中国当下，对美剧作为国外电视剧的收视可以视作国内网民收视的主流。然而何以全世界范围内的电视剧都呈现在中国的剧迷面前，最为认同或处于收视鄙视链顶端的却是英剧？何以主流的美剧的收视没有占据收视鄙视链的顶端，而相对小众的英剧却可以获得国内电视剧受众——即便是不怎么看英剧的受众——普遍的认同？英剧水准之所以被认同的原因是什么？其特征表现在哪里？而其特征所折射出来的深层原因又是什么？本文基于国际最知名的公共电视台之一的 BBC 的电视剧播出，对其成因进行探讨。

《全球电视剧产业发展报告(2016)》在论述到 2015 年播出的英国电视剧之所以受到全球受众的喜爱，将其原因归结为“精良的制作、高品质和独特气质”①。这部分揭示了英剧受欢迎的原因，但并不是全部的原因。除了一些看似不太可琢磨、略具抽象的理由之外，英剧作为相对小众的电视剧在中国的广泛被认可，还是拥有其深层次的原由——当然，英剧的全球营销策略和版权输出技巧也是其成功的重要原因②，不过国内受众所能收视到的英国电视剧多半是民间个人的收视行为，因而，本文对于英剧在国内受到广泛认可的原因的论述，主要从英剧本身所体现的特色及其所属机构的制度特色来展开分析。具体的分析以英国 BBC 播出的电视剧为例，从五个方面分析英国电视剧能够站在电视剧收视鄙视链顶端的要义。

---

① 张海涛、胡占凡主编：《全球电视剧产业发展报告(2016)》，中国广播影视出版社 2016 年，第 257 页。

② 周凯、杨会飞、殷亮：《策划电视：风行世界的英国电视节目模式解析·前言》，中国广播电视出版社 2012 年，第 2 页。

一、反对商业逻辑

众所周知的事实是，英国的 BBC 是世界最具代表性的公共电视台之一，其公共服务理念和运作方式，不但形塑了公共电视台的传统，也影响了英剧的制作和播出的特征。不过 20 世纪末，随着新自由主义的大行其道，去管制化和商业化也对 BBC 的经营管理和制作产生了重大的冲击，有数据显示，在 20 世纪 70 年代，英国的公共服务电视占本国电视市场份额的 52%，而到了 90 年代，其份额就降至 48%。[①] 穷则思变，“在英国，20 世纪 80 年代开始，来自大企业的商业压力，使 BBC 不得不以多种方式参与激烈的竞争并进行组织和机构改革”[②]。这一系列的改变，使得 BBC 的节目制作呈现出不同的特色，表现在采用更多商业化的策略来进行节目的经营、制作和管理销售，比如对于电视剧，“为鼓励原创，2013 至 2014 年将对 1 频道电视剧制作经费追加 2000 万英镑，2 频道 2011 年的电视剧预算也增加了 3000 万英镑。……逐渐通过投拍新剧，增加原创电视剧的数量”[③]。但是值得注意的是，用商业化的方式方法来进行电视剧的生产，和崇尚商业逻辑的制作方式，是两种不同的理念，前者是采用这种方式服务于公共服务的理念，而后者是纯粹以商业资本的逻辑获得经济上的收益。因此，BBC 将商业化的方式方法与公共服务的理念相结合，既避免了在竞争过程中处于弱势，不能还手于商业电视台的攻击，也保持住自己的特色特点，正是这种夹缝中结合求生存的方式，使得 BBC 的电视剧制作能够长制常新。

BBC 的商业方式的采用与反对商业逻辑的电视运行理念，看起来似乎是一对矛盾的结合，但这很好地反映了在新自由主义的影响下，电视台的应变和理念的调整。任何事物，包括电视的发展，都不可能囿于自己固有的思维方式亘古不变，而需要适应语境的变化进行符合时代发展的调整与改动。BBC 既

---

① 潘祥辉：《论媒介技术演化和媒介制度变迁的内在关联》，《北京理工大学学报》（社会科学版）2010 年第 1 期。

② 王哲平：《美国公共电视：观念、价值与规制》，中国社会科学出版社 2016 年，第 16 页。

③ 周康梁：《做严肃的电视：英国电视为什么好看》，南方日报出版社 2013 年，第 4 页。

坚持传统又能在传统中进行更新，采用更具有时代感的电视剧生产方式，才是其电视剧不断受欢迎的重要原因之一。

二、注重批判传统

就像我们普遍的认知所知晓的传播学的研究有两大所谓的传统，一则是以英国等为代表的欧洲批判取向，一则是以美国等国为代表的实证路径，这种研究取向和研究路径，既来源于其媒介文化传统，而与此同时又深深地影响了媒介内容的生产制作。正如学者们在论述英美电视剧的特征的时候所指出的，“英国‘肥皂剧’就会让我们质疑将肥皂剧等同于夸张喜剧的做法，因为英国‘肥皂剧’的模式更应该被定位为‘社会现实剧’。英国肥皂剧与美国肥皂剧不同，英国肥皂剧没有那么多夸张，没有那么多亢奋的情感，也没有繁琐的姿态”[①]。英国的电视剧的反思的姿态是极其明显又有其实际的操作，它对于历史、现实甚至是未来的思考都代表极强的批判性，这与美国电视剧因为市场商业的缘故极具娱乐性是有极大的区别的。坦白说来，批判是英国尤其是 BBC 电视剧的核心价值和竞争力，这也是为什么受众看过英剧之后，可以获得更多的反思社会和人生的机会。

英国的广播电视，是以其与政治的分离为特征的[②]，这某种程度上正是所谓的公共电视的特征之一。但与政治的分离主要是指具体运作经营层面是与政治进行分离的，这不代表 BBC 的电视剧的制作脱离政治、不表现政治，相反，对于政治的隐喻和批判是其最大的主题。这里的政治，是广义的政治，它涉及全社会所有的个体的生存与价值，正因为 BBC 的电视剧生产坚持以“政治”作为最大的考量标准，才会对于阶级、性别、种族等各种议题，在电视剧中充分地表现，而不使电视剧作为一种消磨时间和让人耽于享乐和放松的最主要途径。也就是说看 BBC 的电视剧，在有可能享受到娱乐的同时，也能为各

---

① ［美］简·傅尔：《文学类型研究与电视》，辑［美］罗伯特·艾伦编，牟岭译：《重组话语频道：电视与当代批评理论》，北京大学出版社 2008 年，第 126 页。

② ［美］丹尼尔·C·哈林、［意］保罗·曼奇尼著，陈娟、展江等译：《比较媒介体制：媒介与政治的三种模式》，中国人民大学出版社 2011 年，第 51 页。

种社会和人生问题，进行剖析和反思。它无意于打造一个电视剧的乌托邦只给人以现实的解脱和想象——正如美剧一样，它把现实正面甚至更加残酷地进行表征，以让人对现实保持更多的警醒，从而可以批判，可以反思。BBC 的这种批判的传统，已经实施了许多年，并成为其核心价值之一，很好地体现在其电视剧的生产和制作之上。

三、展现多元现实

基于电视台的传播理念，BBC 的电视剧的播出多以呈现社会现实题材的电视剧为主，这其中又以情景喜剧、罪案谍战以及动作剧情为主，而灵异惊悚和科幻魔幻类的电视题材相对来说比较少见——而这些题材的电视剧正好被英国其他的商业电视台所垄断和开发，很大程度上形成了各自的风格取向和市场细分。不媚俗，但是又不脱离现实生活，并保持对现实生活的呈现和批判，是 BBC 电视剧非常重要的特色之一。公共服务作为英国 BBC 内化的生产理念，在面对最具受众号召力和观众收视率份额的电视产品电视剧的时候，依然采用了一种平衡和制衡的生产与播出方式，而不仅仅满足或停留在某一特定更具市场号召力的题材播映。此种理念表现在种族、阶级、性别以及性向等议题，都会在 BBC 的电视就中得到呈现。正如学者所述，“目前世界上奉行公共电视台制度的国家均希望照顾到最大多数人的需要，但同时也不忽略具有特殊品味及需求的少数者”①。这种呈现，一方面是理念的必然抉择，这是因为各种议题都是社会必然的存在，作为公共电视台的 BBC 有义务全面而客观地表征社会，从而引起人们的反思；另外一方面也是平衡以及规避批评的需要，既然是服务社会，那么就是服务社会的整体，而不是一部分人群，因而平衡是一种必然的手段；再者，因为 BBC 是以全英国公民的收视费来进行运营的电视机构，因此公民或相关机构有权对其进行批评，而让某一团体或某些团体不满，会让 BBC 的公信力产生极大的压力。基于以上三点最基本的原因，BBC

① 翁秀琪：《我国公共电视立法应有之精神：从比较法观点论我国公共电视应具有之理念、形式与功能》，《新闻学研究》1991 年 3 月第 44 集。

的电视剧生产关注现实,关注现实社会的各种议题,并将各种议题有策略地分布在各种类型和题材的电视剧中,以主动或被动地践行自己的价值理念。

BBC 对多元现实的展现,还有一个重要的原因是其基于现实题材的电视剧创作的优良历史传统,很大程度上可以说,现实题材是 BBC 电视剧创作的核心竞争力之一,只是随着社会的发展和电视台与时俱进的需要,其多元地展现社会的行动力得到了极大的提升。

大体而言,BBC 电视剧的来源主要有三种方式:一是 BBC 的制作部门自己制作;第二种是通过外包的方式,委托与 BBC 有一定联系的媒介公司进行制作,在此过程中,BBC 是占据主导话语权的;第三种方式是从第三方制作公司直接引进。三者的比例持平,但联系一二两种来看,BBC 电视剧生产和播出时以 BBC 为主体,它对电视剧整体的把握,无论是议题还是演员还是制作等,都具有很大的话语权。而第三方引进,一方面是政策规避的必须步骤——英国法律规定必须有一定的播出份额分享给社会化的制作公司,另外一方面也是对自己的制作能力的补充,而第三方电视剧的引进,考量的更多的是理念是否相符,而不是市场收视份额的占有。

四、汲取经典文化

BBC 所播放的电视剧还有一个重要的特征,就是重视对传统优秀文学文本的开发与改编。如在 2015 年 BBC 播放的电视剧中,有 8 部电视改编自经典的文学名著,差不多占据了该年 BBC 电视剧播出部数六分之一的比例。这其中,《狄更斯世界》(*Dickensian*)将英国文学巨匠狄更斯文学作品中的众多人物汇聚在一起进行故事的展开;《火枪手》(*The Musketeers*)则是直接改编自法国浪漫主义作家大仲马的文学名著《三个火枪手》;《波尔达克》(*Poldark*)是改编自英国小说家温斯顿·格雷汉姆(Winston Graham)的同名历史小说《波尔达克》(*Poldark*);《英伦魔法师》(*Jonathan Strange & Mr Norrell*)改编自英国小说家苏珊娜·克拉克的同名小说;《神探夏洛克》(*Sherlock*)的诸多故事情节改编自英国悬疑小说家阿瑟·柯南·道尔的《福尔摩斯探案集》(Adventure of *Sherlock Holmes*/*The complete Sherlock Holmes*);《乔治·

詹特利探案》(*Inspector George Gently*)改编自英国犯罪小说家艾伦·亨特的46部关于乔治·詹特利探案小说;《布朗神父》(*Father Brown*)的情节很多改编自英国著名侦探作家G.K.切斯特顿的同名小说《布朗神父探案集》(*Father Brown*);《无人生还》(*And Then There Were None*)是改编自英国著名女侦探小说家、剧作家、三大推理文学宗师之一的阿加莎·克里斯蒂的同名小说《无人生还》。

播放改编自优秀文学文本的电视剧,是BBC电视剧制作和播出的传统之一。BBC甚至不惮将已经被改编为电视剧的著名文学文本进行再次翻拍,比如2016年就制作播出了苏联曾经拍摄过的《战争与和平》。之所以执着于将文学名著等改编成电视剧,一方面是由于已经成为名著的文学文本在英国有着比较广泛的社会接受度,某种程度上是收视的一种保障,并也是质量的有力保障;另外更加重要的一方面是,著名或经典的文学作品具有强大而深邃的思想力量,这显然和BBC服务社会公众的理念相吻合,因而选择改变并翻拍经典的文学文本就成为一种"共谋"似的抉择。

五、制作精细优良

BBC电视剧另外一个非常重要的且受欢迎的原因是其制作的精良。相对于美国剧的篇幅巨大,英国电视剧通常很少有季播或者篇幅(集数)非常多的电视剧,而总是以3—4集体量的电视剧的播出为主,这种短篇电视剧,一方面保障了电视剧的质量,使其剧情紧凑而高质,不至于出现注水的情况,这就是为什么BBC的电视剧节奏比较流畅,不拖沓,同时也比较具有"烧脑"的能力的缘故。比如改编自三大推理文学宗师中唯一的女作家阿加莎·克里斯蒂的同名小说的电视剧《无妄之灾》仅有三集,因为故事紧凑逻辑性强,而在观众中引起了不小的关注和讨论。而深受我国观众喜爱的《神探夏洛克》系列,每季也都只有三集左右的体量。因为剧情不注水,不拖沓,反倒更加引起受众对于下面剧集的期待和关注。

另外一方面,短篇电视剧,无论是整体的资金投入还是演员的聘请等,都相对来说比较容易,也是一种非常经济划算的选择。但是整体资金投入得相对少，并不代表BBC电视剧制作不精良，国内观众对于英国BBC电视剧非常认可的一点是，其电视剧服装、道具、背景以及妆发等各个方面都力求面面精到，并不会因为剧集的数目的少，而忽视其制作的环节。BBC播出的每一部电视剧，都能够在小体量的电视剧中，注重服道化的细节安排，我们观看《死亡与夜莺》《无人生还》以及《战争与和平》等这样某种程度上不是现代题材的英国电视剧，可以在电视剧中感受到浓浓的历史风情与细节，这种在制作上的用心和考量，也是其电视剧能够广受欢迎的非常重要的原因。

近年来，面对ITV等商业电视的竞争，尤其是不同于BBC传统优势题材类型电视剧的竞争，BBC的电视剧的市场份额受到了一定的冲击，不过据相关数据统计，BBC的电视剧的收视率以及收视份额，依然是占有不可撼动的地位的，BBC电视剧依然是英国文化不可或缺的一个代表。而短篇又精良的电视剧制作，一方面可以抓住受众，另外一方面可以提供更多的不同类型的电视剧，以满足不同的电视受众的需求，这种方式方法在国际范围内电视剧的集数越来越多、季数越来越长的情势下，也可以作为一种策略来借鉴反思。

结语

英国电视剧被国内观众所欢迎，并被普遍认可为质量最高的国外电视剧——无论是思想品质还是制作水准——这一方面说明了英剧所具有的独特品质，确实能够跨越地域和国别的限制，为他国的受众所欣赏，也说明了电视剧生产、播出以及观看的全球化、世界化的趋势；另外一方面也说明了，相较于更具受众普及性的美剧而言的英剧，特别是BBC的电视剧作为公共电视产品，所能得到的认可、接受与认同，实际上都是很普遍的。

受众的电视剧品味，随着网络化的普及以及电视剧内容的获取的便宜，已经越来越具有提升的趋势。英国电视剧在传统电视台播出的同时，也能够很好地兼顾网络等新媒体受众的需要。近年，国剧中网剧的生产获得了非常大的成功，《河神》《杀不死》《白夜追凶》《无证之罪》等因其质量获得了极高的口碑和点击观看数。传统的电视台的平台上，也有《白鹿原》《人民的名义》《大江大河》《都挺好》等高口碑、高议论度和高收视率的电视剧。但是，能够将分化的新媒体受众和传统电视台的受众相结合的国产剧依然不太多。英国BBC的电视剧也许可以提供一些借鉴。如何在兼顾民众的需求的同时，又能引导文化价值的取向与发展，特别值得电视从业者们进行思考。

（吕鹏，复旦大学新闻学院在站博士后，上海社会科学院新闻研究所副研究员，伦敦政治经济学院媒体与传播系访问学者）

Outside the Box: The Five Essentials of the Producing of British TV Dramas

Lü Peng

Abstract: British-based TV serials are very popular in China. Audiences watch them through internet and think they are the best TV serials of the world. Taking the TV serials produced by BBC as research examples, I'd like to make an analysis from five aspects including opposing commercial logic, emphasizing on criticizing tradition, displaying pluralistic reality, absorbing classic culture and making fine, and find out why the serials are popular within the netizens and also what the Chinese TV serials producers can learn from them.

Keywords: British TV Dramas; Producing; BBC

马蕾作品选登

马蕾(马磊),男,山东淄博人,1992年考入山东艺术学院美术系油画专业,2003年—2006年于山东艺术学院攻读硕士研究生,师从王力克教授。2006年毕业留校任教,现为山东艺术学院美术学院绘画系副教授。2014年—2019年为中央美术学院博士研究生,师从丁一林教授、李军教授。中国美术家协会会员。

两生花之一　木板坦培拉　80cm×80cm　2017 年

两生花之二　布面综合材料　200cm×146cm　2017 年

两生花之三　布面油画　200cm×146cm　2017 年

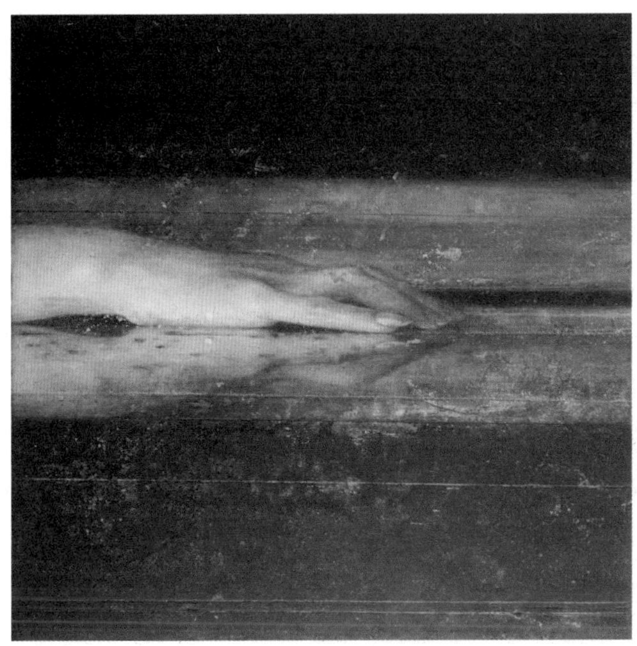

纳喀索斯之一

木板坦培拉

30cm×30cm

2017 年

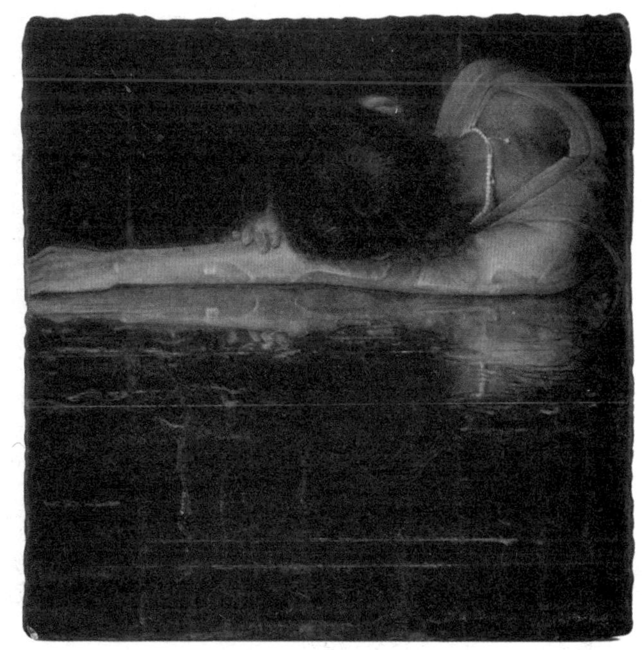

纳喀索斯之二

木板坦培拉

40cm×40cm

2017 年

纳喀索斯之三
木板坦培拉
40cm×40cm
2017 年

纳喀索斯之四
木板坦培拉
40cm×40cm
2018 年

文瑶作品选登

文瑶，2000 年毕业于广西艺术学院美术系油画专业，硕士研究生。现为广西艺术学院美术学院副院长，副教授，硕士研究生导师，中国美术家协会会员，广西美术家协会理事，广西青年美术家协会理事。油画作品多次入选国家级、省级展览。

九零后—中国制造　150cm×120cm　2009 年

摩托时代之六　150cm×120cm　2011 年

幸福牌摩托车　150cm×120cm　2018 年

放飞吧青春　油画　180cm×180cm　2019 年

车马行

150cm×150cm

2019 年

苍鹰

150cm×150cm

2019 年

小树与咖啡 150cm×150cm 2019 年

《游山记之一》 150cm×120cm 2019 年

编后记

这一辑的核心话题是“城市空间”。只要中国的都市在不断地扩展，与城市相关的各种议题必定是时髦话题。李凌燕的《以“流动空间生产”为特征的城市形象构建与传播》探讨的是中国的一线城市在土地存量接近于零的窘迫情形下，城市更新是怎样与媒介社会构成相互交叠的语境，并对城市形象进行再构建与传播的。所谓“流动空间生产”是指在总体的设计中，体现空间的变化和连续性，在不同建筑物之间的组合上，打破孤立静止的空间观。文章以黄浦江两岸的滨江景观设计为例，揭示这些设计是怎样将传统街区、老旧厂房、市政设施和新建的绿化广场、社区空间、大地艺术等达成无缝结合，实现同一主题下不同区域、不同层次的标志性空间的关联联动。

张昱辰的《重构“恋地情结”：城市徒步中的传播与文化政治》开辟了城市空间研究的一个有趣的维度：作者认为，城市徒步不仅是当代中国的重要休闲娱乐方式，也构成移动网络时代的城市传播实践。城市徒步通过个性化路线选择与独特城市意象的塑造，构成了对主流城市叙事的反叛。并且城市徒步使得参与者以线上线下往返穿梭的方式交流与移动，建构起短暂的审美共同体。由此，城市徒步在多层面演绎着复杂的文化政治，它让越来越多都市人通过“对家园的朝圣”来对抗“无地方性”，寻求重塑“恋地情结”的可能性。

本辑的今日视点，是黎小峰主持的一组纪录片专题。其中和渊的《声音作为一种创作》似进入很少有人涉足的领域。该文对沙青导演的纪录片《独自存在》中的声音细节作了细致入微的解析。文章认为《独自存在》是目前国内为数不多的，突破单一运用同期声在声音剪辑方面有很多创造性尝试的一部作品。作者最难能可贵的是讨论了影片中噪音的作用和表现力，并揭示了作为“最令人捉摸不定和最活跃的元素”的噪音，是如何参与到纪录片的叙事与表达之中。汪罗的《萨义德的“理论旅行”与中国跨文化传播研究的问题省思》就跨文化传播中的基本学理问题进行了梳理。文章特别提出“地理场景”对文化理论的转换、改造、应用有着较为复杂的作用，文章认为，一般来说，知识的生成、扩散及传播过程都会在一定的地理区域内进行，地理边界，尤其是地缘政治不仅能影响知识生产的形式，也能影响知识生产的内容，一些与“中国”在形式逻辑层面保持一致的知识生产要素总是能处在支配地位，而其他一些则沦落为被支配的他者，隐匿甚至是消逝在中国跨文化传播研究的知识生产进程之中。

在“图像与视觉文化”栏目中，本辑推出朱思隆《断头机与死亡剧场简史》一文。正如该文提要所说：在人类的观看史上，对死亡的观赏是一个持久的话题。欧洲的政权将死刑作为一种警示民众的公开表演，而刑具的发展史——尤其是断头机的历史，充分说明了死刑作为一种公开表演不断被“理性化”和“道德化”的过程。法律规范、道德标准和哲学隐喻在两千年间不断趋于“理性”，使得断头机由一种死刑不断人道化的努力变成死刑残忍的象征，最终退出了刑罚的历史。然而被断头的恐惧却不曾泯灭，在互联网时代，电子化手段将人的思维与身体分离，将生命的消亡转化为无需肉体的精神之永存。